国家自然科学基金面上项目"乡村振兴战略背景下的中国农户与制度优化"（项目编号：71873065）

经济管理学术文库·经济类

中国农户信用评级：
机制、效应与制度优化

Rural Households' Credit Rating in China:
Mechanism, Effect and System Optimization

张　宁／著

经济管理出版社
ECONOMY & MANAGEMENT PUBLISHING HOUSE

图书在版编目（CIP）数据

中国农户信用评级：机制、效应与制度优化 / 张宁著 . —北京：经济管理出版社，2022.9
ISBN 978-7-5096-8724-6

Ⅰ. ①中…　Ⅱ. ①张…　Ⅲ. ①农村信用—信用评估—研究—中国　Ⅳ. ① F832.43

中国版本图书馆 CIP 数据核字（2022）第 177414 号

组稿编辑：郭　飞
责任编辑：郭　飞
责任印制：黄章平
责任校对：陈　颖

出版发行：经济管理出版社
　　　　　（北京市海淀区北蜂窝 8 号中雅大厦 A 座 11 层 100038）
网　　址：www.E-mp.com.cn
电　　话：（010）51915602
印　　刷：唐山玺诚印务有限公司
经　　销：新华书店
开　　本：720mm×1000mm/16
印　　张：14
字　　数：267 千字
版　　次：2022 年 11 月第 1 版　　2022 年 11 月第 1 次印刷
书　　号：978-7-5096-8724-6
定　　价：88.00 元

前　言

随着金融行业竞争越发激烈以及国家政策的积极引导，各类银行网点不断下沉至县域，农村金融机构之间竞争激烈。农村商业银行作为县域金融服务的主力军，面对大银行的强势竞争，部分优质客户流失；同时，大银行的金融科技发展水平较高，京东金融等公司也设立了专门的农村金融部门，农村商业银行在信息获取效率等方面的优势未来可能将不再明显。农村商业银行不得不思考如何守住市场以及如何实现对长尾市场的拓展，以寻求新的利润增长点，形成自身的核心竞争力，农户信用评级便是策略之一。从市场需求方的角度来看，在乡村振兴战略背景下，中国农业规模化经营，农村一二三产业融合发展，同时，人口老龄化和多孩政策（抚养比上升）抑制了农村剩余劳动力流出，尤其是自 2019 年以来农户本地创业就业需求增加，农村资金需求增强。

以上背景为农户信用评级的开展奠定了基础。那么，中国农户信用评级机制是什么？村"两委"在其中扮演何种角色？农户的制度响应如何？信用评级对农户（制度受益方）、农村金融机构（制度践行者）和信贷市场（正规金融 VS 非正规金融）产生了哪些效应？制度存在哪些问题以及如何优化？针对这些问题，本书将立足于中国农户信用评级基本制度，依据信息不对称和交易成本等理论展开讨论，同时，利用中国典型试验区农户、村庄、金融机构和县域调研数据进行实证检验。2021 年中央一号文件提出大力开展农户小额信用贷款；2022 年中央一号文件强调深入开展农村信用体系建设，发展农户信用贷款；对以上问题的研究，可以为"信用评级＋信用贷款"这一中国小额信贷模式的开展提供科学依据，同时服务乡村振兴战略和共同富裕目标。

本书的具体研究内容包括：考察农户的制度响应；分析信用评级对农户融资、创业和消费的影响；剖析对农户内部收入差距及城乡收入差距的作用；讨论对正规金融替代非正规金融的促进；探究对金融机构经营绩效和社会绩效的影响。其中，从评级主体和评级应用两个方面对评级机制进行分类，比较不同制度安排的效应差异。本书的理论价值在于构建中国农户信用评级效应分析的理论框架，实践意义在于为中国农户信用评级制度的实施及优化提供依据。

主要研究结论，在对农户的影响方面：信用评级可以缓解农户的自我信贷配给以及低收入农户的银行信贷配给，从而提高农户的正规信贷需求及可获性；因此，对农户创业和消费均具有积极影响。在共同富裕方面：农户信用评级对村庄基尼系数的增长具有显著的抑制作用，而对低收入户收入占比的增长具有显著的促进作用，检验作用机制发现，相较于高收入农户，信用评级对提高低收入农户信贷需求及可获性的积极影响更加显著；信用评级的开展能够缩小城乡收入差距，且影响机制是抑制农村资金外流。对农村二元金融市场结构的影响：通过缓解高收入农户的自我信贷配给以及低收入农户的银行信贷配给，信用评级显著促进了正规金融对非正规金融的替代。对农村商业银行二元绩效的影响：虽然农户信用评级增加了农村商业银行的经营成本，但同时也显著提高了其营业收入，并对较高的不良贷款率具有显著的抑制作用；总体而言，开展信用评级对农村商业银行社会绩效和经营绩效的提升均具有显著的促进作用。在不同制度安排的影响差异方面：在村"两委"参与程度较高以及评定等级绑定利率优惠的制度安排下，信用评级的效果增强。关于农户的制度响应：个体因素方面，农户金融素养越高，风险厌恶程度越低，参与评级的意愿及申请评级的概率越高；制度因素方面，村"两委"参与程度越高、不公示评级结果、信息保护制度完备，以及评定等级为利率优惠依据的地区，农户参与度越高。

基于全书研究结论，我们认为，应该鼓励农村商业银行等传统农村金融机构开展农户信用评级；努力提高村"两委"的参与程度；考虑将评定等级绑定利率优惠；金融机构在评级过程中应充分利用金融科技。由于中国农户对信用的认识仍然停留在道德层面，金融素养有待提高，在部分试验区农户制度参与积极性不高的前提下，信用评级应作为农村金融知识培训重点内容；在制度方面，依据农村当前实情，适当缩小评级结果的公示范围，进一步完善农户信息保护机制。

最后，向谢罡等各位提供调研支持的朋友们，向吴依含、喻晓芬、朱旎等11位参与编写的研究生，致以诚挚的谢意，感谢你们为本书的编写付出了心血。由于笔者水平有限，编写时间仓促，本书中的错误与不足之处，恳请广大读者批评指正。

张 宁

2022 年 4 月 25 日

目　录

第1章　导　论

1.1　问题的提出与研究意义

在农业规模化、机械化经营以及农村一二三产业融合发展的背景下，农户非农创业就业需求增加，财富较少的农户并不缺乏企业家精神和能力，但往往缺乏从事生产与创业的资金，在农村金融市场贷款成本高、可获性低的背景下，只能选择外出务工，不利于农户返乡创业、就业，不利于农村产业融合发展和乡村振兴战略的实施。金融抑制引致了中国农村贷款技术的一系列改革和创新，除了学者广泛关注的抵押担保方式创新和金融科技发展以外，还包括对农户信用评级的应用。基于中国农村金融市场的研究也表明，信用评级对抵押物存在替代效应（孔荣等，2007；董晓林等，2017）。中国农户信用评级的实践，包括人民银行推动的农村信用体系试验区建设（如辽宁北票、广东郁南等共 32 个县），以及地方政府推动的农户信用评级试验区建设（如云南马龙、湖南安化等）。那么，试验区农户信用评级机制是什么？村"两委"在其中扮演何种角色？农户的制度响应如何？信用评级对农户（制度受益方）、农村金融机构（制度践行者）和信贷市场（正规金融和非正规金融）产生了哪些效应？制度存在哪些问题以及如何优化？

中国农户信用评级实践源于 2001 年人民银行发布的《农村信用合作社农户小额信用贷款管理指导意见》，文件对农户信用评级给出了指导意见，随后相继出台了一系列文件，如 2014 年发布的《中国人民银行关于加快小微企业和农村信用体系建设的意见》确定了 32 个县作为全国农户信用评级试验区。同年，国务院印发了《社会信用体系建设规划纲要（2014–2020）》，明确实施农村信用体系建设专项工程。在政府推动以及政策文件的指导下，部分农村金融机构（以农村商业银行、农村合作银行或农村信用社为主）开展了农户信用评级（分为五级或三级），根据等级确定信用贷款授信额度甚至利率，所在县域成为全国农户信用评级试验区。2018 年中央一号文件提出普惠金融重点要放在乡村、提高金融服务乡村振兴能力和水平。然而，中国农村供给型和需求型信贷约束同时存在（Boucher 等，2008；程郁等，2009；马燕妮和霍学喜，2016），提高农户信贷需求及可获性是农村金融服务乡村振兴战略的先决条件。那么，信用评级作为抵押担保的替代，农户的制度响应如何？能否提高其正规信贷需求及可获性？能否促进其创业和消费，对异质性农户影响是否存在差异？同时，中国农村非正规金融是农户的重要融资渠道（张宁等，2015），用于生产投资的非正规借款利率及风险往往较高。那么，在中国农村二元金融结构背景下，农户信用评级能否促进正规金融对非正规金融的替代？

传统正规金融倾向于服务城镇家庭及高收入农户（张宁和张兵，2015），中国城乡收入差距依旧较大，农户内部收入差距仍呈扩大趋势（徐志刚等，2017）。信息不对称和规模不经济问题是低收入农户融资难的主要原因，而村"两委"参与的信用评级对其具有缓解作用，那么，信用评级（包含信用贷款机制）能否降低正规金融服务门槛，进而抑制较大的城乡收入差距和农户内部收入差距？或者说信用评级能否提高金融机构的社会绩效？在经济学中，制度的研究不仅要分析收益，还应考察成本。试验区金融机构是信用评级的践行者，该制度在缓解信息不对称、规模不经济问题的同时，也增加了其运营成本，收集、更新农户信息需要投入大量的资源，并且，从理论上来讲，信用贷款的风险也大于抵押担保贷款。那么信用评级对农村金融机构的经营风险和经营绩效影响如何？

进一步地，各试验区农户信用评级机制存在差异：在评级主体方面，试验区基本上是农村金融机构与村"两委"共同参与评级，一类试验区村两委参与程度较高，直接作为评级小组成员，另一类试验区村"两委"参与程度较低，仅仅协助信息收集；在评级应用方面，一类试验区仅绑定信用贷款，另一类试验区除了信用贷款，还绑定了利率优惠。由于金融机构的信息搜寻成本较高，不同评级机制下其运营成本不同，同时，在村"两委"声誉机制的作用下，搜寻的信息质量也不同。那么，不同的制度安排下，农户信用评级的效应是否存在差异？

项目组调研发现，在试验区农户信用评级实践中，由于部分农户参与评级的积极性不高，导致收集的评级信息质量较差，金融机构对信息的更新、维护缺乏动力，信用等级对信贷员放贷决策的参考作用弱化。那么农户参与评级的决策主要受哪些因素影响？积极性不高的原因是个体因素还是制度因素？

以上问题的研究具有重要的理论和应用价值：

从本书的理论价值来看，已有研究在分析信用评级效应时，对象主要聚焦于农户（丁骋骋和周群力，2012；张三峰等，2013a），对实践评级的金融机构以及具有二元结构特征的农村金融市场缺乏关注。因此，本书将信用评级对农户、金融机构和市场的作用纳入一个框架进行系统分析。简言之，本书的理论价值在于构建中国农户信用评级效应分析的理论框架，是已有农村金融与信用评级研究的有益补充。

从本书的应用价值来看，较多文献指出信用评级有利于缓解农村融资约束（周群力和丁骋骋，2013；曹瓅和罗剑朝，2015），然而，中国大部分试验区规模较大的农户信用评级实践始于2016年左右，囿于数据可获性，从微观层面深入剖析评级机制，系统考察评级效应以及专门探索制度优化的实证研究较少。因此，本书的应用价值在于立足试验区实践，通过对以上问题的研究，为中国农户信用评级制度的优化提供科学依据，促进农村金融服务乡村振兴战略。

1.2 研究现状

1.2.1 国内研究现状

中国农户信用评级本质上属于金融机构内部评级，而国外对信用评级的研究主要关注第三方评级机构，与本书主题相关性较弱。因此，以国内文献为主，以下从农户信用评级机制、信用评级效应和信用评级方法三个方面梳理已有学术文献。

（1）信用评级机制。

目前，专门分析农户信用评级机制的文献多为实践报道，学术研究较少，部分文献对农户信用等级的影响因素进行了研究。王霞和吕德宏（2013）依据西部农村小额信贷农户的调查数据，采用多分类有序Logit模型对农户信用等级的影响因素进行了实证分析。然而，该研究并未阐述样本区农户信用评级机制，未讨论信用等级评定的指标依据，从而无法厘清影响因素与等级评定所依据指标之间的关联。周群力和丁骋骋（2013）在详细阐述温州洞头县东屏镇农户信用评级机制的基础上，分析了中国农村宗族网络对信用评级过程的影响机制，研究发现，如果农户来自所在村第一大姓宗族，其信用等级就高。

（2）信用评级效应。

学者大多从农户的角度开展研究，主题聚焦于信用评级对农户融资偏好及正规融资约束的影响。丁骋骋和周群力（2012）基于温州数据分析了信用评级对农户正规融资的影响，发现评级在一定程度上缓解了正规融资约束，但农户资金需求仍处于"吃不饱"状态。也有学者基于全国样本进行研究，张三峰等（2013b）使用中国人民银行在全国10省份开展的农户借贷专项调查数据，运用多项 Logit 模型检验了信用评级对农户融资渠道选择的影响，结果表明，信用评级后的农户更愿意从农村信用社融资。进一步地，张三峰等（2013a）考察了信用评级对农户正规信贷配给的影响，认为在其他条件不变的情况下，信用评级在整体上缓解了农户受到的正规信贷配给。以上文献在相关学术研究寥寥无几的背景下展开探索，补充了研究空白，意义重大；然而，美中不足的是，此类文献存在一个共性问题，没有考虑计量分析的内生性问题；因为，有正规信贷需求的农户更倾向于申请信用评级，甚至部分试验区金融机构仅对申请贷款的农户进行评级。例如，广东郁南县以桂圩镇勿坦村为试点创建信用村，该村由镇村干部、村民代表、农信社人员等共18人组成农户信用评级小组，但仅对所有申请贷款的农户进行等级评定。

另外，较多学者分析了小额信贷对农户融资约束的缓解作用（程恩江和刘西川，2010；张正平和王麦秀，2012）。国际小额信贷的强制存款、分期还款等机制并未应用于国内金融机构实践，在中国小额信贷模式中，相当一部分属于金融机构基于农户信用评级的小额信用贷款。鉴于此，徐祥临和魏丽莉（2012）对尤努斯模式和郁南模式两种小额信贷机制进行了比较，指出国内"信用评级＋信用贷款"的小额信贷模式不同于国际小额信贷，认为前者更适合中国。部分文献在研究中，并未对国内小额信贷与国际小额信贷从概念上加以区分（童元保和齐伟娜，2014；李莹星，2015）。

信用评级的效应不仅要考察农户，还应考虑实施评级的农村金融机构。目前，分析农村金融机构内部信用评级对其绩效影响的文献缺乏。仅少数文献分析了小额信贷业务风险及其可持续性。童元保和齐伟娜（2014）基于海南的实践，从理论层面对农村信用社的小额信贷业务可持续性及风险进行了分析，指出小额信贷业务的发展离不开政府的参与和支持；吕德宏和朱莹（2017）依据陕西关中地区农户调查数据，研究了影响不同类型农户小额信贷风险的主要因素。

（3）信用评级方法。

文献相对较多，研究关注于信用评级方法设计、已有评级方法有效性检验以及信用评级方法优化三个方面。第一，关于信用评级方法设计的研究。吴晶妹等（2010）从村镇信贷主体的信用特征出发，通过诚信度、合规度和践约度来表示农户的综合信用状况，最终构建 WU's 三维信用模型，探索了适用于农户的信用评级技术。后续研究中，学者不仅讨论信用评级方法的构建，通常还利用实践数据进行检验。迟国泰等（2015）将偏相关分析和综合判别能力相结合，并通过支持向量机方法，在筛选出的指标体系基础上，构建了农户信用评级模型，并对中国某银行农户数据进行了实证。类似地，石宝峰等（2017）通过显著性判别遴选对个体工商户违约状态影响显著的指标，建立了小额贷款信用评级指标体系，并结合 PROMETHEE-Ⅱ（偏好顺序结构）和聚类分析方法，构建了商户小额贷款信用评级模型，同时对中国某商业银行商户贷款样本进行了检验。第二，关于对已有评级方法有效性检验的研究。王恒和沈利生（2006）利用排序多元离散选择模型，结合实际数据，对中国银行的客户信用评级系统进行了检验，结果表明，该系统总体可行，但还可以进一步修订完善。Soberart 和 Keenan（2001）将 ROC 曲线引入信用评级体系的检验，使银行可以通过不同评分临界值对评级体系的区分力（即有效性）进行度量；鉴于银行违约数据较少的现实，Dimitris 等（2004）借助 Block-Bootstrap 方法扩大样本容量，简单的 Bootstrap 方法适用于独立同分布结构数据，而利用 Block-Bootstrap 方法进行分组块重复抽样，可产生符合现实违约结构的样本数据。第三，关于信用评级方法优化的研究。殷建红等（2014）从客户信用评级入手，以 P 公司为案例，研究信用评级模型的构建与优化，认为运用统计方法（多元排序选择模型）可以有效优化信用评级模型，能改善评级预测准确性，能为评级指标的选取与权重设计等提供重要参考依据。此外，部分文献虽然以小微企业为研究对象，但由于所研究企业为农村小微企业，依然对农户信用评级方法的优化具有借鉴意义。肖斌卿等（2016）在构建指标体系的基础上，提出基于模糊神经网络开展小微企业信用评级的研究步骤，并以某农村商业银行小微企业信贷数据为实证样本，分别进行小型企业和微型企业信用评级检测；结果表明，模糊神经网络模型在小微企业信用评级研究中具有较 BP 神经网络模型更高的检测精度。

1.2.2　文献评述

以上文献对本书的研究具有重要参考价值，尤其是评级方法的研究较为丰富。但是，对信用评级效应的研究仍不够充分，主要体现为从信用评级践行者，即农村金融机构以及市场角度分析信用评级效应的文献缺乏。同时，对实践中存在问题的分析以及对中国不同试验区农户信用评级机制的分析与比较方面仍有空间。因此，本书的研究设计拟对已有文献进行补充，从农户（制度受益方）、金融机构（制度践行者）和市场（二元金融结构）三个角度研究中国农户信用评级效应。其中，从评级主体和评级应用两个方面对评级机制进行分类，比较不同评级制度安排的效应差异。本书的理论意义在于构建中国农户信用评级效应分析的理论框架，实践意义在于为中国农户信用评级制度的实施及优化提供依据。

1.3 研究内容

基于对典型试验区农户和金融机构的调查，考察农户的制度响应，分析信用评级对农户融资、创业和消费的影响，剖析对农户内部收入差距及城乡收入差距的作用，讨论对正规金融替代非正规金融的促进，探究对金融机构经营绩效和社会绩效的影响。

（1）农户参与信用评级的意愿及行为影响因素分析。

在阐述试验区农户信用评级机制的基础上，理论分析影响农户参与评级的个体因素（如金融素养）和制度因素（如是否公开评级标准、是否制定信息保护制度）；基于调研，选择由农户自愿参与（即主动申请）评级的试验区进行实证分析，利用 Heckman 两阶段选择模型，考察农户评级意愿及行为的影响因素；探讨部分试验区农户参与评级积极性不高的个体原因和制度原因。

（2）信用评级对农户正规信贷需求及可获性的影响研究。

从试验区信用评级机制出发，如贷前评级、村"两委"参与等，通过分析评级机制对农户正规信贷交易成本、时滞、利率等的影响，以及对银行信息搜寻成本等的影响，考察评级对农户正规信贷需求及可获性的影响机制，并进一步讨论对异质性农户的影响差异；在理论分析的基础上利用逐户评级试验区农户数据进行实证检验。

（3）信用评级对农户创业的影响分析。

在阐述中国农户信用评级基本制度的基础上，分析信用评级对农户创业行为和创业绩效的影响机理，并利用逐户评级村农户数据进行实证检验。另外，鉴于不同试验区的具体评级机制有所不同，检验村"两委"作为评级小组成员和评级绑定利率优惠的制度安排下，农户信用评级的创业效应是否更加显著。

（4）信用评级对农户消费的影响分析。

立足于中国农户信用评级的基本制度，基于市场供给方和需求方两个视角理论分析评级对农户消费水平及结构的影响，并进一步探讨不同制度安排下的影响差异。同时，利用典型试验区农户调研数据进行实证检验，包括评级对不同收入水平农户影响差异的进一步讨论。

（5）信用评级对农户内部收入差距的影响分析。

考察信用评级对异质性农户的作用差异，揭示其对农户内部收入差距的作用机制。基于理论分析，该部分内容从村层面实证检验信用评级对农户内部收入差距的影响；同时，理论分析并实证检验不同评级机制（村"两委"参与程度较高和参与程度较低，评级绑定利率优惠和不绑定利率优惠）的影响差异。

（6）信用评级对城乡收入差距的影响研究。

立足于中国农户信用评级基本制度，基于非对称信息和交易成本假说，分别基于市场供给方和需求方两个视角分析制度的主要效应，以探究该制度对农村资金外流及城乡收入差距的影响。同时，以典型试验区102个县域的准自然实验为契机，通过构建DID模型展开实证检验。

（7）信用评级作用下正规金融对非正规金融的替代效应分析。

对比分析试验区与非试验区农户的融资次序（包括非正规零息借款、非正规高息借款、各类正规借款），并构建计量模型检验信用评级对农户融资偏好（正规金融和非正规金融）的影响，进而考察信用评级能否促进正规金融对非正规金融的替代。

（8）信用评级对农村金融机构经营绩效和社会绩效的影响研究。

从中国试验区信用评级基本制度出发，对比分析各类试验区与非试验区金融机构农户贷款不良率；基于农村金融机构的视角，理论分析信用评级对市场信息不对称、规模不经济问题的缓解机制，探讨评级对其经营绩效和社会绩效的影响机理，考察不同评级机制的影响差异；同时，基于农村金融机构数据进行实证检验。

1.4 数据来源

本书数据来源于国家自然科学基金《乡村振兴战略背景下的中国农户信用评级》项目组于2020年10月至2021年3月赴湖南的实地调研数据。调查对象主要为试验区、非试验区（作为对比组）的农户和农村金融机构。农户调查内容涉及信用评级意愿和行为、家庭特征、农业和非农业生产经营、收入、消费、资产及2018~2020年的融资行为等相关信息；农村金融机构（主要是农村信用社、农村合作银行及农村商业银行）调查内容涉及开展农户信用评级年限、评级制度、资产规模、存贷款规模、经营情况、股权结构等相关信息。具体调查对象、形式及内容如表1-1所示。

表 1-1　调查对象及主要内容

对象	规模	形式	内容
银行信贷员	50 人	问卷访谈	农户融资偏好、信用评级流程、信用等级参考性、农户贷款手续、时滞、评级对象、信用贷款利率、违约情况等
金融机构	100 个	问卷调查	开展信用评级年限、评级制度、机构运营、利率、不良率等
村干部	70 人	问卷访谈	参与评级情况、相关制度、农户融资需求、评级意愿等
农户	1000 户以上	入户问卷调查	信贷需求、配给类型甄别问题、家庭基本情况、资产、收支、融资情况、评级意愿、行为、金融素养、信用历史等

1.5　可能的创新

本书的特色在于：一是构建中国农户信用评级效应分析的理论框架，是已有农村金融与信用评级研究的有益补充；二是由于缺乏微观数据支撑，大部分文献仅仅是简要地提出基本观点，规范的实证研究较少，本书将立足于中国试验区的实践，从微观层面对相关问题进行系统、深入的实证分析，研究结论及政策含义具有较强的应用价值。可能的创新是：

1.5.1　研究内容

（1）针对部分试验区农户评级积极性不高的现象，探究个体原因和制度原因。

（2）考察对异质性农户（主要是收入水平差异）的作用差异，从而明晰信用评级影响农户内部收入差距的路径。

（3）剖析农户信用评级对其践行者——农村金融机构经营绩效的影响。

（4）立足中国实践，分析不同评级机制的效应差异，比较不同评级机制的有效性。

1.5.2　研究方法

（1）鉴于有正规信贷需求的农户更倾向于申请评级，且中国实践中存在仅对贷款农户进行评级的现象，本书在检验信用评级对农户信贷需求、融资渠道及可获性的影响时，考虑了内生性问题，使得研究结论更稳健。

（2）在考察农户对评级制度的响应行为时，将意愿与行为相区分，以更好地甄别部分试验区农户积极性不高的原因。

（3）本书实证分析部分，选择非试验区作为对照，能够更科学地考察农户信用评级效应。

第2章 中国农户信用评级基本制度

2.1 信用评级的含义

常见的信用评级分为国家、企业和个人三个维度，其根本目的在于判断债务人是否具备偿债能力及较好的信用以防范道德风险和违约风险的发生。国家主权信用评级是指债权人所在国家的资信评估机构对一个国家的 GDP 增长情况、国际收支及国际贸易情况、外汇储备及结构、政策实施情况、外债结构及偿还情况等影响该国偿还能力的因素进行评估，这一评级结果会影响该国境内发行外币债权的评级情况。企业信用评级是指资信评估机构依照企业税务登记情况、纳税申报情况、税款缴纳情况、违法行为及处理情况等多种维度，对企业的资信情况进行评分并划分等级，以此评定结果反映企业的信用情况，进而引导投资者做出合理准确的投资行为。此时，信用等级高低是企业获得授信及引入资金的关键。而个人的信用评级一般是金融机构为对申请贷款的个人进行包括家庭资产、现金流状况等硬实力及良好的信用记录、家庭成员能力等软实力的调查，并根据调查结果对个人情况进行打分，并以此决定是否对其授信及授信时具体的贷款利率等。

本书所研究的农户信用评级特指对特定辖区范围内农户搜集有关户主及家庭成员工作情况、资产负债情况、社会诚信情况、家庭及邻里关系、与银行的业务往来情况等信息，根据评级指标体系进行评价打分，以此确定农户的信用等级及可贷款的额度等。其方式一般有两种，一种是集中式的信用等级评定，即整村逐户地开展信用等级的评定；另一种是随时性的信用等级评定，即金融机构对主动申请评级的农户进行信用等级的评定。

2.2 中国农户信用评级基本制度

2.2.1 制度背景

中国部分试验区农户信用评级的开展是由当地的人民银行主导，也有试验区是当地政府主导；但覆盖面较广、影响较大的还是各省农村信用社联合社（简称省联社）主导的农户信用评级。在省联社推动以及政策文件的指导下，结合自身发展需要，部分农村商业银行（或农信社）开展了农户信用评级，"评级授信"也是农村商业银行发展农户信用贷款的一种方式。然而在制度初期，大部分试验区仅仅针对申请贷款的农户，信用评级对农商行及农户的影响有限，成规模的农户信用等级评定试点较少。现阶段，对于农村金融市场需求方，一方面，农业规模化经营，农村产业融合发展；另一方面，农村人口老龄化和多孩政策的实施，导致农村家庭抚养比上升，而抚养比上升会抑制农村剩余劳动力流出（郭云南和姚洋，2013）。因此，农户本地就业创业需求增加，资金需求增强，贷款有效需求受到抑制，资金成本也往往较高。对于市场供给方，县域金融市场上大银行掐尖，农商行城镇地区贷款集中度和不良贷款率较高，而农户贷款存在信息不对称和规模不经济问题。在此背景下，为了应对竞争，寻求新的利润增长点，以及响应支持"三农"的相关政策，部分试验区开展了整村推进的农户信用评级。

2.2.2 评级对象

部分农商行仅对主动提出申请的农户进行信用评级，此类信用评级对农商行经营的影响不大，因为有贷款需求而参与评级的现象较为普遍，信用评级相当于申请贷款的一个环节。为了守住农村金融市场以及发展农户信用贷款，近年来，部分农商行开展了整村推进的农户信用评级，对整村农户进行逐户评级。于农户而言，信用评级是一个外生变量，在促进农户融资及提高农户信贷可获方面作用更加显著；但是，投入的资源也更多，对农商行经营的影响也更大。除了农户制度响应部分内容，本书所研究的农户信用评级是指后者，即整村推进的农户信用评级。

2.2.3 评级机制

主要由各省联社推动和指导，基本流程是农户信息采集→信用等级测算与认定→授信额度测算与认定→评级与授信年审。

评级主体：除了农商行内部人员，还包括村"两委"成员。在中国农村金融市场上，村"两委"与农户和金融机构之间均是强关系，而金融机构与农户之间则是由交易纽带维系的弱关系；积极发展村庄经济的村"两委"，与依托当地经济的评级银行之间依靠互惠纽带维系，加之与农户之间的感情和义务纽带，其参与农户信用评级的意愿总体而言是较强的。村"两委"主要工作是参与农户信息收集、核实和更新；此外，农商行还通过村"两委"公开评级指标体系，公示评级结果。

指标体系：各省农商行大同小异，除了包括家庭劳动力数、资产、收入、信用记录等"硬信息"以外，还包括口碑、家庭成员能力等"软信息"。需要关注的是，农户家庭财富及收入两项指标的权重仅占45%左右，而"软信息"指标权重占15%左右，部分农商行指标权重甚至高达30%。此外，为了守住市场，评级农商行对于本行的存款客户会有一定的加分。

评级应用：评定等级通常分为三等、四等或五等，不同等级绑定一定额度的信用贷款。

评级维护：农户信息逐年更新，评定等级及绑定的贷款额度逐年调整。

2.3 中国农户信用评级的开展情况

近年来，随着农户小额信用贷款的推广，为破解涉农金融机构与农户之间信息不对称等问题，中国对农户信用体系的建设更加重视，对农户进行信用评级的制度也逐步完善。表2-1收集了关于全国各省市县开展农户信用信息收集与信用等级评定的典型实例。

表2-1 各省市县开展农户信用等级评定的典型实例

年份	主体	开展情况	成果
2006	辽宁省农信社	信用评价体系包含家庭资产负债情况、诚实守信与遵纪守法情况及群众评议情况等共6部分，具体细分为126个细小项目进行信息的收集；按分数评出AAA级、AA级、A级、BB级和B级共5个信用等级，并根据等级划定信用贷款额度	截至2017年6月，辽宁省全省农信机构共对1153129户农户开展了信用评级工作

续表

年份	主体	开展情况	成果
2009	广西田东县政府	创新设立了"'三农'金融服务室",由驻村干部、大学生村官、贫困村"第一书记"、村"两委"、村里经济能人组成评级小组;根据家庭劳动力数量、家庭责任感、人口素质和技能等指标,信用等级分为A级、AA级、AAA级,并在村委张榜公布;信用等级根据农户信用变化情况实行动态调整	截至2016年末,田东县为农户建立信用信息电子档案共7.20万户,帮助5.90万农户获得信用贷款共计22.80亿元;农户贷款覆盖率高达90%;农户贷款满足率提高至97.25%;农村金融机构降低至1.55%
2014	辽宁铁岭西丰县人行	依靠乡镇村"两委"宣传动员,进行整村逐户的信息采集;采集信息包含农户家庭成员信息、财产信息、收入信息、借贷信息、社会道德信息5个方面,共计103个信息小项;按照评级体系标准将农户划分为非信用户、A级、AA级、AAA级信用户,仅对A级、AA级、AAA级信用户提供免抵押贷款;经过村委会确认后在全村张榜公示,将此信用评级的结果作为金融机构办理信贷投放业务的重要参考依据	截至2019年西丰县涉农金融机构为770个信用户发放无抵押无担保的信用贷款1112笔,金额总计9845万元
2017	内蒙古通辽市	信用评级由政府主导、人行推动、农信社落实、镇村参与,另外,农业银行、村镇银行、包商银行、邮储银行每行均派出1~2名信贷人员,配合信用联社进行信息采集工作,进行整村推进;评级制度采用两级评审制,分为初评和终审两个阶段,初评小组成员包括包片信贷工作人员、村"两委"领导代表及村民代表,终审工作由农村信用社贷审组进行,审核结果会在村内张贴公示,公示期3天,接受所在村全体村民监督;信用评级的结果与优惠利率挂钩,信用等级最高的特级户利率优惠可达20%	截至2017年8月,通辽市试点县已完成50个村屯的信用等级评定整村推进工作,共评定信用村21个,累计为2.80万名农户建立信用档案,完成7253户农户的授信工作,用信金额累计9646万元,户均用信2.55万元
2018	陕西西安周至县农商行	县域农商行在县各行政村专门成立农户信用信息采集小组和信用等级评价小组,依照142项农户信用评价指标开展信用等级评定工作,评定等级分为A级、AA级、AAA级、AAAA级和AAAAA级共5个等级;信息建档实行动态更新;授信有效期一般为1~3年,授信到期后,农户可再次向农商行申请授信	截至2019年4月底,周至县全县9个镇,共122个行政村开展了农户信用评级工作,共采集农户信息81090户,信用评级81000户,占县域农户总数的60%;周至农商行共发放农户信用贷款282户,共计4020万元

续表

年份	主体	开展情况	成果
2019	安徽省天长市长山村	评价体系包含基础信息和乡风文明信息两大部分，基础信息包括农户家庭情况、主体资信状况、生产经营情况等，乡风文明信息包括孝敬老人、家庭教育、兄弟姐妹关系、邻里关系、热心公益事业、移风易俗、支持村"两委"工作、摒弃陋习恶习等情况；信用等级共分为 AAA 级、AA 级、A 级、B 级、C 级、D 级，其中 A 级（含）以上为授信主体；包片的村干部、网格员进行整村逐户信息搜集、小组评议、村级审议等工作。在评级公开之前，村干部就评级分数明细向村民进行解释说明；评级结果以村民小组为单位，通过微信群和公告栏贴告示两种方式予以公示；评定为 AAA 级、AA 级、A 级的信用户，可分别获得最高 50 万元、30 万元、10 万元的贷款额度，贷款利率上浮分别不超过基准利率的 20%、30%、40%	截至 2021 年 9 月末，长山村共建立农户信用档案 681 户，其中 AAA 级 85 户、AA 级 326 户、A 级 153 户，累计为 667 农户授信共 3370 万元
2021	广东农信社	实行"整村授信、集中授信"信贷支农新模式，向"一村一品"专业村进行批量授信，支持农户培育江门陈皮、梅州金柚、徐闻菠萝、化州橘红等特色产品	截至 2021 年 8 月，共建立农户信用评级档案 294 万户；对 3813 个行政村实行整村授信，授信金额共计 308 亿元，用信户 8.39 万户，贷款余额达 71.21 亿元

　　通过各方不懈努力，农户信用体系建设工作取得一定成效，截至 2020 年已有 1.89 亿农户建立信用档案[①]。但并非所有建档农户都会进行信用评级，农户信用评级在农村地区的覆盖率仍较低，如 2021 年调研组调研的湖南省衡阳市，辖区内共 257 个行政村，仅有 28 个行政村展开了整村信用评级，66 个行政村仅对申请贷款的农户展开信用评级。信用评级是农商行对农户开展信贷业务、为农户生产生活融通资金的必要步骤，需要予以高度重视。评级工作的开展主要包括成立评级小组，确定评级对象、方式和程序，农户基础信息的采集，根据既定的信用评级标准进行等级评定，根据等级进行授信等重要步骤。

---

　　① 资料来源：CSMAR 数据库——中国普惠金融总体发展情况表。

下文将从农户信息收集、信用评级的指标体系、信用评级制度安排的差异等多个方面对我国农户信用评级的开展情况进行总结。

近年来，为响应国家号召，全国各地探索形成了收集农户信息的五种典型模式。具体参与主体及主体职责如表2-2所示。本书主要讨论最后一种模式，即以农商行为主导的农户信息收集、信用体系建设和信用等级评定。

表2-2　收集农户信用信息的五种典型模式

典型模式	主体	职责
政府主导模式	政府	全程主导农户信息的收集、共享与应用
"政府 + 人民银行" 模式	政府	出台政策意见指导人民银行开展农户信息收集工作
	人民银行	依照政府指导意见，主导农户信息的收集、共享与应用
"政府 + 专营机构" 模式	政府	主导农户信息的收集和共享
	专营机构	负责信用平台的开发、运营和维护
人民银行主导模式	人民银行	牵头建设、运营和维护信息； 协调金融机构参与信息收集与应用； 为金融机构提供信息服务
涉农金融机构主导模式	涉农金融机构	自行构建、运营和维护信贷平台； 跟踪评估信息收集质量并定期更新

通过建立农户信用信息电子档案的方式，将收集到的农户信息录入并上传，下一步根据既定的信用评级体系对各农户进行信用等级的评定。各省农商行在评级指标体系的设置上差别不大，评级指标主要侧重于两个方面，一是经济状况，二是信用状况，如湖南省农商行除了关注家庭成员工作及收入来源、资产、负债等"硬实力"以外，还关注履约情况、社会诚信、家庭和邻里关系、道德品质等"软实力"。但各省农商行在指标的细化和各类指标的权重配比上存在一定差异，如湖南省农商行较为看重农户的经济实力，农户家庭财富及收入两项指标的占比达45%左右；而黑龙江省农信社在评级体系中则更加重视农户的信用情况，指标体系及得分情况如表2-3所示。

表 2-3　黑龙江省农信社评级指标体系及得分情况

一级指标	二级指标
农户信用（70 分）	个人信用（30 分）
	担保信用（20 分）
	诚信守约（20 分）
农户综合素质（25 分）	邻里关系（2 分）
	家庭关系（2 分）
	股东关系（是否为农信社入股成员）（2 分）
	遵纪守法（3 分）
	经营能力（7 分）
	家庭资产（7 分）
	金融活动（家庭金融业务是否以农信社为主）（2 分）
信用环境（5 分）	本村贷款农户在正常年景履约还款情况（5 分）

　　农户信用评定等级通常分为三等、四等或五等，不同等级根据特定的授信额度公式计算贷款额度，例如，2017 年安徽金寨县农商行将信用等级分为 5 级（A+ 级、A 级、B+ 级、B 级和 C 级），农户可以直接凭借信用等级分别获得 8 万元、7 万元、6 万元、5 万元和 4 万元的信用贷款；2021 年湖南省衡阳农商行将评定等级分为四等，最高为一等，可绑定 15 万元信用贷款。有些省份如青海、甘肃等在评定信用等级后还会下发"贷款证"，农户可以凭借贷款证与身份证在贷款额度内随用随贷。各地农商行一般按年调整评级结果。由于各地实际情况不同，所以不同地区农商行开展农户信用评级时还存在一些制度安排上的差异。主要不同在于以下几点：

　　第一，评级小组成员不同，一类是村"两委"或村代表会和金融机构信贷人员共同参与农户信用等级的评定；另一类是仅有金融机构信贷人员参与农户信用评级，村"两委"只负责对农户信息收集与更新的辅助工作。比如，西藏农牧区在组建农牧户资信评定小组时由村委会、农牧民代表和营业机构工作人员三方构成，而安徽宿州的评级小组成员仅为金融机构负责进行评级授信的信贷人员。

　　第二，评级对象不同。一类是仅对申请贷款的农户进行评级；另一类是对试点村所有农户进行逐户评级。例如，安徽农商行在开展农户信用评级时是由农户主动向农村金融机构申请信用评级，而青海、甘肃两省的农户信用评级是依托村支部逐村、逐组、逐户自上而下推行信用评级的。

第三，评级结果与信贷业务关联程度不同。一类是评定等级的高低仅与贷款额度挂钩，信用等级越高的农户可以获得额度更高的信用贷款；另一类是评定等级的高低不仅与贷款额度挂钩，为了调动各方积极性，部分农商行还绑定了利率优惠。包括两个层面：一是相较于未评级村庄农户信用贷款，评级绑定的信用贷款利率更低；二是农户评定等级越高，承担的贷款利率越优惠。例如，湖南省农商行就存在评级结果与利率优惠挂钩或不挂钩两种情况。

第四，评级结果的公示情况的不同。一类是评级结果会在村公告栏或信息网站上进行公示，受群众监督；另一类是评级结果仅为信贷人员和农户自己所知，不会在公共场合公示。比如，甘肃省庄浪县在信用评级之后会将评级结果公示，让村民知晓，便于接受群众监督；而湖南省部分地区的农商行的信用评级的结果只由银行内部人员知晓，不会对外公示评级结果，农户也仅仅知晓自己的评级等级结果。

2.4　中国农户信用评级开展中存在的问题

第一，农户缺乏金融知识，自我信贷约束严重。根据调研走访发现，在农村地区农户普遍缺乏金融素养，对农商行的金融产品并不了解，到农商行或其他银行只办理简单的存取款业务；对向金融机构贷款存在天然的抵触心理，认为关系户才能获取贷款，普通农户无法获取贷款，即使获得贷款审批，也怕种植、养殖年景不好，收入来源不稳定无法按时还款。且农户消费生活更加保守，更倾向于赚多少用多少，不愿意向外借款，认为借款是不光彩的事，即使需要借款也会优先选择向亲朋好友借款，存在较强的自我信贷约束。

第二，农户信息采集工作量大，效率低下。农村地广人稀，村与村之间的距离较远，开展信贷工作时需要至少两名工作人员挨家挨户进行访问，了解农户基本信息，为防止农户出现抵触心理，信贷人员只能通过聊天的方式旁敲侧击获取信息，获取信息的效率较低。有时为验证农户的道德品质，信贷人员还需与村"两委"、村组组长了解相关农户的信用信息，故获得完整的农户信息通常费时费力。若开展整村逐户评级工作，工作量更加巨大。在逐户评级时需要收集信息，在农户表达贷款意愿后，要进行信息的二次复核，且农商行每年都会更新信贷系统中的农户信息，因此信息采集工作繁重，在一定程度上降低了农商行开展农户信用评级的积极性。

第三，农户信息不能共享，重复评定。在农村地区，农村商业银行和其他国有银行和股份制商业银行存在一定的竞争关系，出于信息保护和行业竞争，多数银行并不愿意共享收集的农户信息，经常会出现同一户农户被多家银行的信贷人员"盘问"的情况，造成资源的浪费。

第3章 农户对信用评级制度的响应

3.1 引 言

2020 年中央一号文件提出鼓励开展县域农户、中小企业信用等级评价，然而，实地调查①发现，信用评级作为抵押担保的替代，试验区农户参与评级的积极性不高。以湖南 1500 多户农村家庭为样本，有评级意愿的农户占比为 56.65%，开展评级村有申请评级行为的农户占比仅为 42.25%。那么，农户参与评级的意愿及决策主要受哪些因素影响？积极性不高的原因是个体因素还是制度因素？是没有融资需求还是对信用的认识仍然停留在道德层面、金融素养有待提高？抑或现阶段信用评级制度上的因素使其有所顾虑。

基于试验区农户参与度低这一现状，分析农户评级意愿影响因素的文献缺乏。中国大部分试验区真正意义上的农户信用评级实践较晚，囿于数据可获性，从微观层面深入剖析评级机制，专门探索制度优化的实证研究较少。因此，本书的应用价值在于，立足试验区实践揭示部分农户评级积极性不高的原因，包括农户个体因素和评级制度因素，为将来农户金融培训的内容设计提供依据，也为评级制度的优化提供参考，促进农村金融服务乡村振兴战略。

3.2 农户参与度低的原因分析

3.2.1 个体因素

调研数据显示，农户参与度低的原因似乎并不是没有融资需求。在没有

---

① 利用大学生寒暑假(2018 年和 2019 年)返乡，问卷调查了陕西西安，辽宁北票，湖南安化、沅陵，张家界永定区，广东梅州、郁南，内蒙古宁城，黑龙江克山，宁夏平罗，云南马龙、洱源，甘肃民乐，山西太谷，浙江洞头等地，以上地区均为农户信用评级试验区。

评级意愿的农户中，有 53.13% 的农户在 2018~2020 年发生了借款（包括非正规借款），或者未来一两年内有借款需求，这一比例并不明显低于有评级意愿的农户（60.09%）。通过村干部及农户座谈发现，部分农户对信用的认识停留在道德层面，关于信用评级基本制度，即评定不同等级，并在一定范围内公示，农户普遍有所顾忌，部分农户甚至认为，公示信用等级低，似乎代表着家庭不守信用或者代表着家庭收入低，无论是哪一种情况，这在重视"面子"的中国农村都令人难以接受。虽然公示评级结果的初衷是利用群众信息的力量来确保评级的公正、有效。因此，本章认为，金融素养低是农户参与度低的原因之一。已有研究也表明，当前中国农户金融素养普遍较低（钟腾等，2020；宋全云等，2017）。另外，提高金融素养能显著提升农户正规借贷偏好（伍再华等，2017；吴卫星等，2018），况且参与评级可以降低正规借贷的交易成本，因此，提高金融素养应同样能促进农户参与信用评级。

此外，中国农户风险厌恶程度较高（尚燕等，2020），影响了其参与评级的积极性。一方面，在信用等级评定及更新过程中，农户需要不断提供全面的家庭经济金融信息，即使作为评级主体的农村金融机构制定了相关信息保护制度，但是农户仍然对农村金融机构这个"圈外人"缺乏充分的信任。另一方面，对于农户来说，相较于亲友之间的互助性资金周转，从银行融资"风险"较高。毕竟相较于非正规金融，银行贷款这一正规金融方式太过"理性"，而非正规金融往往期限更加灵活，到期时资金难以周转，商量延迟也是合情理的，毕竟中国农户具有"理性小农"和"道义小农"的双重属性；而银行贷款延期偿还带来的不良影响却是比较大的（张宁和张兵，2015），最重要的就是不良信用记录会降低家庭未来的信贷可获性。已有研究也表明，风险厌恶会加剧农户正规信贷中的需求型（或自我）信贷约束（Boucher 等，2008；刘西川和程恩江，2009；Carter 等，2011；任劼等，2015）。

3.2.2 制度因素

基于以上个体因素的分析，本章认为，"是否公示评级结果"以及"是否制定了完备的信息保护制度"，是影响农户参评决策的主要制度因素。此外，相对于农村金融机构，农户更加信任和亲近村"两委"，"村'两委'的参与程度"同样影响着农户参评的积极性。如果村"两委"作为评级小组成员产生的信用等级不可信，其在村庄，即"圈子"中的声誉受损，其可能会丧失公信力；而信贷员并非"圈子"中人，声誉机制失效，甚至为了"拉存款"积累社会资源而与农户串谋，虚报相关信息，出现"花钱买评级"的情况。因为银行仅对放贷的信贷员追责，没有信息质量考核机制。之所以信息质量难以控制，是由于银行（信贷员）收集、更新信息的成本较高，在信息边际成本大于边际收益的情况下失去了激励。而生活在"圈子"中的村干部（村"两委"成员），同为农户的身份使其对农户（包括小农户、家庭农场主、个体工商户）信息的掌握及风险的揭示却是比较充分的。因此，基于声誉机制和信息成本的讨论，村"两委"参与程度越高的信用评级机制越有效。村"两委"作为评级小组成员的样本村，其农户参与评级的意愿较强。

已有研究表明，利率对农村家庭贷款需求的影响是显著的（张秀生和单娇，2014；刘西川等，2014；张宁等，2016），虽然非正规借款交易成本低、无时滞、期限灵活，但非正规贷款与正规贷款的利率差越大，家庭选择正规贷款的概率越大（张宁和张兵，2015）。调研数据显示，样本农户非正规借款利率平均约为14%，正规贷款利率平均约为11%，利率相差较小[①]。在评级作为利率优惠依据的样本村，农户参与评级的积极性更高。

综上所述，本章认为，金融素养较低、风险厌恶程度较高，以及在评级制度方面公示评级结果、没有制定完备的信息保护制度、村"两委"参与程度不高和大部分试验区评级不作为利率优惠的依据，是中国农户信用评级参与度低的主要原因。

3.3　实证设计

3.3.1　数据来源及样本地区选择依据

数据来源于国家自然科学基金《乡村振兴战略背景下的中国农户信用评级》项目组于 2020 年 10 月至 2021 年 3 月赴湖南衡阳的实地调研数据。湖南省农户信用评级始于 2018 年底，2019 年底至 2020 年初调整了一次等级，属于农村商业银行内部评级，分为四等，最高为一等，2020 年对应信用贷款额度为 15 万元。由农村商业银行人员与村"两委"共同参与评级，但各地村"两委"的参与程度不同，部分地区村"两委"是正式的评级小组成员，部分地区仅仅是参与农户的信息收集、核实与更新（一年更新一次），具体取决于村"两委"与当地农村商业银行镇支行联系紧密程度。截至 2020 年底，部分

---

① 按照贷款额加权平均，非正规借款仅统计收取利息的借款，多数用于生产投资，用于生活消费的非正规借款大多不收利息，是中国农户"理性小农"与"道义小农"双重属性的体现。

村（如衡东白莲村）由评级小组进村入户逐户进行评级；部分村（如衡东罗家湖村）由农户提出申请，评级小组进行等级认定，这部分样本村为本章的研究对象；还有部分村（如衡东油麻田村）尚未开展农户信用评级工作。评级村的具体评级机制方面，均通过村"两委"公开评级指标体系，信用评级均绑定一定额度的信用贷款；然而，是否制定了完备的信息保护制度、是否绑定利率优惠、是否公示评级结果，各村庄之间有所不同。因此，样本区选择依据即为评级机制在各村存在差异。

3.3.2 统计分析[①]

1504 户农户金融素养平均分为 3.06 分，相当于 4 道题目仅答对 2 题的水平，总体来看，金融素养偏低，具体到三类样本村，未开展评级村农户金融素养偏低，开展评级村农户与农村金融机构联系较多，对其金融素养有一定的影响，总体来看，各类村农户金融素养相差不大。样本农户风险厌恶程度较高，总样本均值为 3.41，接近最大值 4 分；各类样本村差异不大。总样本中，有44% 的农户没有参与评级的意愿，接近农户总量的一半，试验区农户参与评级的积极性并不高。具体到各类样本村，开展评级村农户参评意愿较高，由此可见，村庄内有参与评级的农户，有助于提高同村农户参评意愿；值得关注的是，逐户评级村样本中，有 40% 的农户并无参评意愿，可能出于配合村"两委"工作的需要而参与了评级（见表 3-1）。

表 3-1　农户金融素养、风险厌恶程度与评级意愿均值分析

统计指标　样本来源	逐户评级村	自主申请评级村	未开展评级村	总样本
金融素养	3.30	3.09	2.76	3.06
风险厌恶程度	3.26	3.41	3.56	3.41
评级意愿	0.60	0.61	0.45	0.56
农户样本量	476	558	470	1504

　　注：金融素养赋值 1~5 分，分值越高，金融素养越高；风险厌恶程度赋值 1~4 分，分值越高，风险厌恶程度越高；具体计算方法见下文变量说明部分。

关注制度因素与农户信用评级参与度。在公示评级结果的样本村中，申请评级的农户仅占 23.63%，而有评级意愿的农户占比达 56.51%，在不公示评

---

　　① 关于评级意愿的统计样本，也包括未开展评级村以及逐户评级村，因为调研发现，未开展评级村农户基本了解农商行的信用评级基本制度，而在逐户评级村,农户没有评级意愿的情况也并不少见。

级结果的样本村中，有申请评级行为的农户占比为51.13%，与有评级意愿的农户占比59.40%数值相当。由此可见，公示评级结果这一制度似乎并不有利于农户的参评积极性；类似地，村"两委"为评级小组成员、有完备的信息保护制度以及评定等级绑定利率优惠，均可显著提高农户的评级意愿和参评概率（见表3–2）。

表 3–2　制度因素与农户参与度

制度因素 参与度指标	村"两委"是否 公示评级结果		村"两委"是否 为评级小组成员		是否有完备的 信息保护制度		评定等级是否 绑定利率优惠	
	是	否	是	否	是	否	是	否
评级意愿（%）	56.51	59.40	74.27	45.43	59.40	50.00	93.88	38.40
评级行为（%）	23.63	51.13	61.41	17.98	43.80	11.11	75.00	16.02
农户样本量（户）	292	266	241	317	468	90	196	362

注：样本来源于自主申请评级村。

关注个体因素与农户信用评级参与度。金融素养较高的农户中，有参评意愿和申请评级行为的占比也较高。风险厌恶程度较高的农户，其评级意愿较低，申请评级的农户占比为32.89%，明显低于风险厌恶程度较低农户占比，即44.94%（见表3–3）。

表 3–3　个体因素与农户参与度

个体因素 参与度指标	金融素养是否高于均值		风险厌恶程度是否高于均值	
	是	否	是	否
评级意愿（%）	64.65	54.17	51.32	71.91
评级行为（%）	48.48	30.28	32.89	44.94
农户样本量（户）	198	360	380	178

注：样本来源于自主申请评级村。

3.3.3　模型构建

利用 Heckman 两阶段选择模型检验农户制度响应行为。选择 Heckman 两阶段选择模型的原因是，部分有参评意愿的农户并未落实行动[①]。由于第二阶

---

① 调研发现，考虑到"信用评级＋信用贷款"这一基本评级制度，部分农户有参与评级的意愿，但是了解到具体的评级机制，如公示评级结果、信息可能泄露等，最终并未申请评级。

段的因变量也是 0、1 二值变量，本章参考两阶段选择模型，对样本农户参评决策进行分析。第一阶段估计农户有评级意愿概率的选择方程基本形式如下：

$$\text{Prob}\,(\text{will}_i=1)=\frac{\exp(\delta X_i^1)}{1+\exp(\delta X_i^1)} \tag{3-1}$$

其中，i 表示农户，变量 will_i 表示试验区样本农户是否有评级意愿，是 =1，否 =0；X_i^1 表示影响农户评级意愿的个体因素。第二阶段估计农户参与评级概率的回归方程，具体形式如下：

$$\text{Prob}\,(\text{apply}_i=1)=\frac{\exp(\alpha_1 X_i^2+\beta_1 S_j)}{1+\exp(\alpha_1 X_i^2+\beta_1 S_j)} \tag{3-2}$$

其中，apply_i 表示农户是否申请了信用评级，是 =1，否 =0；X_i^2 表示影响农户参与评级行为的个体因素向量；S_j 表示样本村 j 影响农户评级行为的制度因素向量，为重点关注的变量，包括是否公示评级结果、村 "两委" 是否为评级小组成员、是否制定了完善的信息保护制度、评定等级是否绑定利率优惠。农户个体因素向量 X_i^1 和 X_i^2，除了金融素养和风险厌恶程度以外，还包括家庭决策人年龄、决策人受教育水平、非劳动力比例、收入风险、收入水平、财富水平、信用历史、借款需求等变量。

考虑到低收入农户可能更介意公示评级结果，高收入农户可能更关注评级是否绑定利率优惠，本章还加入了收入水平与制度因素的交互项，以进一步考察制度因素对不同收入水平农户的影响差异。

3.3.4 变量说明与描述性统计

3.3.4.1 因变量

评级意愿和评级行为：在农户了解信用评级基本制度（信用评级 + 信用贷款）的前提下，询问其是否有评级意愿。评级行为，即在了解了具体的评级机制以后，最终是否申请了信用评级[①]。

3.3.4.2 解释变量

金融素养：农户金融素养的量化采用金融知识问卷考察的方法，问卷中金融素养调查部分涉及金融理论和实务两类问题，理论部分包括单利、复利和贴现知识考察，共 3 题，实践部分包括对银行基本业务流程的了解，共 1 题；

---

① 村 "两委" 通过微信群向村民简单介绍农户信用评级基本制度，有意愿的农户可以再联系相关负责人员，了解具体的评级机制，以决定是否参与评级；与银行信贷员的座谈也发现，有意愿的农户中，相当一部分最终并未申请评级。

设置 1 分为最低分，农户每正确回答一个问题加 1 分，因此，金融素养变量的最大值为 5，最小值为 1[①]。

风险厌恶程度：风险厌恶是行为主体在进行投资决策时受主观或客观因素影响表现出的风险态度（易祯和朱超，2017），现有文献中对于风险厌恶程度的衡量方法主要有三种：一是考察是否参与风险市场投资（Hallahan 等，2004）；二是根据拥有投资组合中风险资产与无风险资产的比例；三是运用实验经济学的方法得到受访者的风险态度，本章选取实验经济学的方法测度农户的风险态度，将选择"立刻得到 1 万现金"的农户设为风险厌恶程度最高的类别，赋值为 4；将选择"有 1% 的机会获得 100 万元现金"的农户设为风险厌恶程度最低的类别，赋值为 1。

是否公示评级结果：部分试验区由村"两委"公示最终评定的农户信用等级，以接受公众监督，有异议的农户可以向村"两委"相关负责人员提出质疑，由评级小组给出答复；部分试验区评定或更新等级以后，仅供信贷员发放贷款参考，并不在全村公示评级结果。

村"两委"是否为评级小组成员：各试验区村"两委"的参与程度不同，在参与程度较高的试验区，村"两委"直接作为评级小组成员，对各项指标的打分具有话语权；而在参与程度较低的试验区，村"两委"仅仅协助信息收集工作。

是否制定了完备的信息保护制度：中国农户信用评级总体属于农村金融机构内部评级，如果评级机构有针对参评农户信息保护的政策文件，本章就认为在其辖区行政村中，开展评级的试验村制定了完备的信息保护制度。据调研，此类政策文件是村"两委"通过微信群等方式向村民公开。

评定等级是否绑定利率优惠：为了鼓励农户参与评级，部分农村金融机构网点将评定等级作为利率优惠的依据之一；无论评定等级在利率决定过程中的作用大小，只要作为依据之一，本章均判定其辖内试验村农户信用等级绑定了利率优惠。据调研，此类政策文件同样是村"两委"通过微信群等方式向村民公开。

[①]　关于金融素养的测度，项目组设计了较多金融理论题，然而在预调查过程中发现，参与调研农户往往缺乏耐心，问题较多会在很大程度上影响其回答的准确性，鉴于此，在正式调研问卷中，仅保留了 4 道题目，以确保回答的准确性。

3.3.4.3 控制变量

参考已有农户经济、金融行为相关研究（张三峰等，2013b；张宁和张兵，2014；温涛和张梓榆，2015；何广文和刘甜，2019），模型的控制变量包括：家庭特征（家庭规模、家庭决策人性别、决策人年龄、决策人受教育水平、健康状况、技能、非劳动力占比、公务/银行从业人员、住址距银行网点距离），家庭借贷情况（借款经历、借款需求、信用历史），家庭经营情况（财富水平、收入水平、收入风险、消费水平）以及家庭社会资本（可做担保的亲友数）。具体变量定义和描述性统计如表 3-4 和表 3-5 所示。

表 3-4　变量说明

变量类型	变量分类	变量名称	变量说明
被解释变量	第一阶段	评级意愿	是否有评级意愿；是 =1，否 =0
	第二阶段	评级行为	是否申请了信用评级；是 =1，否 =0
解释变量	个体因素	金融素养	数值 1~5，值越高，金融素养越高
		风险厌恶程度	数值 1~4，值越高，风险厌恶程度越高
	制度因素	评级公示制度	是否公示评级结果；是 =1，否 =0
		村"两委"参与程度	村"两委"是否为评级小组成员；是 =1，否 =0
		信息保护制度	是否制定了完备的信息保护制度；是 =1，否 =0
		利率优惠制度	评定等级是否绑定利率优惠；是 =1，否 =0
控制变量	家庭特征	家庭规模	家庭总人口（人）
		家庭决策人性别	家庭决策人性别；男 =1，女 =0
		决策人年龄	家庭决策人年龄（岁）
		决策人受教育水平	小学 =1，初中 =2，高中 =3，大学及以上 =4
		健康状况	健康状况是否良好；是 =1，否 =0
		技能	决策人是否有技能；是 =1，否 =0
		非劳动力占比	非劳动成员数目 / 家庭总人口
		公务/银行从业人员	家中有无公务/银行从业人员；有 =1，无 =0
		住址距银行网点距离	住址距离最近的银行网点距离（千米）

续表

变量类型	变量分类	变量名称	变量说明
控制变量	借贷情况	借款经历	家庭有无借款经历；有 =1，无 =0
		借款需求	近期有无借款需求；有 =1，无 =0
		信用历史	家中是否拖欠过银行 / 亲友借款；是 =1，否 =0
	经营情况	财富水平	家庭固定资产与金融资产之和（10 万元）
		收入水平	家庭总收入（万元 / 年）
		收入风险	收入稳定 =1，基本稳定 =2，波动较明显 =3，波动巨大 =4
		消费水平	家庭生活总消费（万元 / 年）
		种养户	是否以种养业为最主要收入来源；是 =1，否 =0
		打工户	是否以打工为最主要收入来源；是 =1，否 =0
		个体工商户	是否以个体工商业为最主要收入来源；是 =1，否 =0
	社会资本	可做担保的亲友数	家庭贷款时，愿做担保的亲友数目（个）

表 3-5　变量描述性统计

变量	最大值	最小值	均值	标准差
评级意愿	1	0	0.61	0.48
评级行为	1	0	0.42	0.49
金融素养	5	1	3.09	1.39
风险厌恶程度	4	1	3.41	0.94
评级公示制度	1	0	0.52	0.50
村"两委"参与程度	1	0	0.43	0.50
信息保护制度	1	0	0.84	0.34
利率优惠制度	1	0	0.35	0.48
家庭规模	17	1	6.41	2.61
家庭决策人性别	1	0	0.86	0.35
决策人年龄	88	22	45.53	11.20
决策人受教育水平	4	1	2.40	0.78
健康状况	1	0	0.90	0.30

续表

变量	最大值	最小值	均值	标准差
技能	1	0	0.50	0.50
非劳动力占比	1	0	0.42	0.20
公务／银行从业人员	1	0	0.12	0.32
住址距银行网点距离	20	0	6.60	4.45
借款经历	1	0	0.50	0.50
借款需求	1	0	0.36	0.48
信用历史	1	0	0.19	0.40
财富水平	63.40	0.03	5.18	7.30
收入水平	155	0	14.89	11.12
收入风险	4	1	2.26	0.73
消费水平	36	0.24	5.68	4.58
种养户	1	0	0.10	0.30
打工户	1	0	0.48	0.50
个体工商户	1	0	0.38	0.49
可做担保的亲友数	20	0	2.16	1.92

3.4 模型估计结果分析

3.4.1 评级意愿与行为的影响因素分析

在模型估计中，住址距银行网点距离为排他性变量，自开展农户信用评级以来，金融机构信贷员在网点附近村庄的走访及宣传较多，据此判定该变量影响农户评级意愿，而是否要落实行动，主要取决于具体的评级机制。独立方程的似然比检验从理论上拒绝了原假设，似然比检验的 p 值为 0.017，两个方程误差之间估计 rho 为 0.23，表明忽略农户评级意愿就会导致针对农户是否申请评级方程的单变量 probit 方程估计值是有偏且非一致的，因而使用 Heckprobit 模型是合适的。

模型估计结果与理论预期基本一致。具体来说，农户金融素养对其评级意愿和评级行为的影响均是正向且显著的，金融素养越高，农户信用评级参与度越高。基于"信息泄露"及"贷款有风险"等方面的考虑，风险厌恶程度越高，农户参与评级的意愿越低，申请评级的概率越小。中国农户"理性小农"与"道义小农"的双重属性，使亲友借贷这一非正规金融方式对违约的判定要比正规金融更有弹性；调研也发现，相当部分农户认为，基于业缘、地缘和血缘的亲友间借贷，比银行贷款更"安全"，对正规金融的排斥，降低了这部分"自我信贷配给"型农户信用评级的参与度。

在制度因素方面，公示评级结果会显著降低农户申请评级的概率，这也是农户金融素养低的一个体现，进一步说明农户对信用的认识停留在了道德层面。源于对村"两委"的信任和亲近，其作为评级小组成员的试验区，农户申请评级的概率越大。现阶段，中国农户信用评级试验区村"两委"参与程度普遍不高，主要辅助金融机构收集信息，作为评级小组成员的试验区较少，这是农户参与度低的主要制度原因之一。

同时，制定完备的信息保护制度也能够显著促进农户参与评级，在当今农村，由于信息泄露而导致的诈骗频发，农户对金融机构这个"圈外人"缺乏信任，进一步体现了农户的风险厌恶程度较高。此外，随着收入水平的不断提高，农户对利率逐渐敏感，评定等级绑定利率优惠这一制度能够显著提高农户参与评级的积极性，尤其是对高收入农户。

除了以上本章关注的几个因素以外，家庭养家人是否有技能，家庭成员是否有借款经历，家庭财富水平、收入水平以及收入风险，对农户参与评级的意愿影响显著。具体来说：①养家人有技能会降低农户参与评级的意愿，可能的原因是，一方面，救急不救穷，对于有技能的农户，谋生能力较强，此类农户亲友借贷较为容易，习惯了亲友间资金周转，影响了其参与评级的意愿；另一方面，此类农户多数为个体工商户，可能更加顾忌是否会因为参与评级而导致其经营信息的泄露。但是，对于有技能的农户，有评级意愿的话，其申请评级的概率却是比较大的，然而，是否有技能对申请评级行为的影响并未通过显著性检验。②有借款经历的农户参与评级的意愿更强，主要原因是，此类农户若是有正规金融机构借款经历，那么对正规信贷的高交易成本感受较深，而信用评级可以降低正规信贷交易成本；若是有非正规借款经历，可能是基于时滞、交易成本的考虑而放弃申请正规信贷，同样会有意愿参与可以降低正规信贷交易成本的信用评级。③财富水平越高的农户，其参与评级的意愿越强，调研发现，此类农户多数已在城市购置房产，手中流动资金不足，在需要外部融入资金时却并不愿意用房产抵押，绑定信用贷款的信用评级制度对其具有较强的吸引力；同时，财富存量较高的农户更可能获得正规金融机构的授信（Paulson 和 Townsend，2006；张三峰等，2013a），在一定程度上会提高此类农户的评级意愿。而模型估计结果也显示，农户收入水平越高，其参与评级的意愿越低，主要原因是，当下收入属于农户的流动资金，流动资金较多，需要融入外部资金的可能性较小（周小斌等，2004；刘西川和程恩江，2009；何广文等，2018），另外，流动资金较多，使传统的"财不外露"思想同样会影响其参与评级的意愿。④家庭收入风险对农户参与评级的意愿和行为均具有显著的正向影响，家庭收入风险越高，即家庭收入波动越大，需要外部融入资金以平滑消费的可能性越大，因此，其信用评级参与度更高（见表3-6）。

表3-6　模型估计结果（一）

变量	第一阶段：评级意愿		第二阶段：评级行为	
	系数	z 值	系数	z 值
金融素养	0.56***	2.31	0.21*	1.67
风险厌恶程度	−0.00**	−1.85	−0.18*	−1.79
评级公示制度	—	—	−1.30***	−2.08
村"两委"参与程度	—	—	1.37***	2.14
信息保护制度	—	—	2.32***	2.58
利率优惠制度	—	—	0.27**	1.87
家庭规模	0.08	1.03	0.07	1.24
家庭决策人性别	0.45	1.30	1.44	1.08
决策人年龄	0.01	1.75	−0.01	−0.69
决策人受教育水平	0.05	0.40	−0.09	−0.59
健康状况	0.10	0.39	0.34	0.86
技能	−0.31**	−2.15	0.32	1.35
非劳动力占比	0.72	1.34	0.59	1.06
公务/银行从业人员	−0.03	−0.08	−0.12	−0.40
住址距银行网点距离	−0.02	−0.88	—	—
借款经历	0.45***	2.89	−0.19	−0.83
借款需求	0.14	0.91	0.24	1.03
信用历史	0.27	1.36	0.12	0.45
财富水平	0.04**	2.44	0.04*	1.64
收入水平	−0.03**	−2.30	−0.03	−1.26
收入风险	0.00***	2.04	0.15***	1.98

续表

变量	第一阶段:评级意愿		第二阶段:评级行为	
	系数	z 值	系数	z 值
消费水平	−0.00	−0.06	0.05	1.00
种养户	−0.01	−0.03	−0.27	−0.39
打工户	−0.10	−0.22	−0.59	−0.93
个体工商户	−0.23	−0.54	−0.70	−1.10
可做担保的亲友数	0.04	0.92	−0.05	−0.82
Log likelihood	−349.00			
Prob>χ^2	0.00			
Wald 检验	54.91			

注: *、** 和 *** 分别表示在 10%、5% 和 1% 的水平上显著。下同。

3.4.2　不同收入水平农户的影响因素差异分析

为了考察制度因素对不同收入水平农户的影响差异,本章加入了收入水平与评级公示制度,以及利率优惠制度的交互项。模型估计结果总体变化较小,交互项系数均显著为正,表明低收入农户更介意公示评级结果,而高收入农户的确更加关注评级是否绑定利率优惠(见表 3–7)。

表 3–7　模型估计结果(二)

变量	第一阶段:评级意愿		第二阶段:评级行为	
	系数	z 值	系数	z 值
金融素养	0.56***	2.29	0.20*	1.66
风险厌恶程度	−0.00***	−2.01	−0.18*	−1.76
评级公示制度	—	—	−1.10***	−2.72
村"两委"参与程度	—	—	1.36***	2.11
信息保护制度	—	—	2.27***	2.53
利率优惠制度	—	—	0.02**	1.86
评级公示制度 × 收入水平	—	—	0.01*	1.65
利率优惠制度 × 收入水平	—	—	0.02**	1.93
家庭规模	0.08	1.03	0.07	1.18
家庭决策人性别	0.45	1.30	1.36	1.06

续表

变量	第一阶段：评级意愿		第二阶段：评级行为	
	系数	z 值	系数	z 值
决策人年龄	0.01*	1.74	−0.01	−0.65
决策人受教育水平	0.04	0.39	−0.10	−0.63
健康状况	0.09	0.38	0.36	0.93
技能	−0.30**	−2.15	0.35	1.47
非劳动力占比	0.73	1.37	0.59	1.08
公务/银行从业人员	−0.01	−0.06	−0.14	−0.47
住址距银行网点距离	−0.02	−0.90	—	—
借款经历	0.45***	2.89	−0.17	−0.74
借款需求	0.13	0.91	0.25	1.07
信用历史	0.28	1.38	0.15	0.54
财富水平	0.04**	2.41	0.03	1.45
收入水平	−0.03**	−2.27	−0.03	−0.98
收入风险	0.00***	2.03	0.11**	1.81
消费水平	−0.00	−0.05	0.04	1.06
种养户	−0.01	−0.02	−0.28	−0.44
打工户	−0.08	−0.20	−0.65	−1.06
个体工商户	−0.21	−0.52	−0.78	−1.23
可做担保的亲友数	0.04	0.93	−0.04	−0.78
Log likelihood	−348.42			
Prob>χ^2	0.00			
Wald 检验	57.32			

3.5 结论与政策启示

中国农户信用评级的初衷是缓解其融资难，然而，试验区农户参与度普遍较低。立足于这一现状，本章在阐述试验区评级机制的基础上，理论分析了农户参与评级积极性不高的个体原因和制度原因，并基于湖南衡阳试验区1504户农户的调研数据进行了实证检验。研究结果表明，中国农户的金融素养偏低、风险厌恶程度较高，这是显著影响农户参评积极性的个体原因；公示评定等级、没有制定完备的信息保护制度、村"两委"参与程度不高以及大部分试验区评定等级并不作为利率优惠的依据，是中国农户信用评级参与度低的主要制度原因。进一步地，公示评级结果对低收入农户的参评积极性影响更大；评级不作为利率优惠依据对高收入农户的参与度影响更大。

　　基于以上研究结论，本书认为中国农户对信用的认识仍然停留在道德层面，金融素养有待提高，信用评级应作为农村金融知识培训重点内容；在制度方面，依据农村当前实情，缩小评级结果的公示范围，进一步完善农户信息保护机制，提高村"两委"的参与程度，金融机构可以考虑将评级作为利率优惠的依据，尤其是在收入水平较高的地区，农户对利率可能更为敏感；此外，鉴于风险厌恶程度越低的农户，其参与评级的概率越大，金融机构应注意加强参评农户信用贷款的风险控制。

第4章 信用评级对农户正规
信贷需求及可获性的影响

4.1 引 言

中国农村正规金融市场上供给型和需求型信贷约束同时存在，与此同时，农村非正规金融市场上用于生产投资的借款利率及风险往往较高。2018年中央一号文件强调普惠金融重点要放在乡村、提高金融服务乡村振兴能力和水平，因此，提高农户正规信贷需求及可获性是农村金融服务乡村振兴战略的先决条件。缘于此，农村金融机构针对贷款技术进行了一系列改革和创新，除了土地承包经营权抵押等担保方式的创新以外，还包括信用评级的应用。已有研究也表明，在农村金融市场上，信用评级对抵押物存在替代效应。

在人民银行以及各省农村信用社联合社等部门的推动和指导下，中国部分地区，主要包括陕西、内蒙古、湖南、黑龙江、浙江、云南、辽宁、福建、广东、甘肃和山西，开展了农户信用评级。本质上属于农村金融机构（以农村商业银行为主）内部评级，分为三级、四级或五级，不同等级绑定相应额度的信用贷款，甚至作为利率优惠的依据，此类金融机构所在县域成为中国农户信用评级试验区。那么，作用机制是什么？对不同收入水平农户的影响是否存在差异？

进一步地，不同试验区农户信用评级机制存在差异：在村"两委"的参与程度方面，一类试验区，如湖南安化、广东郁南等，村"两委"直接作为评级小组成员，对农户信用等级评定具有话语权；另一类试验区，如内蒙古宁城等，村"两委"仅仅协助信息收集，评级小组成员均为金融机构内部人员；然后是评定等级的应用方面，试验区均绑定了信用贷款，但是否绑定利率优惠，各试验区有所不同。那么，不同信用评级机制对农户正规信贷需求及可获性的影响是否存在差异？2020年中央一号文件指出鼓励开展县域农户、中小企业信用等级评价，对以上问题的研究，可以为中国农户信用评级制度的优化提供科学依据，促进农村金融服务乡村振兴战略。

中国农户信用评级总体属于金融机构内部评级，国内文献主要关注点在于评级方法，包括信用评级方法的设计、已有评级方法的有效性检验以及信用评级方法的优化三个方面。关于评级机制的考察，多为实践报道，相关学术研究寥寥无几。囿于数据可获性，从微观层面深入剖析评级机制，考察评级效应以及专门探索制度优化的实证研究缺乏。因此，本章的贡献如下：立足于中国农户信用评级试验区实践，在阐述评级机制的基础上，论述信用评级对农户正规信贷需求及可获性的影响机制，更是进一步讨论了不同评级机制的影响差异，是对已有文献的有效补充。此外，鉴于有正规信贷需求的农户更倾向于申请评级，且中国试验区普遍存在仅对贷款农户进行评级的现象，本章在检验信用评级对农户信贷需求及可获性的影响时，通过样本的选择克服了内生性问题，即使用逐户评级的村庄农户样本作为制度的作用组，以及周边尚未开展评级的村庄农户样本作为对照组，使研究结论更加稳健。

4.2　理论分析与假说提出

中国农户信用评级基本制度包括：村"两委"参与、评定等级绑定信用贷款；开展评级的农村金融机构逐年更新农户信用等级。试验区均通过村"两委"公开评级指标体系，村"两委"参与农户信息收集、核实和更新，具体参与程度以及评定等级是否为利率优惠的依据，各试验区有所差异。以下立足于试验区信用评级两个基本制度，即村"两委"参与制度和评级绑定信用贷款制度，基于信息不对称和规模不经济理论，探讨信用评级对农户正规信贷需求及可获性的影响机制。

由于农户收入不稳定，且往往缺乏有效的抵押担保物（人），与农村金融机构之间的信息不对称问题尤为突出，银行向农户贷款风险较大，贷前审查和贷后管理都是非常审慎的。从而导致农户向正规金融机构贷款手续繁杂（例如，提供结婚证、房产证，夫妻双方到场签字，需要担保人或抵押品，等等）、时滞长（对于银行而言，农户信息收集、核实以及贷款风险评估难度较大）、交易成本高，使部分农户主动偏好借款时滞短、交易成本低的非正规金融，农村正规信贷市场上自我（或需求型）信贷配给较为普遍。存在逆向选择问题的同时，农村金融市场上道德风险问题同样不可忽视，如贷款农户改变信贷资金用途等，加之农户贷款风险较高，农村金融机构基于风险溢价的考虑，农户贷款利率普遍较高，正规信贷与非正规借款利差缩小，而这又进一步加剧了正规信贷市场的逆向选择问题。因此，由于信息不对称，农村正规信贷市场上逆向选择和道德风险问题同时存在，并相互促进，使银行放款更加审慎，农户借款需求受到抑制或转移到非正规金融市场，不利于农户正规信贷需求及可获性的提高。

中国农户信用评级试验区基本制度包括：村"两委"参与以及评级绑定信用贷款。村"两委"负责提供、收集、更新、审查农户信息，部分试验区村干部甚至直接作为评级小组成员，在声誉机制的作用下，这一基本制度提高了金融机构农户信息质量，降低了信息成本，有效缓解了农户与金融机构之间的信息不对称问题。具体来讲，如果村"两委"参与的信用评级不可信，其在村庄中的声誉将受损；且村"两委"成员（村干部），同为农户的身份使其对农户（包括小农户、家庭农场主、个体工商户）信息的掌握及风险的揭示都是比较充分的。因此，基于声誉机制和信息成本的讨论，"村'两委'参与"这一基本制度使试验区农户信用评级缓解了正规信贷市场的信息不对称问题。得益于村"两委"的参与以及绑定信用贷款，试验区农户正规信贷时滞短，交易成本显著降低，正规信贷市场上自我信贷配给显著得到缓解，进而提高了农户正规信贷需求及可获性。

此外，随着农户收入水平的不断提高，互联网理财产品的不断普及，农户对利率越发敏感；同时，调研数据统计发现，样本农户非正规借款利率平均约为14%，正规贷款利率平均约为11%，利率相差较小[①]。总体而言，正规贷款利率水平较高，农户倾向于交易成本更低的非正规借款。在评级作为利率优惠依据的样本村，农户参与评级的积极性更高，有利于提高其正规信贷需求，即绑定利率优惠这一评级机制，同样可以缓解农户对正规金融的自我信贷配给。

另外，从银行的角度来看，低收入农户除了信息收集成本较高以外，其贷款额度往往相对较小，存在规模内在不经济问题（例如，相较于一笔50万元高收入农户或城镇居民贷款，10笔5万元低收入农户贷款的信息收集成本高出很多）；银行并不愿意向"小农户"提供贷款，使得农户受到了银行（或供给型）信贷配给，尤其是低收入农户，往往尚未进入正规金融的贷款服务门槛。然而，村"两委"参与这一信用评级制度，在一定程度上克服了其农户信息收集成本高的问题；同时，整村推进的农户信用评级使得银行向低收入农户贷款的成本与高收入农户趋同，加之信息技术的应用，有效缓解了金融机构小

① 按照贷款额加权平均；非正规借款仅统计收取利息的借款，多数用于生产投资，用于生活消费的非正规借款大多不收利息，是中国农户"理性小农"与"道义小农"双重属性的体现。

农户贷款业务的规模不经济问题，有利于银行将更多的信贷资金投放到农村金融市场，从而有利于缓解农户，尤其是低收入农户受到的银行信贷配给，进而促进农户正规信贷需求及可获性的提高。

综上所述，由于村"两委"参与农户信用评级，改善了农村正规信贷市场上的信息不对称和规模不经济问题，同时，评级绑定信用贷款也进一步降低了农户的正规信贷交易成本。如若绑定利率优惠，将进一步提高农户对正规信贷的偏好。基于以上分析，提出如下三个待检验假说：

假说 1：得益于村"两委"参与制度和评级绑定信用贷款制度，信用评级能够提高农户的正规信贷需求及可获性。

假说 2：信用评级提高农户正规信贷需求及可获性的主要机制是缓解自我信贷配给，以及低收入农户的银行信贷配给。

假说 3：对于村"两委"参与程度较高以及评定等级绑定利率优惠的试验村农户，信用评级的影响更加显著。

4.3　实证设计

4.3.1　数据来源

数据来源于 2020 年 10 月至 2021 年 3 月湖南衡东实地调研数据。湖南省农户信用评级始于 2018 年初，属于农村商业银行内部评级。部分村（如柴山洲村）由评级小组进村入户逐户进行评级；部分村（如罗家湖村）由农户提出申请，评级小组再进行等级认定，考虑到内生性问题，这部分样本村未作为本章的研究对象；还有部分村（如油麻田村）尚未开展农户信用评级工作。具体到评级机制，均为"信用评级 + 信用贷款"模式，通过村"两委"公开评级指标体系，具体评级机制，如村"两委"是否为评级小组成员，评定等级是否绑定利率优惠，各村有所差异。因此，样本区选择依据即为评级机制在各村存在差异。

具体调查的逐户评级村包括新塘镇宋坪村、石杨村，甘溪镇中心村，霞流镇鸿霞村、大泥塘村，白莲镇白莲村，三樟镇柴山洲村，蓬源镇蓬源村，等等，共获得有效样本 610 户；未开展评级村包括新塘镇丰塘村、湘广村、龙头村，甘溪镇新东村，蓬源镇双溪村，霞流镇李花村、白杨村，白莲镇塘荷村，大桥镇油麻田村，等等，共获得有效样本 515 户；未开展评级村的样本选择依据是，2018 年以前农户融资状况与逐户评级村类似，具体选择依据当地农村商业银行提供的 2017 年行政村摸底统计表；农户问卷调查内容主要包括所在村评级机制、家庭借贷情况（2018~2020 年）、家庭特征以及家庭经营情况。

4.3.2 统计分析

理论分析表明，信用评级可以降低正规信贷利率，减少时滞，节约交易成本，进而刺激农户借款需求，增加农户申请正规信贷的概率，同时提高农户正规信贷可获性。因此，本章统计评级村和未评级村的相关指标，以初步考察信用评级的影响。由于绑定信用贷款，本章此处仅统计信用贷款利率水平[①]。由于部分试验村评定等级绑定利率优惠，评级村利率水平略低于未评级村；同时，评级村的正规信贷时滞和交易成本均明显少于未评级村。得益于 2018 年以来开展信用评级，2019~2021 年，评级村有借款需求的农户占比、申请正规信贷的农户占比以及正规信贷可获性均显著高于未评级村（见表 4-1）。

表 4-1　2019~2021 年农户正规信贷交易情况

子样本	年利率（%）	贷款时滞（天）	交易成本（元）	借款需求户占比（%）	贷款户占比（%）	信贷可获性（%）
评级村	9.44	2.50	53.70	66.18	36.55	41.16
未评级村	10.46	4.61	89.17	44.89	8.72	16.11

注：利率是依据贷款金额的加权平均值；时滞指提出申请到获得贷款的时长；交易成本是指因贷款而产生的各项费用；借款需求户占比是指有借款行为户占农户总数比重；贷款户占比是指申请正规贷款户占农户总数目比重；信贷可获性特指正规信贷可获性，等于正规信贷获得额 / 需求额。

信用评级提高农户正规信贷需求及可获性的主要机制是缓解农户信贷配给。调研数据显示，农户同时受到自我信贷配给和银行信贷配给，评级村受到自我信贷配给的农户占比明显较低，但是受到银行信贷配给的农户占比为 15.08%，略高于未评级村。主要原因是，自信用评级开展以来，评级村农户融资次序发生了变化，更多的农户倾向于评级绑定的信用贷款，而未评级村农户首选的融资渠道往往是亲友之间。通过关注不同收入水平农户的信贷配给类型发现，由于高收入水平农户通常为创业户，借款需求较多，因此，受到银行信贷配给的农户占比略高于低收入农户（见表 4-2）。

---

① 农户贷款主要包括抵押贷款、担保贷款和信用贷款，其中信用贷款利率水平较高，评级村信用贷款笔数显著高于未评级村，若加权利率的统计包括抵押贷款和担保贷款，则未评级村利率水平较低，难以合理地评价信用评级带来的影响。

表 4-2　农户信贷配给类型统计　　　　　单位：%，户

分类依据	样本类型	未受到信贷配给	自我信贷配给	银行信贷配给	总样本量
收入水平	高收入农户	58.90	17.16	23.94	565
	低收入农户	57.73	22.10	20.17	560
样本来源	评级村	70.30	14.62	15.08	610
	未评级村	61.37	24.68	13.95	515
	总样本	58.32	19.62	22.07	1125

注：信贷配给类型的甄别方法见下文；高低收入农户的划分依据为：收入水平大于中位数的为高收入农户，小于中位数的即为低收入农户。

4.3.3　模型构建与变量说明

4.3.3.1　基本模型构建

构建 Heckman 两阶段选择模型检验信用评级对农户借款行为及正规信贷选择的影响，由于第二阶段的因变量也是 0、1 变量，本章参考两阶段选择模型，对样本农户申请正规信贷的决策进行分析。第一阶段估计农户借款行为的选择方程，具体形式如下：

$$\text{Prob}\,(\,need_i = 1\,) = \frac{\exp(\delta R_i + \phi X_i^1)}{1 + \exp(\delta R_i + \phi X_i^1)} \tag{4-1}$$

其中，i 表示农户，变量 $need_i$ 表示样本期内农户是否有借款需求（行为），是 =1，否 =0；R_i 表示是否为逐户评级村农户是本章重点关注的解释变量，X_i^1 表示影响农户融资需求的个体特征向量。第二阶段估计农户申请正规信贷概率的方程，具体形式如下：

$$\text{Prob}\,(\,apply_i = 1\,) = \frac{\exp(\alpha_1 R_i + \beta_1 S_i + \gamma_1 X_i^2)}{1 + \exp(\alpha_1 R_i + \beta_1 S_i + \gamma_1 X_i^2)} \tag{4-2}$$

其中，$apply_i$ 表示农户是否申请正规信贷，是 =1，否 =0；S_i 为借款特征变量，包括借款用途、期限等；X_i^2 为影响正规信贷需求的农户特征向量。农户特征向量 X_i^1 和 X_i^2 包括家庭决策人年龄、受教育水平、技能、非劳动力比例、家庭最主要收入来源、信用历史等变量。

鉴于正规信贷可获性的取值为 0~1，存在等于 0 的情况，本章构建 Tobit 模型检验信用评级对农户正规信贷可获性的影响，模型基本形式如下：

$$y_i = \lambda X_i^3 + \xi_i, \quad \xi_i : N(0, \delta^2)$$

$$y_i = \begin{cases} \alpha, & y_i^* \leq \alpha \\ y_i^*, & \alpha < y_i^* < \beta \\ \beta, & \beta \leq y_i^* \end{cases} \tag{4-3}$$

其中，y_i 表示因变量，即农户 i 的正规信贷可获性，等于正规信贷获得额/需求额，y_i^* 表示潜在变量，$\beta=0$，代表左截取点，$\alpha=1$，代表右截取点；X_i^3 表示解释变量，包括是否为评级村农户的 R_i，这是本章关注的变量，λ 表示回归系数，ξ_i 表示随机误差项，服从正态分布。

由于因变量是一个分类变量，本章构建以下多项 Logit 模型检验信用评级对农户受到各类信贷配给概率的影响。农户 i 受到信贷配给类型 k 的概率 Prob（$y_i=k$），表示为：

$$Prob(y_i = k) = \frac{\exp(\alpha_k X_i^4 + \beta_k R_i)}{\displaystyle\sum_{m=1}^{3} \exp(\alpha_m X_i^4 + \beta_m R_i)} \tag{4-4}$$

其中，y_i 是一个分类的因变量，表示农户 i 受到的信贷配给类型，包括未受到信贷配给、自我信贷配给和银行信贷配给三类；X_i^4 表示农户 i 的特征向量。

4.3.3.2 变量选择与说明

被解释变量。①借款需求：指行为而非意愿，即是否有借款行为。②正规信贷需求：是否申请正规信贷，农户有借款需求时，也可能向亲友等非正规金融渠道融入资金。③正规信贷可获性：该变量针对有借款需求的农户，刻画的是正规金融对农户资金需求的满足程度，等于正规信贷获得额与农户实际资金需求额之比，赋值介于 0~1；如果农户从非正规金融市场融入全部所需资金，则该变量赋值为 0。④信贷配给类型：关于信贷配给类型的识别，本章参考 Boucher 等（2008）的直接诱导式询问方法（Direct Elicitation Methodology，DEM）设计问卷中的相关问题，甄别样本农户受到的信贷配给类型。

解释变量。信用评级：是否为评级村农户；在此需要强调的是，评级村是由评级小组（包括村"两委"、银行信贷员等）进试点村逐户统计评级，农户可能出于配合工作而参与评级，即是否参与评级是一个外生变量。

控制变量。参考已有文献，控制变量包括家庭特征和借款特征变量（见表 4-3）。其中，金融素养的测度涉及理论和实务共 4 个问题；具体量化方法是，1 分为基本分值，当农户正确回答 1 个问题时加 1 分，因此，最高为 5 分，最低分为 1 分①。风险厌恶是经济主体在进行决策时所表现出的风险态度,本章运用实验经济学的方法获得农户的风险态度。在调研问卷中,对应农户风险偏好程度的题目为:"假设您参加一个有奖竞赛节目,并已经胜出,您希望获得的奖励方案是:1——立刻拿到 1 万元现金;2——有 50% 的机会赢取 2 万元现金的抽奖;3——有 20% 的机会赢取 5 万元现金的抽奖;4——有 1% 的机会赢取 100 万元现金的抽奖。"将选择 1、2、3 和 4 的家庭分别赋值为 4、3、2、1,赋值越高,风险厌恶程度越高。

表 4-3　变量说明与描述性统计

类别	名称	变量说明	最大值	最小值	均值	标准差
被解释变量	借款需求	是否有借款行为;是 =1,否 =0	1.00	0.00	0.56	0.50
	正规信贷需求	是否申请正规信贷;是 =1,否 =0	1.00	0.00	0.23	0.42
	正规信贷可获性	正规信贷获得额 / 需求额	1.00	0.00	0.31	0.41
	未受到信贷配给	未受到信贷配给 =1,否则 =0	1.00	0.00	0.25	0.43
	自我信贷配给	受到自我信贷配给 =1,否则 =0	1.00	0.00	0.35	0.48
	银行信贷配给	受到银行信贷配给 =1,否则 =0	1.00	0.00	0.40	0.49
解释变量	信用评级	是否为评级村农户;是 =1,否 =0	1.00	0.00	0.54	0.50
家庭特征变量	决策人年龄	家庭决策人年龄(岁)	81.00	19.00	45.25	11.22
	性别	是否为男性;是 =1,否 =0	1.00	0.00	0.82	0.38
	健康状况	健康状况是否良好;是 =1,否 =0	1.00	0.00	0.90	0.30
	受教育水平	小学 =1,初中 =2,高中 =3,大学及以上 =4	4.00	1.00	2.33	0.81
	技能	决策人是否有技能;是 =1,否 =0	1.00	0.00	0.40	0.49
	风险厌恶程度	赋值 1~4,值越高,风险厌恶程度越高	4.00	1.00	3.41	0.93
	金融素养	赋值 1~5,值越高,金融素养越高	5.00	1.00	3.03	1.28
	家庭规模	家庭总人口(人)	15.00	1.00	9.52	3.13

---

① 关于金融素养,调研组设计了较多金融理论题,但在预调查中发现,农户往往缺乏耐心,问题较多会在很大程度上影响其回答的准确性,因此,在正式调研中仅保留了 4 道题目,以确保回答的准确性。

续表

类别	名称	变量说明	最大值	最小值	均值	标准差
家庭特征变量	非劳动力占比	非劳动成员数目 / 家庭总人口	1.00	0.00	0.46	0.22
	公务 / 银行从业人员	家中有无公务 / 银行从业者；有 =1，无 =0	1.00	0.00	0.09	0.29
	经营土地面积	家庭经营土地面积（百亩）	10.00	0.00	0.19	1.01
	收入水平	家庭纯收入（万元 / 年）	108.10	0.20	12.63	9.83
	财富水平	家庭固定资产与金融资产之和（10 万元）	135.70	0.01	4.41	8.26
	收入风险	赋值 1~4，数值越大，收入波动越大	4.00	0.00	2.14	0.77
	种养户	种养业是最主要收入来源；是 =1，否 =0	1.00	0.00	0.07	0.25
	打工户	打工是最主要收入来源；是 =1，否 =0	1.00	0.00	0.55	0.50
	个体工商户	工商业是最主要收入来源；是 =1，否 =0	1.00	0.00	0.35	0.48
	借款经历	2018 年前是否有借款经历；是 =1，否 =0	1.00	0.00	0.59	0.49
	信用历史	是否拖欠过银行 / 亲友借款；是 =1，否 =0	1.00	0.00	0.24	0.43
	社会资本	可做贷款担保的亲友数目（个）	20.00	0.00	2.05	1.82
	银行距离	住址距离最近的银行网点距离（千米）	27.00	0.10	6.80	4.71
	突发事件	是否有突发事件；是 =1，否 =0	1.00	0.00	0.28	0.45
借款特征变量	借款期限	依据自身需求的借款期限（年）	30.00	0.05	1.63	2.07
	农业投资	借款是否用于农业生产；是 =1，否 =0	1.00	0.00	0.06	0.24
	非农投资	借款是否用于非农生产；是 =1，否 =0	1.00	0.00	0.21	0.41

4.4　模型估计结果分析

4.4.1　信用评级对正规信贷需求的影响

不管是对于总样本，还是各个子样本，模型 Wald 检验均在 1% 的水平上显著，说明其整体拟合效果较好，同时，对相关系数 ρ 进行似然比检验，结果同样在 1% 的水平上显著，即拒绝 ρ=0 的原假设，表明样本选择性偏差确实存在，使用 heckprobit 模型是合适的。估计结果显示，信用评级对农户借款需求的形成具有正向促进作用，尤其对于低收入农户，其影响通过了显著性检验。由于缺乏抵押或担保以及农村亲友间借贷存在"救急不救穷"的思想，长期以来，低收入农户借款需求受到抑制，而信用评级由于绑定了信用贷款，对低收入农户借款需求的形成具有显著促进作用。第二阶段的估计结果显示，信用评级对农户正规信贷需求具有显著的正向促进作用，并且，对低收入农户的影响更为显著（见表 4-4）。主要原因是，信用评级降低了正规信贷交易成本，使部分偏好非正规借贷的农户转向了正规信贷，同时，得益于村"两委"的参与，小农户与金融机构间信息不对称及规模不经济问题有所缓解，使低收入农户也进入了正规信贷的服务门槛。

在家庭决策人（养家人）特征方面，性别、健康状况、技能、金融素养以及风险厌恶程度对家庭信贷需求影响显著。具体来说，女性决策人形成借款需求的概率更高，尤其是对于低收入农户，此类家庭更容易面临流动性约束；但是决策人性别对正规信贷需求的影响不显著，调研发现，部分女性决策人倾向于亲友间借贷。对于健康状况良好的决策人，其家庭有借款需求的概率越高，尤其是对于高收入农户，家庭决策人健康状况的影响更为显著；此类家庭创业和享受型消费（购房、买车）需求较多，决策人健康状况较差的家庭，流动性偏好较强。缘于创业需求，有技能的农户，尤其是低收入农户更需要借款；但此类农户似乎更倾向于亲友间借贷，因为其有技能，生存能力相对较强，亲友借贷相对容易；模型估计结果也显示，是否有技能对农户正规信贷需求有负向影响，但并未通过显著性检验。无论是高收入农户还是低收入农户，金融素养对其借款需求和正规信贷需求的影响均显著为正，本章认为，金融素养越高的家庭，其对资金的利用越充分，对利率也更敏感，用于生产的非正规借款利率较高，从而更容易形成借款需求和正规信贷需求。此外，金融素养越高的家庭，对金融机构的业务也更了解，较容易形成正规信贷需求。风险厌恶程度较高的家庭借款需求较少，尤其是正规信贷需求，在全样本及高、低收入子样本中，风险厌恶程度对正规信贷需求的负向影响均通过了显著性检验。对于农户来说，或许向"理性"的银行贷款本身就属于高风险行为。毕竟相较于正规金融，亲友之间相互借贷的方式更加"人性化"，而银行贷款到期不还带给家庭的影响却是比较大的。已有研究也表明，风险厌恶会加剧农户正规信贷中需求型（或自我）信贷约束。

表4-4 信用评级对正规借贷需求的影响（一）

变量	总样本 第一阶段：借款需求 系数	z值	总样本 第二阶段：正规信贷需求 系数	z值	子样本1：高收入农户 第一阶段：借款需求 系数	z值	子样本1：高收入农户 第二阶段：正规信贷需求 系数	z值	子样本2：低收入农户 第一阶段：借款需求 系数	z值	子样本2：低收入农户 第二阶段：正规信贷需求 系数	z值
信用评级	0.15	1.65	1.04***	3.65	0.13	1.27	0.91**	2.15	0.21**	2.01	1.27***	4.83
决策人年龄	0.05	0.75	0.01	0.30	0.07	0.47	0.01	0.42	0.03	0.87	0.02	0.28
性别	-0.46*	-1.70	-0.07	-0.75	-0.38	-1.36	-0.02	-1.03	-0.52*	-1.84	-0.14	-0.39
健康状况	0.83**	2.06	-0.11	-0.51	1.93***	2.94	-0.26	-0.72	0.74	0.78	0.14	1.09
受教育水平	-0.70	-1.59	0.05	0.58	-0.63*	-1.95	0.01	0.37	-0.76	-1.03	0.11	1.06
技能	0.24	1.58	-0.14	-0.98	0.14	1.21	-0.33	-0.73	0.62*	1.73	-0.01	-1.32
金融素养	0.26**	2.09	0.19***	3.06	0.35*	1.85	0.38***	3.56	0.12***	2.35	0.05***	2.76
风险厌恶程度	-0.19	-1.57	-0.16**	-2.10	-0.47*	-1.84	-0.28***	-1.80	-0.03	-1.04	-0.12**	-2.30
家庭规模	0.02	0.98	-0.12	-0.93	0.01	0.72	-0.27	-0.33	0.04	1.29	-0.04	-1.43
非劳动力占比	0.72	1.60	0.32	0.96	0.61	1.26	0.98	0.45	0.92*	1.78	0.19	1.26
公务/银行从业人员	-0.05	-0.35	0.65**	2.17	-0.16	-0.45	0.35**	2.04	-0.01	-0.21	0.93***	3.02
经营土地面积	0.54**	2.01	0.10	0.27	0.73**	2.53	0.26	0.43	0.28	1.53	0.01	0.12
收入水平	0.08	0.63	0.13	0.47	0.15	0.84	0.26	0.09	0.01	0.47	0.05	1.36
财富水平	0.03	1.23	0.03*	1.94	0.12	0.82	0.01*	1.84	0.05	1.52	0.07**	2.02
收入风险	0.20	1.40	-0.11	-0.86	0.17	1.14	-0.36	-1.03	0.42*	1.82	-0.01	-0.72
种养户	0.64	0.95	0.54	0.87	0.57	0.83	0.68	0.94	0.80	1.03	0.35	0.59

续表

变量	总样本				子样本1：高收入农户				子样本2：低收入农户			
	第一阶段：借款需求		第二阶段：正规信贷需求		第一阶段：借款需求		第二阶段：正规信贷需求		第一阶段：借款需求		第二阶段：正规信贷需求	
	系数	z值	系数	z值	系数	z值	系数	z值	系数	z值	系数	z值
打工户	-0.25	-0.44	0.31	0.53	-0.18	-0.38	0.18	0.23	-0.32	-0.76	0.65	1.05
个体工商户	0.15	0.26	-0.17	-0.29	0.07	0.14	0.09	0.32	0.34	0.42	-0.47	-0.96
借款经历	1.18	1.06	1.59	1.37	0.72	1.60	1.16	1.10	1.64	0.99	1.85	1.68
信用历史	0.28	1.53	0.40	1.28	0.35	1.46	0.17	0.84	0.16	1.65	0.93	1.61
社会资本	0.08	1.23	0.09**	2.09	0.28	1.38	0.02***	2.39	0.02	1.17	0.26*	1.89
突发事件	1.72	1.50	—	—	1.30	1.12	—	—	2.79*	1.83	—	—
银行距离	0.03	0.62	0.04	0.44	0.01	0.51	0.01	0.32	0.04	0.69	0.23	0.64
借款期限	—	—	0.18*	2.04	—	—	0.32**	2.01	—	—	0.04**	2.09
农业投资	—	—	0.97***	3.23	—	—	0.59***	2.82	—	—	1.04**	3.90
非农投资	—	—	0.48***	2.76	—	—	0.57***	2.36	—	—	0.29***	2.83
常数项	-1.53	-1.49	-4.22***	-2.74	-3.39*	-1.86	-3.89***	-2.02	-2.31	-0.92	-6.02***	-3.04
样本量	1125				565				560			
Log likelihood	-333.30				-232.11				-383.30			
Prob>χ²	0.00				0.00				0.00			
Wald检验	176.19***				136.46***				196.19***			
似然比检验	12.84***				10.17***				16.84***			

注：*、**和***分别表示在10%、5%和1%的水平上显著。下同。

在家庭特征方面，非劳动力占比对低收入家庭形成借款需求具有显著的促进作用，调研发现，此类借款主要用于子女教育、老人医疗等生存型消费。家中有公务/银行从业人员的农户更倾向于正规信贷，主要原因是此类家庭正规信贷的交易成本较低，也更容易享受到利率优惠。由于农业规模化经营，资金投入较多，经营土地面积对借款需求也具有显著的正向影响，但对正规信贷需求的影响并不显著。调研发现，部分家庭农场习惯于亲友借贷。较高的财富水平和社会资本使农户更倾向于正规信贷，因为更容易找到担保人，较容易获得正规信贷。收入风险（即收入的波动性）越高或家庭有突发事件，低收入农户越容易形成借款需求，此类家庭抗风险能力较弱，容易出现资金缺口；同时，收入风险不利于农户形成正规信贷需求，但在模型估计中未通过显著性检验。

在借款特征方面，借款期限越长，农户越倾向于正规信贷，短期资金周转更倾向于亲友互助。一方面，较多农户借款期限在半年以内，亲友间借贷期限较灵活，甚至7天还款；另一方面，农村亲友间借贷期限较长的话，通常是要支付利息的，并且利率水平往往高于银行利率水平。

在借款用途方面，相对于消费性借款，用于生产投资的借款更倾向于正规信贷渠道。主要原因在于，农户亲友间的非正规借款，消费性（教育、医疗等）借款往往不收利息，而对于生产性借款，通常收取较高的利息。

由于各信用评级试验区村"两委"的参与程度不同，在参与程度较高的试验区，村"两委"是评级小组的成员，对农户信用等级的评定有一定的决定权；而在参与程度较低的试验区，村"两委"主要负责信息发布，农户信息采集、核实和更新等工作。依据前文的理论分析，村"两委"参与程度不同，信用评级作用程度也会存在差异。因此，本章将评级村分为两组，一组村"两委"为评级小组成员，代表村"两委"参与程度较高；另一组村"两委"仅辅助信息收集工作，代表村"两委"参与程度较低，然后利用两个子样本对模型进行估计，结果如表4-5所示。对于村"两委"是评级小组成员的试验村，信用评级的影响更为显著，而在村"两委"不是评级小组成员的试验村，信用评级对农户借款需求的影响并未通过显著性检验。

为了鼓励农户的正规融资行为，部分农村金融机构网点将评定等级作为利率优惠的依据之一；无论评定等级在利率决定过程中的作用大小，只要作为依据之一，本章均判定其辖内试验村农户信用等级绑定了利率优惠。据调研，此类政策文件同样是村"两委"通过微信群等方式向村民公开。绑定利率优惠可以为农村金融机构吸引更多的优质客户，鉴于此，本章将评级村分为两组，并利用两个子样本对模型进行重新估计，结果如表4-6所示。随着收入水平的不断提高以及融

表 4-5 信用评级对正规信贷需求的影响（二）

变量	子样本 3: 村"两委"是评级小组成员				子样本 4: 村"两委"不是评级小组成员			
	第一阶段: 借款需求		第二阶段: 正规信贷需求		第一阶段: 借款需求		第二阶段: 正规信贷需求	
	系数	z 值	系数	z 值	系数	z 值	系数	z 值
信用评级	0.24**	1.98	1.25***	4.07	0.10	1.48	0.75**	2.42
控制变量	已控制				已控制			
常数项	−3.59*	−1.77	−5.25***	−3.05	−6.58**	−2.19	−6.81***	−2.84
样本量	810				830			
Log likelihood	−254.68				−170.83			
Prob>χ^2	0.00				0.00			
Wald 检验	148.73***				85.03***			
似然比检验	12.30***				5.24**			

注: 子样本的分类是依据评级村具体评级机制, 子样本中还包括未评级村农户。下同。

表 4-6 信用评级对正规信贷需求的影响（三）

变量	子样本 5: 评定等级绑定利率优惠				子样本 6: 评定等级未绑定利率优惠			
	第一阶段: 借款需求		第二阶段: 正规信贷需求		第一阶段: 借款需求		第二阶段: 正规信贷需求	
	系数	z 值	系数	z 值	系数	z 值	系数	z 值
信用评级	0.73**	2.24	1.36***	3.27	0.02	1.08	0.84**	2.02
控制变量	已控制				已控制			
常数项	−3.27*	−2.01	−4.82***	−3.36	−4.01**	−2.27	−3.76**	−2.27
样本量	772				868			
Log likelihood	−199.62				−214.84			
Prob>χ^2	0.00				0.00			
Wald 检验	105.13***				126.09***			
似然比检验	9.67***				10.97***			

资渠道的逐渐多元化, 农户对利率越发敏感, 绑定利率优惠的信用评级对农户具有较强的吸引力。模型估计结果显示, 绑定利率优惠这一评级机制, 使信用评级对农户形成借款需求以及偏好正规信贷具有更显著的促进作用; 在评定等级未绑定利率优惠的试验村, 信用评级对借款需求的影响并未通过显著性检验。

4.4.2 信用评级对正规信贷可获性的影响

Tobit 模型估计的极大似然比检验为 231.79，且在 1% 水平上显著，说明模型选择合理，估计结果有意义（见表 4-7）。除了提高信贷需求，信用评级对农户正规信贷可获性也具有显著的正向影响，且对不同收入水平农户的影响差异不大。一方面，信用评级影响了农户融资偏好，部分因交易成本低而倾向于非正规金融的优质客户转向了正规信贷市场；另一方面，村"两委"的参与缓解了农村信贷市场信息不对称和银行内部规模不经济问题，使得金融机构将更多的信贷资金投放到农村地区。

表 4-7 信用评级对正规信贷可获性的影响（一）

变量	总样本		子样本 1：高收入农户		子样本 2：低收入农户	
	系数	t 值	系数	t 值	系数	t 值
信用评级	1.03***	3.01	0.81***	3.17	1.91***	3.38
决策人年龄	0.05	0.94	−0.02	−0.33	0.05	0.46
性别	−0.10	−0.54	0.22	1.16	−1.35	−1.49
健康状况	0.20	0.84	0.49	1.38	1.01	1.10
受教育水平	0.10	0.97	0.10	0.99	0.04	0.12
技能	−0.28**	−1.99	−0.08	−0.59	−0.99**	−2.26
金融素养	0.22***	3.18	0.15**	2.36	0.51**	2.58
风险厌恶程度	−0.10	−1.44	−0.07	−1.22	−0.12	−0.51
家庭规模	0.02	1.19	0.02	1.28	0.05	0.58
非劳动力占比	−0.03	−0.09	−0.74	−1.20	−2.04**	−2.17
公务 / 银行从业人员	0.77**	2.16	0.58***	2.85	2.61*	1.83
经营土地面积	0.06	1.05	0.08*	1.74	0.28	1.04
收入水平	0.01	1.05	0.01	0.16	0.04	1.08
财富水平	0.02**	2.09	0.01	1.36	0.28**	2.57
收入风险	−0.10	−1.04	−0.06	−0.64	−0.27	−0.94
种养户	0.70	1.39	0.57	1.19	2.68	1.21
打工户	−0.43	−0.91	−0.15	−0.35	−0.90	−1.14
个体工商户	−0.23	−0.50	−0.31	−0.74	−0.47	−1.24
借款经历	1.13	1.12	3.06	0.02	3.09	1.44

续表

变量	总样本		子样本 1：高收入农户		子样本 2：低收入农户	
	系数	t 值	系数	t 值	系数	t 值
信用历史	0.23	1.57	0.19	1.32	0.43	1.03
社会资本	0.08**	1.99	0.05**	2.03	0.12	1.27
银行距离	0.04	1.02	0.03	1.00	0.01	0.32
借款期限	0.30***	3.03	0.21***	4.03	0.31	1.61
农业投资	1.02***	3.98	0.32	1.35	2.77***	2.97
非农投资	0.62***	3.40	0.26	1.49	1.12**	2.05
常数项	−2.10	−1.38	−5.29	−0.03	−4.21	−1.00
样本量	635[①]		430		435	
Log likelihood	−390.06		−244.08		−110.81	
LR statistic	231.79***		126.87***		114.18***	
Pseudo R^2	0.58		0.51		0.64	

　　除了信用评级这一制度因素以外，家庭决策人是否有技能以及其金融素养，对农户正规信贷可获性影响显著。具体来说，有技能的农户正规信贷可获性较低，为了探究原因，本章统计了有技能农户的借款需求以及借款渠道发现，由于创业需要，其借款需求普遍较高，但从非正规金融市场（以亲友借贷为主，也包括互联网金融借贷）融入资金的比例也较高，尤其是对于低收入农户。金融素养较高的农户能更准确地把握自身资信，且理解银行业务，也更倾向于正规信贷渠道，因而正规信贷可获性往往较高。

　　在家庭特征方面，非劳动力占比较高的家庭，抗风险能力较弱，这一因素抑制了低收入农户的正规信贷可获性；缘于收入稳定或有抵押担保（人）物，家中有公务员或银行从业人员以及财富水平或社会资本较高的农户，正规信贷可获性也较高。另外，得益于政府对新型农业经营主体的各项扶持政策，以及金融"嫌贫爱富"的属性，经营土地面积对高收入农户正规信贷可获性影响显著。

　　在借款特征方面，借款期限以及借款用途均显著影响农户正规信贷可获性。如前文所述，借款期限越长，农户自身越倾向于正规信贷，且可获性也越高。

---

　　① 此处高低收入农户子样本划分方法与全文不同，高收入为收入靠前的 430 户农户，低收入农户为收入靠后的 435 户农户，两个子样本有交集，主要是为了克服样本量偏小的问题。

在借款用途方面，由于农户消费性借款更倾向于不收利息的亲友借贷，因此，用于生产投资的借款往往从正规信贷市场得到满足。一方面，金额较大；另一方面，非正规金融市场生产性借款利息更高。

为了考察不同评级机制的影响差异，同样用子样本对模型进行重新估计，结果如表4-8所示。Tobit 模型估计的极大似然比检验均在 1% 水平上显著，估计结果有意义。对于村"两委"是评级小组成员以及评定等级绑定利率优惠的试验村，信用评级对农户的正规信贷可获性影响更显著。缘于声誉机制以及信息成本，村"两委"参与程度越高，信用评级越有效，金融机构的经营成本也会有所下降。由于逆向选择和道德风险问题的存在，评定等级绑定利率优惠可以吸引部分优质客户，也可以降低银行的不良贷款比率，提高资产质量。

表4-8 信用评级对正规信贷可获性的影响（二）

变量	子样本3：村"两委"是评级小组成员		子样本4：村"两委"不是评级小组成员		子样本5：评定等级绑定利率优惠		子样本6：评定等级未绑定利率优惠	
	系数	t 值	系数	t 值	系数	t 值	系数	t 值
信用评级	1.37***	4.21	0.82**	2.31	1.99***	3.96	0.27*	1.89
控制变量	已控制		已控制		已控制		已控制	
常数项	−2.36	−1.51	−8.57*	−1.95	−6.65**	−2.43	−2.82	−1.42
样本量	441		424		411		454	
Log likelihood	−298.69		−183.26		−208.68		−272.11	
LR statistic	209.04***		115.99***		161.75***		186.41***	
Pseudo R^2	0.56		0.54		0.48		0.56	

4.4.3 信用评级对信贷配给的影响

为了检验信用评级这一制度对农户正规信贷需求和可获性的影响机制，本章利用多项 Logit 模型分析信用评级对农户各类信贷配给的影响。本章参考张三峰等（2013a）对多项 Logit 模型的检验方法，采用 Hausman−McFadden 检验 IIA 假定是否成立；结果显示，卡方均为正，且不能拒绝原假设，说明使用多项 Logit 模型进行估计是合适的。另外，全样本及各个子样本的估计，均是将未受到信贷配给作为参照组。

估计结果显示，信用评级对农户自我信贷配给和银行信贷配给均有显著的缓解作用，尤其是对自我信贷配给，影响似乎更大。对于高收入农户，信用评级这一制度对其受到的银行信贷配给影响没有通过显著性检验。本章认为，倾向于正规信贷的高收入农户本身就是金融机构在农村地区的主要服务对象，信用评级的作用也是有限的；但是对于因为交易成本而主动选择非正规金融的高收入农户，即自我信贷配给农户，信用评级的作用显著。对于低收入的"小农户"，由于银行对其放贷存在内部规模不经济问题，低收入农户长期受到银行信贷配给，而村"两委"参与的信用评级降低了银行信息收集成本，加之互联网技术的应用，同时随着县域银行业竞争日渐激烈，"小农户"同样成为了评级金融机构的贷款客户（见表 4-9）。

除了制度因素，在家庭决策人特征方面，健康状况、金融素养以及是否有技能对农户信贷配给影响显著。健康状况较差使低收入农户更容易受到银行信贷配给，但对高收入农户影响不显著；金融素养越高，农户受到两类信贷配给的概率越低，但对高收入农户银行信贷配给的缓解作用不显著；家庭决策人有技能的农户越容易受到自我信贷配给，但会降低其受到银行信贷配给的概率。有技能农户多为创业户，借款较为频繁，正规信贷的高交易成本使其倾向于亲友借贷，加之亲友借贷期限灵活，对违约的判定更有弹性，都是重要原因；但技能这一因素仅对高收入农户的银行信贷配给和低收入农户的自我信贷配给影响显著。在家庭特征方面，非劳动力占比较高会显著增加低收入农户受到两类信贷配给的概率；家中有公务员或银行从业人员以及财富水平较高的农户，不易受到信贷配给；此外，信用历史（有拖欠款记录）仅对高收入农户的银行信贷配给影响显著。

为了考察不同评级机制的影响差异，同样利用子样本对模型进行估计，结果如表 4-10 和表 4-11 所示。在村"两委"是评级小组成员的试验村，信用评级的影响更为显著；对于村"两委"不是评级小组成员的试验村，信用评级对银行信贷配给的影响不显著。原因仍然在于村"两委"参与程度越高，市场信息不对称以及银行内部规模不经济问题缓解程度越高。由于能够吸引优质客户，缓解逆向选择和道德风险问题，评定等级绑定利率优惠这一机制，使信用评级能够明显影响农户银行信贷配给。在评定等级未绑定利率优惠的试验村，信用评级对农户银行信贷配给的影响不显著。

表4-9 信用评级对信贷配给的影响（一）

变量	总样本 自我信贷配给 系数	总样本 自我信贷配给 z值	总样本 银行信贷配给 系数	总样本 银行信贷配给 z值	子样本1：高收入农户 自我信贷配给 系数	子样本1：高收入农户 自我信贷配给 z值	子样本1：高收入农户 银行信贷配给 系数	子样本1：高收入农户 银行信贷配给 z值	子样本2：低收入农户 自我信贷配给 系数	子样本2：低收入农户 自我信贷配给 z值	子样本2：低收入农户 银行信贷配给 系数	子样本2：低收入农户 银行信贷配给 z值
信用评级	-1.60***	-3.06	-0.53*	-1.85	-1.97***	-4.27	-0.36	-1.31	-1.04**	-2.07	-1.40***	-3.06
决策人年龄	0.04*	1.71	0.05	1.49	0.02	0.63	0.06	1.66	0.09**	1.93	0.03	1.27
性别	-0.35	-1.00	-0.69	-1.02	-0.85	-1.25	-0.64	-1.30	0.39	0.92	-1.15	-0.77
受教育水平	-0.11	-0.56	-0.04	-0.25	-0.21	-0.80	-0.12	-0.51	-0.14	-0.41	-0.04	-0.13
健康状况	0.88	1.04	-0.61	-1.46	0.21	0.81	-0.02	-0.02	1.42	1.33	-1.07*	-1.79
金融素养	-0.37**	-2.19	-0.28*	-2.53	-0.52***	-3.03	-0.20	-1.38	-0.35*	-1.87	-0.38**	-2.01
风险厌恶程度	0.02	0.13	-0.04	-0.27	0.07	0.36	-0.03	-0.59	0.02	0.09	-0.06	-0.19
技能	0.48*	1.80	-0.44*	-1.76	-0.05	-0.14	-0.52*	-1.86	0.68*	1.89	-0.29	-1.49
家庭规模	-0.08	-1.20	-0.09	-1.46	-0.10	-1.08	-0.08	-0.96	-0.03	-0.18	-0.15	-1.01
非劳动力占比	0.56	0.79	0.94	1.40	0.55	0.25	0.44	0.43	0.53*	1.76	1.43**	2.07
公务/银行从业人员	-1.21***	-2.75	-1.28***	-3.16	-1.50***	-2.62	-1.19**	-2.57	-1.51	-1.71	-2.13*	-1.73
经营土地面积	0.07	0.59	-0.10	-1.08	0.04	0.34	-0.11	-1.14	0.23	0.65	-0.11	-0.41
收入水平	0.01	0.23	0.03	1.44	0.02	0.63	0.06	1.55	-0.06	-0.56	-0.06	-1.26

续表

变量	总样本				子样本1：高收入农户				子样本2：低收入农户			
	自我信贷配给		银行信贷配给		自我信贷配给		银行信贷配给		自我信贷配给		银行信贷配给	
	系数	z值	系数	z值	系数	z值	系数	z值	系数	z值	系数	z值
财富水平	-0.07**	-2.16	-0.04*	-1.89	-0.05*	-1.82	-0.02	-1.18	-0.45***	-3.26	-0.38***	-3.23
收入风险	0.27	1.44	0.26	1.53	0.31	1.23	0.25	1.14	0.15	0.47	0.25	0.78
社会资本	-0.11	-1.45	-0.09	-1.24	-0.12	-1.02	-0.07	-0.65	-0.08	-1.57	-0.10	-1.52
银行距离	0.08	1.25	0.02	0.60	0.07	1.60	0.02	0.48	0.12	1.22	0.06	0.99
借款经历	-0.40	-1.09	-0.16	-1.17	-0.61	-1.02	-0.63	-0.36	-0.29	-1.17	-0.01	-1.25
信用历史	0.11	0.38	0.27	1.06	0.20	0.29	0.66*	1.92	0.07	0.59	0.26	0.56
种养户	0.82	1.14	0.77	1.21	0.26	0.50	0.74	1.62	1.27	1.23	0.70	1.09
打工户	0.12	0.56	0.44	1.27	0.15	0.46	0.43	1.29	0.12	0.67	0.05	0.10
个体工商户	0.20	0.71	0.27	1.02	0.62	1.53	0.37	1.07	0.07	0.12	0.43	0.84
常数项	-7.33**	-2.11	-8.95**	-2.60	-4.57	-0.01	-7.64***	-3.19	-10.01*	-1.97	-9.02**	-2.20
样本量	1125				565				560			
Log likelihood	-526.38				-283.61				-207.62			
Prob>χ²	0.00				0.00				0.00			
Pseudo R²	0.42				0.37				0.54			

表 4-10 信用评级对信贷配给的影响（二）

变量	子样本 3：村"两委"是评级小组成员				子样本 4：村"两委"不是评级小组成员			
	自我信贷配给		银行信贷配给		自我信贷配给		银行信贷配给	
	系数	z 值	系数	z 值	系数	z 值	系数	z 值
信用评级	−1.79***	−3.37	−0.60**	−2.04	−1.40***	−2.50	−0.47	−1.13
控制变量	已控制				已控制			
常数项	−6.77***	−3.46	−8.60***	−4.90	−7.53***	−3.35	−7.55***	−3.27
样本量	810				830			
Log likelihood	−408.05				−312.32			
Prob>χ^2	0.00				0.00			
Pseudo R^2	0.44				0.49			

表 4-11 信用评级对信贷配给的影响（三）

变量	子样本 5：评定等级绑定利率优惠				子样本 6：评定等级未绑定利率优惠			
	自我信贷配给		银行信贷配给		自我信贷配给		银行信贷配给	
	系数	z 值	系数	z 值	系数	z 值	系数	z 值
信用评级	−1.84***	−3.80	−0.76**	−2.14	−1.43***	−2.63	−0.37	−1.31
控制变量	已控制				已控制			
常数项	−6.35***	−3.09	−8.69***	−4.51	−8.27***	−3.95	−7.67***	−3.74
样本量	772				868			
Log likelihood	−340.55				−373.64			
Prob>χ^2	0.00				0.00			
Pseudo R^2	0.47				0.47			

4.5 结论与政策启示

立足于试验区实践，本章在阐述信用评级机制的基础上，基于信息不对称和规模不经济理论，探讨了信用评级对农户正规信贷需求及可获性的影响机理，并利用湖南省试验区农户调研数据进行了实证检验。主要结论如下：

信用评级降低了正规信贷交易成本，使部分偏好非正规借贷的农户转向了正规信贷，显著缓解了农户的自我信贷配给；同时，得益于村"两委"的参与，"小农户"与金融机构间信息不对称及规模不经济问题有所缓解，使金融机构将更多的信贷资金投放到农村地区，同时，低收入农户也进入了正规信贷的服务门槛，降低了低收入农户受到银行信贷配给的概率；随着县域银行业竞争日渐激烈，加之互联网技术的应用，"小农户"甚至能够发展成其"长尾客户"。通过缓解农户信贷配给，信用评级对农户借款需求的形成以及对正规信贷需求及可获性，均具有显著的促进作用。

考察评级机制的影响差异发现，缘于声誉机制以及信息成本，村"两委"参与程度越高，市场信息不对称以及银行内部规模不经济问题缓解程度越高，金融机构的经营成本也会随之下降，信用评级越有效。此外，评级绑定利率优惠这一机制也能够提高信用评级的积极影响；一方面，随着收入水平的不断提高，融资渠道的逐渐多元化，农户对利率越发敏感，绑定利率优惠的信用评级对农户具有较强的吸引力；另一方面，由于逆向选择和道德风险问题的存在，评定等级绑定利率优惠可以吸引部分优质客户，也可以降低银行的不良贷款比率，提高资产质量。

基于以上研究结论，本章认为，应鼓励金融机构开展农户信用评级，充分利用互联网技术，缓解农村信贷市场信息不对称和规模不经济问题，提高农户的正规信贷需求及可获性，以使农村金融机构更好地服务乡村振兴战略。在评级机制方面，应进一步提高村"两委"的参与程度，同时，考虑将评定等级绑定利率优惠，以增强信用评级制度的积极影响。

第5章　信用评级对农户创业的影响

5.1　引言与文献综述

　　创业不仅能够显著促进经济发展（李宏彬等，2009），更是推进产业兴旺的重要引擎、乡村振兴的有效途径。因此，2020年中央一号文件提出要实施农村创新创业带头人培育行动、推动农村一二三产业融合发展，以促进农户增收，实现城乡融合发展。然而，自党的十九大实施乡村振兴战略以来，尽管受益于一系列强农支农政策，农户自主创业率却并不高（尹志超等，2020）。多数研究表明，农户仅依靠自有财富难以满足创业需求（马光荣和杨恩艳，2011），金融可获性是约束农户创业的重要原因（Abhijit V. 和 Andrew，1993；Djankov 等，2006；李锐和朱喜，2007；张龙耀和张海宁，2013）。资产较少的农户可能并不缺乏创造财富的能力，却囿于缺乏生产创业活动所必需的资金，只能选择放弃创业转而从事传统农业或外出务工。因为在中国农村二元金融结构的背景下，一方面，缺乏显性资产的潜在创业农户难以通过正规借贷渠道获得资金（粟芳和方蕾，2016；何广文等，2018）；另一方面，非正规金融通常由于供给规模有限而无法支持农户用于生产投资的创业融资（刘杰和郑风田，2011；张兵和张宁，2012），从而抑制了农户创业，不利于农村双创推进乡村振兴。

　　资金作为创业的必要投入因素，甚至已经成为当前我国农户创业时面临的首要问题（何广文和刘甜，2019）。因此，完善农村正规金融体系是激发农户创业活力、解决"三农"问题的契机。随着金融支农不断强化，我国农村贷款方式也在不断创新，其中就包括信用评级的应用。中国农户信用评级实践源于人民银行2001年发布的《农村信用合作社农户小额信用贷款管理指导意见》，对开展农户信用评级给出了指导意见；随后于2014年出台的《中国人民银行关于加快小微企业和农村信用体系建设的意见》确定了32个县作为全国农户信用评级试验区。在政府推动以及政策文件的指导下，部分农村金融机构（以农村商业银行、农村合作银行或农村信用社为主）开展了农户信用评级（分为五级或三级），根据评定的等级确定信用贷款授信额度甚至是利率，所在县域成为全国农户信用评级试验区。理论上来说，信用评级对抵押物存在替代效应（孔荣等，2007；董晓林等，2017），有利于提高银行和农户间的信息对称程度以及潜在创业农户的融资能力与规模（张三峰等，2013b）。那么，现行制度下的信用评级能否提高农户创业的参与率？影响机理是什么？对不同收入水平农户创业的影响是否存在异质性？

进一步地，调研发现各试验区农户信用评级机制存在差异：在评级主体上，试验区基本上是农村金融机构与村"两委"一同参与评级，但村"两委"的参与程度不同。一类试验区村"两委"直接作为评级小组成员，对各项指标打分具有话语权（如湖南安化、广东郁南等）；另一类试验区的评级小组是由银行成立的，村"两委"仅仅协助收集信息（如内蒙古宁城等）。在评级应用上，各试验区对于信用等级是否绑定利率优惠的制度有所区别。那么，不同评级机制对于农户创业的影响是否存在差异？

目前，有关信用评级效应的研究，学者大都聚焦于农户正规信贷需求、正规信贷约束的角度。在信贷需求方面，张三峰等（2013a）利用人民银行在全国 10 省开展的农户信贷专项调查数据，实证检验了信用评级对农户借贷需求有显著的正向影响。在信贷约束方面，学者意见基本达成一致，认为信用评级能够缓解农户所受的信贷约束（张三峰等，2013a；吴东武和蒋海，2018）；朱喜等（2009）通过对比信用记录良好与无信用记录的农户获得贷款的情况，发现农户信用是农信社决定是否放贷的重要参考；王金凤等（2015）将信用等级作为一个变量引入模型，实证分析得出信用等级对农户能够获得的借贷数额有显著影响。此外，还有学者分析了小额信贷对农户融资约束的缓解作用（程恩江和刘西川，2010；张正平和王麦秀，2012）。然而，已有文献大都未阐述我国信用评级的具体制度；且囿于数据可获性，实证研究较少。并且，相关实证研究也并未考虑由于有信贷需求的农户往往更倾向于申请评级而产生的内生性问题。

中国农村贷款方式的创新，无论是土地承包经营权抵押，还是信用评级，推行实施的最终目的都是改善农村金融市场环境、促进乡村发展振兴；其与农户创业的支持政策存在内在目标契合性。然而，当前鲜有学者将信用评级制度与农户创业放入同一框架进行实证分析，故本章将在阐述信用评级机制的基础上，重点研究信用评级对农户创业的影响，以检验现行信用评级制度能否成为促进农户创业的重要推动力，促进农村金融服务乡村振兴战略。同时，通过选择逐户评级村作为实验组，可在一定程度上缓解存在的内生性问题。

5.2 理论分析与假说提出

5.2.1 信用评级影响农户创业行为的机理分析

各国创业者都不可避免地会遇到资金短缺的问题（朱喜和李子奈，2006），融资是解决此难题的重要途径之一（董晓林等，2019）。Gonzalez-Vega（1984）发现正规金融机构作为资金供给方，往往会因为信息不对称和合约机制不完善等突出问题而减少放贷额度；且农村人口密度比较低，涉农贷款较高的服务费用会导致数量型配给（供给型）；Boucher 等（2009）指出需求方也可能会因交易成本或合约风险过高而产生交易成本配给或风险配给（需求型）。具体到中国农村创业农户，其长期以来受到较为严重的信贷约束是由于农村金融市场中严重的信息不对称问题，农村金融机构在贷款业务上处于信息劣势，对涉农贷款缺信息、缺信用，由此提出了抵押担保制度，缺乏抵押担保品的创业融资者难以获得银行贷款。此外，潜在创业者还可能会因过高的交易成本、繁杂的贷款手续等原因而主动放弃正规借贷市场，选择非正规金融借款。然而，农村亲友之间的非正规借贷，对生产性借款往往会收取较高的利息（张宁和张兵，2014），利率甚至高于银行贷款，且借款规模有限，可能难以满足创业的全部资金需求。同时，由于创业收入的不稳定性，创业农户借入高利率资金的风险较大。因此，农村信贷市场融资难成为阻碍农户创业的重要原因。

基于此，本章认为信用评级主要通过两种途径促进农户创业。第一种途径，信用评级能够提高创业农户的信贷可获性。一方面，在某种意义上，创业是需承担一定创新风险的行为（尹志超等，2015），即创业资金需求中蕴含的风险可能较大，正规金融机构无法评估农户创业的风险，出于对贷款质量的考量，会出现对创业农户惜贷的现象。在信用评级制度下，正规金融机构能够更好地对创业农户的还款能力进行衡量，在风险可控的情况下，给予其一定的贷款额度，故信用评级能够缓解创业农户的融资约束，满足其融资需求。另一方面，根据信息不对称理论为尽可能减少信息约束带来的道德风险和逆向选择问题，实现可持续发展，银行会因创业农户无法提供合适的抵押担保品而拒绝放贷。此外，缺乏有效的合约实施机制也会阻碍信贷的发生。合约理论认为，合约不完善是因为信息受限，导致正规金融机构成为获取信息的劣势方，从而惜贷（周月书等，2019）。因此，潜在的创业农户很可能因长期贷款困难而对正规借贷产生悲观的预期，增强流动性约束，降低创业意愿。且农户获取创业的初始融资仍依赖于"软信息"（李祎雯和张兵，2018），而信用评级正是一种通过搜寻农户信息（甚至包括"软信息"），并运用相关指标体系来衡量其偿债能力及意愿的方式，能够提高借款时的信息对称程度（张三峰等，2013a），从而完善合约。被评级的农户可以根据自身信用等级获取相应数额的贷款，金融服务渗透率的扩大，促使资源流向具有企业家精神的农户，缓解供给型信贷约束，进而提高其创业积极性。

第二种途径，信用评级能够降低农户创业成本、提高资金获取效率，使农户信贷需求提高。由于农户收入的不稳定性，向其贷款不仅要考虑季节性因素，还要考虑相对期限较长的贷款需求（Tania 和 Adalbert，2018）；故银行对涉农贷款的贷前审查及贷后管理都很谨慎，导致正规金融机构的抵押担保贷款审批流程缓慢，交易成本较高。调研数据也显示，评级村正规信贷的平均交易成本仅为 53.70 元，贷款时滞 2.50 天，而未评级村则分别为 89.17 元和 4.61 天。因此，创业农户申请正规贷款的手续多，交易成本较高，时滞也较长（农户贷款单笔资金额度小，银行搜集、信息、评估风险难度较大）。并且，农户用于生产投资的非正规借款往往利率和风险都较高（李祎雯和张兵，2018）。而信用评级可使农村金融机构通过信用系统更好地掌握借款者的相关信息，并根据农户的信用等级确定授信额度；其无须抵押担保的特征更利于急需周转资金的创业农户获取信贷，极大地缩减了资金成本和贷款时滞（杨明婉等，2019），提高潜在创业农户的正规信贷需求，降低农村创业融资者需求型信贷约束，增加其创业概率。

5.2.2　信用评级影响农户创业绩效的机理分析

因支持创业活动的重点除了把握创业机会，还包括对创业质量的关注，故本章将进一步考察信用评级对农户创业绩效的影响。Klapper 等（2006）提出了完善的金融市场对创业融资的充分支持，不仅能够促进创业行为的发生，而且有利于创业绩效的提升。信用评级能够缓解农村金融市场信息不对称程度，是对农村正规金融市场的有益补充，提高了创业农户正规信贷的可获性，有利于创业农户将创业规模维持在最优水平，从而促进创业绩效的提高。

创业绩效除了受资金规模的影响之外，还可能受到资金使用效率的影响。鉴于正规金融机构对于贷款的用途以及贷后管理较为审慎，在一定程度上能够对创业农户的资金使用形成约束，促使其落实创业计划。同时，由于银行借款不同于亲友之间的非正规借款，存在明确的还款时间及利率，并且农户声誉是农户信用等级评定的重要指标，若拖欠银行贷款很有可能会对其信用等级评定造成影响，继而导致其信用贷款额度的降低，从而促使创业农户按期履约归还贷款（张宗冠和张昭琪，1990）。故根据激励理论，为了保持较好的信用记录，获得更大信贷额度，创业农户会努力开发机会，合理配置资源，提升创业能力，以按时偿还银行借款。据此，本章提出以下假说：

假说1：信用评级能够促进农户创业，提高创业绩效。

5.2.3　信用评级对不同收入水平农户创业行为的影响分析

已有研究发现收入是影响农户创业的重要因素。当前农村信贷市场并不完善，而启动资金是创业过程面临的重要问题（Korsching等，2001）。因此，初始资源禀赋决定了"穷人"会被"富人"雇用，因为其初始资金可能并不足以支持创业决策，所以其更可能选择务工作为谋生手段。从供给端来看，创业农户从正规金融机构获取信贷的门槛较高；与高收入农户不同，低收入农户更可能因为缺乏抵押或担保而难以获得正规借款；加之农村亲友间借贷存在"救急不救穷"的思想，低收入农户能够获得的非正规融资远小于高收入农户（粟芳等，2019）。长期以来，低收入农户正规信贷需求受到抑制，难以进行物质资本、人力资本的投资，从而降低了此类群体创业的可能性（蔡栋梁等，2018）。而信用评级绑定的信用贷款可提供相应数额的资金，使低收入农户也进入了正规金融的服务门槛，缓解其所受到的银行配给，在一定程度上可解决低收入农户创业初始资金不足的问题。

从需求端来看，考虑到创业具有风险性（刘美玉，2013），一般来说，高收入农户资金存量更大，更有能力应对创业或是创业融资面临的风险；低收入农户的风险厌恶程度往往较高，很可能因主观上不愿承担失去抵押担保物的风险，放弃申请创业贷款，形成自我配给。而通过信用贷款获取创业资金的方式可使评级农户无须过于担心失去抵押担保品。基于以上两个方面的分析，本章认为信用评级对于低收入农户创业的促进作用更显著。据此，本章提出以下假说：

假说2：信用评级对低收入农户创业的促进作用更为显著。

5.2.4　不同评级机制对农户创业行为的影响分析

对于村"两委"作为评级小组成员的试验区，该评级制度有利于降低信息成本，使评定等级更有效。具体来说，相较于银行的信贷员，由于村"两委"自身也是生活在该村庄的农户，对农户相关信息的了解程度更高，由其负责信息的提供、审查、更新能够降低信息成本。本章认为，村"两委"作为评级小组成员能够缓解农村金融机构内部信用评级的规模不经济问题，减轻供给型信贷约束，促使潜在创业农户获得更多的金融资源，从而提高了其创业的可能性。

另外，已有研究表明，利率显著影响农村潜在创业家庭的正规信贷需求（刘西川等，2014；张宁等，2015）。农户作为有限理性的行为主体，更倾向于选择成本较低的融资方式，以提高创业的收益率；如若创业的投资回报率低于外出务工，那么潜在创业农户很可能会在资金短缺的情况下放弃创业选择务工。对农户来说，利率较高的借款往往意味着较大的融资风险。信用等级绑定优惠利率的评级制度不仅降低了潜在创业农户的资金成本，还减少了创业的资金风险。因此，本章认为，在评级绑定利率优惠的试验区，创业融资者更倾向于选择正规金融进行创业融资，有利于其创业决策。据此，本章提出以下假说：

假说 3：村"两委"为评级小组成员、评级绑定利率优惠的地区，农户创业概率更大。

5.3　实证设计

5.3.1　数据来源

数据来源于项目组于 2021 年 3 月赴湖南衡阳的实地调研数据。湖南省农户信用评级属于农村金融机构的内部评级，且开始于 2017 年底。衡东县农村商业银行将农户信用等级分为四等，并于 2018 年初完成了第一次等级评定，2019 年初、2020 年初和 2021 年初各调整了一次评级结果。目前，辖区内 257 个行政村中有 28 个行政村[①]由评级小组入户进行逐户评级，66 个行政村（如三樟镇长江村）则是仅对申请贷款的农户进行等级评定，剩余 163 个村庄（如大桥镇油麻田村）尚未开展评级。考虑到内生性问题，本章使用逐户评级村作为研究对象，将周边未评级村作为参照组。基本评级机制均为"信用评级 + 信用贷款"模式，通过村"两委"公开评级指标体系，而具体评级机制，如村

---

① 城关镇岳宵村，珍珠镇采霞村，踏庄镇朗山村，吴集镇桐木桥村，栗木泉新村，莫井镇新井村，德圳镇南山村，大浦镇岭茶村，新塘镇宋坪村、石杨村，甘溪镇中心村，杨林镇杨林村，高湖镇瑶泉村，草市镇桐桥村，高塘镇山塘村，杨桥镇杨桥村，东烟镇鹤岭村，蓬源镇蓬源村，荣桓镇杉山村，石滩镇新白村，霞流镇鸿霞村、大泥塘村，石湾镇泉水村，白莲镇小初村、白莲村，三樟镇柴山洲村，大桥镇黄双村，南湾镇桃源村。

"两委"是否为评级小组成员，评定等级是否绑定利率优惠，各村有所差异。因此，样本区选择依据为评级机制在各村存在差异。

本章用于实证检验信用评级对农户创业影响的数据，由项目组进村入户通过问卷调查获得。其中，逐户评级村共获得有效样本 610 户；未开展评级村共获得有效样本 515 户。未开展评级村选择的是逐户评级村的周边村庄，因为，一般来说地理距离较近的村庄，其经济状况和农户创业情况也类似。问卷调查内容包括：所在村评级机制、家庭借贷情况（2018~2020 年）、家庭特征以及家庭经营情况。

5.3.2　统计分析

根据前文分析可知，信用评级可通过提高信息对称程度、减少交易成本和贷款时滞等帮助潜在的创业农户获取正规信贷，促进农户创业。因此，可通过统计调研数据中评级村与未评级村的相关指标来初步分析信用评级的创业效应。得益于 2018 年开展的信用评级，评级村 2020 年的农户创业比例（64.15%）和创业绩效（7.50 万元）均明显高于未评级村的 38.30% 和 3.79 万元（见表 5–1）。

表 5–1　2020 年农户创业情况　　　　　单位：%，万元，户

分类依据	样本类型	创业比例	创业绩效	总样本量
样本来源	评级村	64.15	7.50	610
	未评级村	38.30	3.79	515
	总样本	51.32	5.66	1125

5.3.3　模型构建与变量说明

5.3.3.1　基本模型选择

（1）Probit 模型。

被解释变量为二值变量，选取 Probit 模型实证分析信用评级的创业效应及不同评级机制的作用效果，模型（5–1）基本形式如下：

$$Probit(Y_i = 1) = \beta_0 + \beta_1 \times Credit_i + \beta_2 \times X_i + \varepsilon_i \qquad (5-1)$$

（2）Tobit 模型。

由于在创业绩效这一被解释变量中，未创业家庭创业纯收入为 0，有数据被截取。若直接采用 OLS 进行估计，无论是使用整个样本还是去掉离散点

后的子样本，都可能导致参数估计结果有偏和不一致。本章参照何婧和李庆海（2019）的研究，试图使用 Tobit 模型进行回归，模型（5-2）的基本形式如下：

$$y_i = \alpha_0 + \alpha_1 \times Credit_i + \alpha_2 \times X_i + \xi_i \qquad (5\text{-}2)$$

其中，$Credit_i$ 表示第 i 个农户是否参与信用评级，X_i 表示控制变量，ξ_i 表示随机扰动项。

5.3.3.2　变量选择与说明

（1）被解释变量。

①创业行为：本章将模型（5-1）中的被解释变量设置为二元离散变量（周广肃等，2015；李长生和黄季焜，2020）；若创业，则赋值 1，否则赋值 0。参照程郁和罗丹（2009），本章所指创业包括农业创业和非农创业，即将种养大户和个体工商户都视为创业农户。②创业绩效：考虑到样本中农户的创业行为基本都缺乏完备的财务制度，且农户创业的最终目的是增加收入，故模型（5-2）中创业绩效定义为农户创业的年纯收入。

（2）解释变量。

依据农户是否参与信用评级设置二元离散变量；若参与，则赋值 1，否则赋值 0。值得注意的是，在逐户评级村样本中，有 40% 的农户并无参评意愿，可能出于配合村"两委"工作而参与评级，即农户是否参与评级完全是一个外生变量，避免了由于反向因果而导致的内生性问题。

（3）控制变量。

参考 Djankov 等（2006）建立的创业模型，影响创业的因素除了可激励其创业的经济金融环境外；还有社会网络以及个人特征，主要包括人口学特征、个人的风险厌恶程度等。其中，金融素养主要考察农户对单利、复利、贴现以及银行信贷流程的理解，共 4 题。具体量化方法是，设 1 分为基本分值，当农户正确回答某测度指标问题时赋值为 1，并在此基础上加总得分，最高为 5 分。风险厌恶程度是行为主体在进行投资决策时受主观或客观因素影响表现出的风险态度（易祯和朱超，2017），本章采用实验经济学的方法进行测度，将选"立刻拿到 1 万元现金"的农户设为风险厌恶程度最高的类别，并赋值为 4；将选"有 1% 的机会获得 100 万元现金"的农户设为风险厌恶程度最低的类别，赋值 1。另外，参照董晓林等（2019）、苏岚岚和孔荣（2020）的研究，本章还控制了家庭特征变量，以尽可能减少遗漏变量偏误。具体变量定义如表 5-2 所示。

表 5-2 变量定义

变量类型	变量	变量定义	均值	标准差
被解释变量	创业	是 =1；否 =0	0.51	0.50
	创业绩效	创业年纯收入（万元）	5.66	9.45
解释变量	信用评级	参与 =1；未参与 =0	0.50	0.50
控制变量	家庭规模	家庭总人口（人）	6.03	2.54
	非劳动力占比	非劳动成员数目 / 家庭总人口	0.46	0.22
	年龄	家庭决策人年龄（岁）	45.27	11.23
	年龄二次方	家庭决策人年龄的平方 /100	21.75	10.76
	性别	家庭决策人性别：男 =1；女 =0	0.82	0.38
	健康状况	健康状况是否良好：是 =1；否 =0	0.90	0.30
	受教育水平	家庭决策人受教育水平：小学 =1，初中 =2，高中 =3，大学及以上 =4	2.34	0.82
	技能	决策人是否有技能：是 =1，否 =0	0.39	0.49
	金融素养	赋值 1~5，值越高，金融素养越高	3.03	1.28
	风险厌恶程度	赋值 1~4，值越高，风险厌恶程度越高	3.41	0.92
	公务 / 银行从业人员	家中有无公务 / 银行从业人员：有 =1，无 =0	0.09	0.29
	银行距离	住址距离最近的银行网点距离（千米）	6.81	4.71
	收入水平	家庭总收入（万元 / 年）	12.65	9.84
	财富水平	家庭固定资产与金融资产之和（10 万元）	6.36	5.27
	社会资本	家庭贷款时，愿意做担保的亲友数目（个）	2.05	1.82

5.4 模型估计结果分析

5.4.1 信用评级对农户创业的影响

表 5-3 中（1）(3）汇报了农户信用评级对创业行为的影响结果，分别是线性概率模型（LPM 作为对照）和 Probit 模型回归结果，本章还采用了 Logit 模型进行稳健性检验，结果为（3);（4）、（5）显示了信用评级对农户创业绩效的估计结果，分别是 OLS、Tobit 模型的回归结果。

表 5-3　信用评级对农户创业的回归结果

变量	（1）OLS回归	（2）Probit 回归 系数	dy/dx	（3）Logit 回归 系数	dy/dx	（4）OLS回归	（5）Tobit回归	（6）两部分模型（第二阶段）
		创业行为				创业绩效		
信用评级	0.19*** （5.68）	0.52*** （5.42）	0.17*** （5.69）	0.86*** （5.42）	0.17*** （5.76）	1.12*** （3.17）	3.50*** （5.19）	1.17** （2.37）
家庭规模	−0.00 （−0.00）	−0.03 （−1.14）	−0.01 （−1.14）	−0.05 （−1.25）	−0.01 （−1.25）	−0.56*** （−5.04）	−0.47*** （−3.00）	−0.38*** （−3.38）
非劳动力占比	−0.10 （−1.34）	−0.15 （−0.64）	−0.05 （−0.64）	−0.23 （−0.59）	−0.05 （−0.59）	3.53*** （4.03）	2.22 （1.33）	4.21*** （4.00）
年龄	0.02** （2.56）	0.07** （2.45）	0.02** （2.47）	0.11** （2.41）	0.02** （2.43）	0.07 （0.77）	0.40** （2.06）	0.07 （0.52）
年龄二次方	−0.02*** （−2.80）	−0.07*** （−2.59）	−0.02*** （−2.61）	−0.13** （−2.54）	−0.02** （−2.56）	−0.06 （−0.67）	−0.45** （−2.09）	−0.08 （−0.59）
性别	−0.05 （−1.17）	−0.182 （−1.52）	−0.06 （−1.52）	−0.28 （−1.37）	−0.05 （−1.37）	−0.28 （−0.63）	−1.00 （−1.23）	−0.28 （−0.50）
健康状况	−0.06 （−1.05）	−0.18 （−1.12）	−0.06 （−1.12）	−0.31 （−1.17）	−0.06 （−1.18）	−0.37 （−0.80）	−0.89 （−0.78）	0.23 （0.42）
受教育水平	−0.01 （−0.64）	−0.10 （−1.39）	−0.03 （−1.39）	−0.17 （−1.41）	−0.03 （−1.41）	−0.97*** （−3.53）	−1.10** （−2.43）	−0.83*** （−2.81）
技能	0.13*** （4.21）	0.34*** （3.66）	0.11*** （3.76）	0.58*** （3.71）	0.11*** （3.83）	0.64* （1.68）	1.99*** （3.13）	0.06 （0.14）
金融素养	0.00 （0.03）	−0.01 （−0.29）	−0.00 （−0.29）	−0.03 （−0.39）	−0.01 （−0.39）	0.06 （0.39）	0.09 （0.33）	0.05 （0.25）
风险厌恶程度	−0.05*** （−3.01）	−0.12** （−2.07）	−0.04** （−2.08）	−0.19** （−2.00）	−0.04** （−2.02）	−0.28 （−1.12）	−0.76** （−2.24）	0.02 （0.07）
公务/银行从业人员	−0.07 （−1.33）	−0.28* （−1.71）	−0.09* （−1.72）	−0.45* （−1.70）	−0.09* （−1.70）	−2.49*** （−3.45）	−3.93*** （−3.61）	−3.93*** （−4.80）
银行距离	0.01** （2.27）	0.02* （1.68）	0.01* （1.69）	0.03* （1.71）	0.01* （1.72）	0.06 （1.42）	0.15** （2.21）	0.05 （0.97）

续表

变量	（1）	（2）		（3）		（4）	（5）	（6）
	创业行为					创业绩效		
	OLS 回归	Probit 回归		Logit 回归		OLS 回归	Tobit 回归	两部分模型（第二阶段）
		系数	dy/dx	系数	dy/dx			
收入水平	0.01*** （5.40）	0.05*** （5.14）	0.02*** （5.40）	0.08*** （4.99）	0.02*** （5.29）	0.73*** （12.68）	0.89*** （21.54）	0.83*** （19.88）
财富水平	−0.00 （−0.07）	0.08*** （2.86）	0.03*** （2.90）	0.14*** （2.86）	0.03*** （2.91）	0.28*** （3.95）	0.23*** （3.67）	0.15*** （3.44）
社会资本	−0.00 （−0.07）	−0.01 （−0.35）	−0.00 （−0.35）	−0.02 （−0.42）	−0.00 （−0.42）	0.16 （1.35）	0.24 （1.29）	0.48*** （3.03）
常数项	0.10 （0.44）	−1.65** （−2.26）	—	−2.78** （−2.23）	—	−3.12 （−1.24）	−14.70*** （−2.95）	−3.98 （−1.14）
R^2	0.21	—		—		0.69		0.84
Wald 检验	—	173.77***		153.83***		—	—	—
LR 检验	—	—		—		—	725.00***	—
F 检验	19.91***	—		—		52.74***	—	91.47***

注：①括号内为回归系数的 t 值或 z 值。②*、** 和 *** 分别表示在 10%、5% 和 1% 的水平上显著。下同。

（1）创业行为。

由于被解释变量是否创业为 0-1 二值选择变量，故一般来说（2）、（3）的结果可信度更高，且根据表 5-3 可知，Probit 和 Logit 模型回归系数的显著性和平均边际效应基本一致，表明结果较为稳健[①]，信用评级对农户创业行为有显著促进作用，假说 1 得到验证。

家庭决策人方面，年龄与农户创业行为呈倒"U"型关系，这与湛泳和徐乐（2017）、何婧和李庆海（2019）的结论相一致。即当年龄小于一定值时，农户创业可能性随着年龄的增长而增大，当超过这一定值时，农户的年龄越大，越不愿意创业。可能是在一定年龄之前，年长的农户拥有更多的阅历和社会资

[①] 本章分别对比了 Probit、Logit 模型的稳健标准误和普通标准误，发现两者都非常接近，所以不必过于担心模型设定问题。

源，更易于发掘创业机会，而超过该年龄之后，农户的创业激情也会随之减少，导致创业概率下降。有技能的决策人家庭更倾向于创业，但决策人风险厌恶程度越高的家庭，越不可能创业，因为对于农户来说，相较于外出务工，创业先投资后收益的特征往往意味着较高的风险，尤其是在需要借入资金创业的情况下。

在家庭特征方面，家中是否有公务 / 银行从业人员、收入水平、财富水平、住址距最近银行的距离对农户创业的影响显著，具体体现为：①家中有公务员或银行从业人员的农户创业概率更低，可能的原因是此类农户家庭有较稳定的收入来源，创业需求不大，缺乏动力。②收入水平和财富水平与农户创业行为显著正相关。因为从理论上来说，家庭收入水平和财富水平越高的农户，创业资本越多，抗风险能力越强；且在创业资金获取上更有优势：获得正规金融机构授信的可能性越大（Paulson 和 Townsend，2006），或更易通过亲友这类非正规渠道获取资金，因此也越可能创业。③农户住址距最近银行网点的距离越远，农户反而更可能创业，这与以往的认知有所不同。可能的原因是，随着农户金融素养的提高和互联网的普及，其对正规金融机构业务的了解程度也在提高，由创业产生的正规信贷需求不再局限于地理距离；另外，传统正规金融机构都位于经济相对发达的区域，而距离较远的农户所处区域相对落后，工作机会可能较少，因此农户为谋生选择创业的概率更大。

（2）创业绩效。

Tobit 模型估计的极大似然比检验为 724.98，且在 1% 的水平上显著。根据表 5-3 中（5）的估计结果，信用评级对农户创业绩效有显著的积极作用。这与前文的理论分析相一致，由于农户家庭信誉往往与其信用等级评定相关，由于银行信贷不同于亲友间的非正规借贷，有明确的还款期限，若农户不及时还款会对家庭信誉等方面造成较大影响，进而影响农户等级评定。故信用评级有利于激励农户寻找创业机会，重视创业质量，提高资金配置的效率，进而提高创业绩效。

从控制变量来看，首先，农户年龄与创业绩效呈正相关关系，但是随着年龄增长，其边际作用递减。其次，家庭规模越大、家庭决策人受教育水平越高、风险厌恶程度越高，家中有公务员或银行工作人员，农户的创业绩效越低。调研发现，家庭总人口较多的家庭往往收入渠道也较多，创业并不是家庭的唯一收入来源，其有可能因不够重视或管理不善而导致绩效不佳。决策人越厌恶风险，往往对于发掘创业机会也越谨慎，不愿意为获得较高收益而承担较高风险，可能更局限于当下，从而影响创业绩效。而决策人受到的受教育水平越高和家中有公务员或银行工作人员的农户，创业绩效越低，可能的原因是，受教育年限越长，丰富创业实践经验的机会越少，且一般来说，农村教育程度高的群体会有较为稳定的工作，进行创业活动的精力不足；公务员或银行从业人员有稳定的收入，不擅于农业或工商业的经营，进而不利于绩效的提高。最后，家庭决策人是否拥有技能、收入水平、财富水平、住址距最近银行网点距离均对农户创业绩效有显著正向影响，结果基本与预期相符。

由于 Tobit 模型存在的缺陷是对分布的依赖性强，若扰动项不服从正态分布或存在异方差，会导致 QMLE 估计不一致，使结果不稳健。考虑到农户创业绩效可能存在创业决策和创业收益两个阶段，本章使用 Cragg（1971）提出的归并数据的"两部分模型"进一步检验估计结果是否稳健。具体结果列在表 5–3 中（6），发现信用评级变量在 5% 的水平上仍显著正向影响农户的创业绩效，故可认为回归结果较为稳健。

5.4.2　信用评级对不同收入水平农户创业的影响

为了考察信用评级对不同收入水平农户创业行为的影响差异，本章分别使用子样本进行回归估计（见表 5–4）。结果显示，低收入农户信用评级的平均边际效应高于高收入农户，验证了假说 2。低收入农户更可能因缺乏抵押担保品而无法获取正规信贷，且农村亲友之间的非正规借款存在"救急不救穷"的倾向，进而导致收入较低的农户难以筹到初始的创业资金。信用评级与信用贷款绑定相应贷款额度的机制能够降低农村正规金融机构对低收入农户的服务门槛，使此类农户能够便捷地获得与其信用等级相对应的贷款作为其创业资金，从而显著提高其创业的意愿。

表 5–4　信用评级对不同收入农户创业行为的 Probit 模型回归结果

变量	（1）高收入农户		（2）低收入农户	
	系数	dy/dx	系数	dy/dx
信用评级	0.31** (2.17)	0.10** (2.21)	0.66*** (4.66)	0.20*** (4.94)
家庭规模	−0.09*** (−2.65)	−0.03*** (−2.71)	0.01 (0.25)	0.00 (0.25)
非劳动力占比	0.45 (1.10)	0.14 (1.10)	−0.54* (−1.71)	−0.17* (−1.71)
年龄	0.13** (2.35)	0.04** (2.39)	0.02 (0.45)	0.01 (0.45)

续表

变量	（1）高收入农户		（2）低收入农户	
	系数	dy/dx	系数	dy/dx
年龄二次方	−0.14**	−0.04**	−0.02	−0.01
	（−2.10）	（−2.13）	（−0.59）	（−0.59）
性别	0.20	0.06	−0.46***	−0.14***
	（1.08）	（1.09）	（−2.77）	（−2.83）
健康状况	−0.29	−0.09	−0.09	−0.03
	（−0.93）	（−0.93）	（−0.47）	（−0.47）
受教育水平	−0.13	−0.04	−0.12	−0.04
	（−1.19）	（−1.20）	（−1.12）	（−1.12）
技能	0.45***	0.14***	0.35**	0.11**
	（3.21）	（3.33）	（2.52）	（2.58）
金融素养	0.03	0.01	−0.06	−0.02
	（0.45）	（0.45）	（−1.03）	（−1.03）
风险厌恶程度	−0.03	−0.01	−0.24**	−0.08**
	（−0.47）	（−0.47）	（−2.34）	（−2.39）
公务／银行从业人员	0.03	0.01	−1.45***	−0.45***
	（0.16）	（0.16）	（−2.77）	（−2.81）
银行距离	0.03**	0.01**	−0.00	−0.00
	（2.09）	（2.11）	（−0.24）	（−0.24）
收入水平	0.03**	0.01**	0.08**	0.03**
	（2.39）	（2.43）	（2.41）	（2.45）
财富水平	0.08***	0.03***	0.08	0.02
	（2.74）	（2.81）	（1.25）	（1.26）
社会资本	−0.03	−0.01	0.01	0.00
	（−0.97）	（−0.98）	（0.11）	（0.11）
常数项	−3.22**	—	0.04	—
	（−2.46）		（0.04）	
N	565		560	
R^2	0.13	—	0.16	—
Wald 检验	62.40***	—	86.90***	—

5.4.3　不同评级机制对农户创业行为的影响

虽然各试验区的基本评级制度（如村"两委"参与评级等）相同，但是村"两委"参与程度存在差异。一部分试验区村"两委"参与程度较高，是评级小组成员，在评定农户等级过程中拥有话语权；另一部分试验区，村"两委"只是协助收集评级信息，并未直接参与评级。根据前文理论分析，本章依据村"两委"是否为评级小组成员，将评级村分为两组，利用 Probit 模型分别进行回归。同样，评级是否绑定利率优惠这一制度，各试验区也有所不同，据调研，部分农村金融机构将信用等级与信用贷款利率挂钩，以刺激农户的正规信贷需求。因此，本章也将评级村分为绑定利率优惠和未绑定利率优惠两组子样本分别回归，具体估计结果如表 5-5 所示。

表 5-5　不同评级机制对农户创业行为的 Probit 模型回归结果

变量	（1）村"两委"是评级小组成员		（2）村"两委"不是评级小组成员		（3）评级绑定利率优惠		（4）评级未绑定利率优惠	
	系数	dy/dx	系数	dy/dx	系数	dy/dx	系数	dy/dx
信用评级	0.78***	0.23***	0.20	0.07	0.94***	0.28***	0.27**	0.09**
	（6.77）	（7.40）	（1.58）	（1.60）	（6.93）	（7.82）	（2.46）	（2.49）
家庭规模	-0.02	-0.01	-0.04	-0.01	-0.03	-0.01	-0.02	-0.01
	（-0.84）	（-0.85）	（-1.34）	（-1.35）	（-1.15）	（-1.16）	（-0.93）	（-0.94）
非劳动力占比	-0.23	-0.07	-0.10	-0.03	-0.38	-0.11	-0.03	-0.01
	（-0.80）	（-0.80）	（-0.34）	（-0.34）	（-1.29）	（-1.30）	（-0.11）	（-0.11）
年龄	0.05*	0.02*	0.08***	0.03***	0.04	0.01	0.08***	0.03***
	（1.83）	（1.84）	（2.60）	（2.63）	（1.23）	（1.23）	（2.64）	（2.68）
年龄二次方	-0.06*	-0.02*	-0.09***	-0.03***	-0.04	-0.01	-0.09***	-0.03***
	（-1.90）	（-1.91）	（-2.64）	（-2.68）	（-1.33）	（-1.33）	（-2.70）	（-2.74）
性别	-0.27*	-0.08*	-0.15	-0.05	-0.23	-0.07	-0.24*	-0.078*
	（-1.86）	（-1.87）	（-1.11）	（-1.11）	（-1.54）	（-1.54）	（-1.86）	（-1.87）
健康状况	-0.14	-0.04	-0.12	-0.04	-0.11	-0.03	-0.16	-0.05
	（-0.72）	（-0.72）	（-0.65）	（-0.65）	（-0.54）	（-0.54）	（-0.88）	（-0.88）
受教育水平	-0.17**	-0.05**	-0.06	-0.02	-0.16*	-0.05*	-0.06	-0.02
	（-1.98）	（-1.99）	（-0.65）	（-0.65）	（-1.77）	（-1.77）	（-0.76）	（-0.76）
技能	0.29***	0.09***	0.31***	0.10***	0.27**	0.08**	0.36***	0.12***
	（2.66）	（2.70）	（2.77）	（2.83）	（2.28）	（2.31）	（3.37）	（3.46）
金融素养	-0.02	-0.01	-0.05	-0.02	-0.08	-0.02	-0.03	-0.01
	（-0.49）	（-0.49）	（-1.15）	（-1.16）	（-1.51）	（-1.52）	（-0.70）	（-0.70）
风险厌恶程度	-0.17**	-0.05**	-0.07	-0.02	-0.16**	-0.05**	-0.07	-0.02
	（-2.43）	（-2.45）	（-1.04）	（-1.04）	（-2.16）	（-2.18）	（-1.03）	（-1.03）

续表

变量	（1）村"两委"是评级小组成员		（2）村"两委"不是评级小组成员		（3）评级绑定利率优惠		（4）评级未绑定利率优惠	
	系数	dy/dx	系数	dy/dx	系数	dy/dx	系数	dy/dx
公务／银行从业人员	−0.29 （−1.63）	−0.09 （−1.64）	−0.32 （−1.56）	−0.11 （−1.56）	−0.24 （−1.29）	−0.07 （−1.30）	−0.43** （−2.13）	−0.14** （−2.14）
银行距离	0.01 （0.84）	0.00 （0.84）	0.00 （0.19）	0.00 （0.19）	0.01 （0.39）	0.00 （0.39）	0.00 （0.11）	0.00 （0.11）
收入水平	0.07*** （6.25）	0.02*** （6.76）	0.05*** （4.12）	0.02*** （4.28）	0.07*** （5.75）	0.02*** （6.21）	0.05*** （4.83）	0.02*** （5.07）
财富水平	0.07** （2.14）	0.02** （2.16）	0.11*** （3.39）	0.04*** （3.49）	0.07** （2.19）	0.02** （2.22）	0.10*** （3.34）	0.03*** （3.42）
社会资本	−0.03 （−0.87）	−0.01 （−0.88）	−0.01 （−0.31）	−0.00 （−0.31）	−0.03 （−1.05）	−0.01 （−1.05）	−0.00 （−0.01）	−0.00 （−0.01）
常数项	−1.13* （−1.37）	—	−2.33*** （−2.60）	—	−0.55 （−0.63）	—	−2.34*** （−2.76）	—
N	810		830		772		868	
Wald 检验	200.44***		97.32***		171.12***		131.95***	

注：本章所有子样本中还包括未评级村。

对于村"两委"是评级小组成员的试验村，信用评级的影响在 1% 的水平上显著，而村"两委"不是评级小组成员的试验村，信用评级变量并未通过显著性检验。与前文理论分析相符，对于农村金融机构来说，将村"两委"纳入评级小组更能缓解规模不经济问题，减少信息成本，有利于提高创业农户的资金可获性，故农户的创业概率会更高。此外，评级绑定利率优惠依据的评级制度对农户创业的促进作用更显著，因为随着互联网时代的到来，借贷渠道逐渐丰富，农户接触金融知识的渠道增多，自身金融素养也随之提高，且其更倾向于利率较低的借款方式；另外，此类试验区中潜在创业农户的正规信贷需求得到提高，更愿意主动创业。

5.5　结论与政策启示

根据信用评级试验区的实际情况，本章在阐述评级机制的基础上，分析了信用评级对农户创业行为和创业绩效的影响，并利用湖南省信用评级试验区的农户数据进行了实证检验。另外，鉴于不同试验区的具体评级机制有所区别，本章还检验了村"两委"作为评级小组成员和评级绑定利率优惠的试验区农户的创业效应是否更为显著。研究结果显示，信用评级能够通过减少创业农户的银行配给和自我配给，更好地为潜在创业农户提供资金支持，促进农户创业；尤其对于低收入农户，信用评级明显降低了农村金融机构的服务门槛，故对其创业行为的积极作用更为显著。同时，作为农户获取正规信贷的新方式，信用评级通过完善农村金融市场、扩大创业农户资金来源渠道，以及激励农户提升创业能力、提高资金使用效率来提高农户的创业绩效。

就评级制度而言，村"两委"是评级小组成员的试验区得益于规模不经济问题的缓解，缓解了创业农户的供给型融资约束，相比于村"两委"不是评级小组成员的试验区，信用评级对农户创业的促进作用更大。而评级绑定利率优惠的评级制度缓解了创业农户的需求型融资约束，从而增加农户创业概率。

基于以上分析与实证结果，政策启示在于：一方面，政府可鼓励农村金融机构积极开展农户信用评级，以降低正规金融的服务门槛，促进金融资源流向具有创业精神的农户，以推进农村双创建设，城乡融合发展。另一方面，在评级制度方面，为减少信息收集成本，金融机构可以考虑评级时提高村"两委"的参与度，并将农户信用等级作为借款利率优惠的参考依据，以期在减少农村金融机构评级成本的同时，提高潜在创业农户的正规信贷需求，从而促进农户创业增收、农村经济发展。

第6章 信用评级对农户消费的影响

6.1 引言与文献综述

随着经济全球化程度加深，仅依靠投资、出口驱动经济增长会使我国经济运行存在较大的不确定性（肖立，2012）。尤其在经济受到新冠肺炎疫情冲击的背景下，构建完整的内需体系，协调消费、投资和出口是当前发展经济的重点。扩大内需主要是增加消费需求，因为尽管内需包括消费和投资两大需求（邱兆祥等，2021），但消费才是最终需求。2020年，消费对我国经济增长的贡献率为54.3%，远低于发达国家70%以上的贡献率，进一步扩大消费才是促进经济高质量发展、缓解新常态下经济下行压力的必要举措（周应恒和杨宗之，2021）。然而，中国城乡二元结构突出促使农户消费低迷（周建等，2013；臧旭恒，2017）。国家统计局数据显示，人口占比超过1/3的农户，2020年消费总额仅占13.47%，而农户收入占全国总收入比重约20%，可见其消费潜力尚未充分释放。因此，如何刺激农户消费是亟须关注的重要问题（张永丽和徐腊梅，2019）。

关于影响农户消费的因素，有学者从心理学角度展开研究，指出消费者在进行消费决策时，不仅会受到心理预期的影响（Lusardi，1998），还会结合对周围事物的认知（Kivetz，1999；Thaler，2008）以及自身情绪（李爱梅等，2014）。但更多学者是基于传统经济学理论进行探讨：一部分从收入水平（南永清等，2017）、收入结构（王小华等，2016）、收入波动性（巩师恩，2014）和收入不平等（李江一和李涵，2017；刘雯，2018）等方面分析了收入影响消费的逻辑；还有一部分从资产规模（贺洋和臧旭恒，2016；臧旭恒和张欣，2018）、家庭负债（Johnson和Li，2007）和资产结构（Campbell和Cocco，2007）等方面探究了资产对消费的影响。尤其受到关注的还有农户的流动性约束问题，学者大多认为流动性约束会抑制消费（Zeldes，1989；蔡栋梁等，2020；谢朝晖和李橙，2021）。

金融作为缓解流动性约束的重要手段，能够提升农户消费水平（邱黎源和胡小平，2018；陈宝珍等，2021）。《2014 年中国农村家庭金融发展报告》显示，农村信贷需求强烈但可获性仅为 27.57%。农户收入不稳定且贷款额度较小，对于金融机构而言，向其放贷存在信息不对称和规模不经济问题。现实困境引致了农村金融市场贷款技术的一系列改革和创新，除了学者广泛关注的农地经营权抵押担保技术以外，还包括抵押担保替代品，即信用评级的应用。那么，信用评级是否能通过缓解农户的流动性约束而刺激消费？此外，中国各试验区农户信用评级的具体制度安排存在差异，主要体现在村"两委"的参与程度以及评定等级是否绑定利率优惠两个方面。那么，在不同的制度安排下，信用评级的效果是否存在差异？2020 年中央一号文件提出鼓励开展县域农户、中小企业信用等级评价。因此，进一步讨论不同制度安排的影响差异，能够为未来制度的优化提供现实依据。

农户信用评级效应的研究较少，基本聚焦于信贷需求和信贷约束（丁骋骋和周群力，2012；张三峰等，2013a；张三峰等，2013b），且均未阐述具体的评级机制，也没有文献从农户消费的角度分析制度效应。另外，已有研究还存在一个共性问题，目前及过去，中国农村信用评级试验区普遍存在仅对申请贷款的农户进行等级评定的现象，信用评级相当于申请贷款的一个环节，或者说是贷款行为的结果，而不是助力或原因，在此背景下，实证检验信用评级对农户信贷需求及可获性的影响，显然是不合适的。而 2016 年以后，各试验区陆续开展了整村逐户评级试点，信用评级相当于一个外生政策变量，这为研究信用评级对农户的影响提供了一个准自然实验。

鉴于此，本章将立足于中国农户信用评级基本制度，分析其对农户消费水平及结构的影响，并进一步探讨不同制度安排的影响差异。主要边际贡献在于：第一，首次将信用评级和农户消费纳入同一框架，分析信用评级这一贷款技术的消费效应；第二，进一步探讨不同制度安排的影响差异，为未来信用评级制度的优化提供现实依据；第三，将逐户评级村家庭作为制度作用组，周边尚未开展评级的村庄家庭作为对照组，基于准自然实验的方法进行实证检验，使研究结论更加稳健。

6.2　理论分析与研究假说

6.2.1　信用评级对农户消费的影响分析

随着城镇化的不断推进、互联网应用的逐渐普及以及城乡收入差距的持续缩小，农户消费习惯与城镇居民趋同（张飞，2021；唐升和孙皓，2022）。但是由于不确定性、预防性储蓄行为倾向等因素，家庭消费水平的提高以及结构的优化受到抑制（杭斌和申春兰，2002；臧旭恒和陈浩，2018），而流动性约束的缓解可以显著促进农户消费总量的提升和消费结构的优化（Zeldes，1989；蔡栋梁等，2020；贾立和李铮，2021；谢朝晖和李橙，2021）。然而，因贷款交易成本或合约风险较高，农户普遍存在自我配给（Boucher 等，2008）；同时，银行基于市场信息不对称、小额贷款规模不经济等问题的考虑，也会降低农村地区放贷数额（Gonzalez-Vega，1984），从而形成了银行配给。因此，虽然金融是缓解流动性约束的重要手段，但是缘于交易成本高、信息不对称以及规模不经济问题，金融对农户流动性约束的缓解功能受到抑制。

那么，旨在改善农村信贷环境的信用评级制度，能否通过缓解农户流动性约束来促进其消费？以上分析表明，这取决于信用评级能否通过缓解农村金融市场交易成本高、信息不对称以及规模不经济等问题而提高农户的信贷需求及可获性。以下从市场供给方和需求方两个视角论述信用评级的主要效应。

6.2.1.1　供给方：评级银行

（1）外在经济效应。

农户收入不稳定，经营风险较高，农村信贷市场信息不对称问题更甚。银行信贷员并非村庄"圈子"中人，依靠交易纽带来维系的弱关系使授信过程中信息质量难以控制。然而，"村'两委'参与"是信用评级的基本制度之一，村"两委"成员是村庄"圈子"中人，与农户是依靠情义纽带维系的强关系，一方面，如果村"两委"参与的信用评级不可信，其在"圈子"中的声誉受损，可能会丧失公信力；另一方面，生活在"圈子"中的村干部（村"两委"成员），同为农村居民的身份使其对村内农户信息的掌握及经营风险的揭示都是比较充分的。因此，"村'两委'参与"的信用评级缓解了评级银行与农户之间的信息不对称问题，即银行产生了外在经济。外在经济效应使得银行的成本曲线下移，向农村地区的贷款投放比例上升。此外，已有研究也表明，信息质量的提高能够有效抑制银行较高的不良贷款率（周明栋和陈东平，2018）；信用环境的改善会增加金融机构向农村地区的信贷供给（权飞过和王晓芳，2021），因此，信用评级的外在经济效应提高了农村地区的信贷供给，进而促进农户信贷需求[①]及可获性的提高。

（2）规模经济效应。

农户贷款业务存在额度较小、信息成本较高的现象，即存在规模不经济问题。由于评定等级绑定一定额度信用贷款，银行日常办理评级村庄家庭贷款业务时，可变成本中的信息成本为零，加之信息技术的应用，交易成本亦可以忽略不计。对于银行而言，信用评级的开展使试验区农户贷款的边际成本几乎为零，即产生了规模经济效应。此外，信用评级制度的践行形成了一定的固定成本，为了覆盖成本，充分发挥这一既定制度的经济效益，银行加大了农村地区信贷资金投放比例，扩大农户贷款覆盖面（张宁等，2022）。部分试验区甚至以（较未开展评级村庄）更优惠的利率向参评村庄家庭提供贷款，以刺激有效资金需求，增加银行贷款规模，即通过提高后期营业收入来覆盖前期增加的固定成本。因此，规模经济效应的产生，不仅可以提高农户的信贷需求及可获性，还引致了信用评级的利率优惠效应。

（3）利率优惠效应。

缘于风险溢价的定价原则，农户贷款利率较高，农村信贷市场上逆向选择和道德风险问题也更为突出。因此，农村信贷市场的不良贷款率处于较高水平，不利于银行在农村地区的信贷扩张。已有研究表明，利率的下降能够降低农村金融机构的不良贷款率（周明栋和陈东平，2018）。同时，由于信用评级存在外在经济效应和规模经济效应，部分试验区评级银行以更优惠的利率向农户提供信用贷款。随着收入水平的不断提高以及互联网理财产品的逐渐丰富，农户对利率越发敏感（张宁等，2015）。据此可以推断，信用评级的利率优惠效应同样有益于农户信贷需求及可获性的提高。

6.2.1.2 需求方：农户

（1）降低门槛效应和交易成本效应。

由于缺乏有效抵押担保物，农户通常并未进入金融机构的信贷服务门槛。

---

① 本章所指信贷需求是指信贷行为，而非信贷意愿，这两者是有区别的；调研数据显示，对于"是否有信贷需求（意愿）"这一问题，选择"是"的农户占比73.31%，而对于"是否有申请信贷（行为）"这一问题，选择"是"的农户仅占55.38%；农户申请信贷之前，往往会对能否获得信贷做出预判，往往在融资难的市场状态下放弃信贷行为；因而，信用评级能够提高信贷可获性，也同样能够刺激有效信贷需求。

同时，银行信贷手续繁琐，贷款时滞较长，即交易成本较高（李建军和姜世超，2021）；农户有效信贷需求受到抑制，即使有信贷意愿，也往往难以转化为信贷行为（何广文等，2018）。而村"两委"参与以及绑定信用贷款，使缺乏有效抵押担保物（人）的农户成为了评级银行所拓展的长尾客户；评级后农户信贷业务流程精简，交易成本显著降低。因此，对于农户而言，信用评级具有降低金融服务门槛和交易成本的效应，这两个效应有利于农户信贷需求及可获性的提高。

（2）正向激励效应。

由于信用等级逐年更新，对于有拖欠贷款等失信行为的农户，其等级会被调低；而对于无违约行为的贷款户，可以申请提高其信用等级及绑定的贷款额度。出于对未来的不确定性预期以及对资金的长期需求、自身声誉的考虑，农户会尽可能落实所借资金去向并按期偿还贷款。因此，信用等级的评定及更新对农户具有正向激励效应，有利于促进农户积累自身信用资本，对其信贷需求及可获性同样具有积极作用。

基于以上信用评级六个效应的分析，本章认为，信用评级能够提高农户的信贷需求及可获性；同时，鉴于流动性约束的缓解能够有效促进农户消费水平的提高以及消费结构的升级。据此，本章提出以下假说：

假说 1：信用评级对于农户消费水平的提升以及消费结构的优化具有显著的促进作用。

假说 2：信用评级影响农户消费的机制是通过提高其信贷需求及可获性。

中国农户信用评级的制度差异主要包括两个方面，即村"两委"的参与程度以及评定等级是否绑定利率优惠。村"两委"收集的家庭信息质量更高，尤其是对于软信息，信息成本也较低。在农户信用评级过程中，村"两委"参与程度越高，开展评级为银行带来的外在经济效应越显著。同时，缘于信息质量的提高有利于降低贷款风险（周明栋和陈东平，2018），村"两委"参与程度的提高还能够增强信用评级的规模经济效应。同时，绑定利率优惠有利于提高农户参与评级的积极性，从而提高其提供信息的质量；评级信息收集成本降低，信息质量提高。此外，较低的利率水平能够促进农户形成有效信贷需求（张宁等，2015）。以上分析表明，在村"两委"参与程度较高以及评级绑定利率优惠的制度安排下，信用评级对农户信贷需求及可获性的正向影响增强，据此，本章提出以下假说：

假说 3：在村"两委"是评级小组成员以及评级绑定利率优惠的制度安排下，信用评级对消费的影响更显著。

6.2.2 信用评级对农户消费影响的异质性分析

鉴于各试验区存在不同的具体评级机制，本章将进一步探究不同机制下农户消费是否有明显差异。就村"两委"参与程度而言，因为中国农户一般是相邻而居，且往来频繁，村"两委"作为与被评级对象生活在同一村庄的农户，成为评级小组成员会从心理上增强农户对于银行开展信用评级这一举措的信任度，利于农户申请并使用信用贷款。并且相比银行的信贷员，村"两委"更了解同村农户的资信状况、财务状况等信息，若对农户评级指标的打分具有话语权，很大程度上能够帮助银行识别出放贷风险高的农户，在提高评级效率的同时，还能降低农户借贷的资金成本，提高信贷需求及可获性，进而促进农户消费。

就评级是否绑定利率优惠而言，由于利率高低直接决定了农户获取贷款的成本，故农户对信贷的需求受到利率的影响（张宁等，2015）。随着互联网的普及，农户的融资渠道也随之增多，信用等级绑定利率优惠的制度安排能够帮助银行吸引优质客户，进而提高信贷需求及可获性，为有消费性信贷需求的农户跨期配置资源提供了可能，帮助其克服限制消费的短板，降低家庭对于收入的依赖性，增加消费的随机性与满足感，刺激消费增长。而对于有生产经营性信贷需求的农户，信贷可获性提高利于其创新创业，对增加产出、提高收入、促进消费均有显著积极作用（王慧玲和孔荣，2019；张宁和吴依含，2021）。具体来说，农户生产经营规模的扩大会受到借贷资金数额的制约，若能借助信用评级便捷地获取相应资金并投入到生产活动中，从生产的规模效应考虑，农户下期的产出和收入会得到增加，在其他条件不变的情况下，预算约束线外移，那么消费支出也可能会随之增加（尹学群等，2011）。

此外，由于农村金融市场发展并不完善，银行对农户的服务门槛较高，故存在的金融排斥问题较为严重，不同收入水平的农户受金融环境的影响可能也存在差异。与以往研究类似（李萍和王军，2015），实地调研发现，中等收入家庭多为兼业农户，此类群体往往并不倾向于扩大生产经营规模，也较少渴求信用贷款进行生产或消费。而收入水平较高的农户大都是通过创业获取收入。虽然从理论上来说，高收入农户的资金存量会更大，消费时对外部融资的需求也较少，但创业不仅意味着风险，还需不定期投入资金，高收入农户可能会面临流动资金不足的问题。此时，无须抵押担保的信用贷款便提供了有效的融资途径，且收入高通常意味着偿债能力也相对更强，信用等级和绑定额度更高，加之信用贷款时滞短、交易成本低，在一定程度上能够激发此类农户的信贷需求，因为在可以寻求外部融资来满足消费需求的情形下就无须抑制自身消费。

而对于低收入农户，初始资金的稀缺是阻碍其消费的主要因素（范志雄等，2021）。从需求方面来看，由于低收入农户长期受到信贷约束，对于融资会出现悲观预期，即使有信贷需求可能也不会转化为信贷行为，进而抑制消费需求。从供给方面来看，此类农户很可能因缺乏传统贷款技术所需的抵押担保品而无法突破银行的借贷壁垒，面临较大的流动性约束。加之农村亲友之间的道义借贷往往是"救急不救穷"，低收入农户可获得的非正规借款可能不足以满足其消费或生产所需（粟芳等，2019）。农户信用评级作为农村金融领域的一项创新型贷款技术，有助于缺乏显性资产的低收入农户进入金融机构的服务门槛，使其对信贷形成乐观的预期，突破心理层面的消费障碍，改变传统消费习惯（谢朝晖和李橙，2021），从而释放消费信贷需求。即使评级后农户未进行用信活动，但在空间上也会受到人际间相互比较的影响，在示范效应的作用下，可能会因周边农户信贷约束缓解带来消费增加而提高自身消费水平（Duesenberry，1949）。

据此，本章提出以下假说：

假说 4：对于村"两委"是评级小组成员、评级作为利率参考依据的试验区农户，信用评级的消费效应更大。

假说 5：相较中等收入的农户，信用评级对于处于高收入和低收入阶层的农户消费的促进作用更明显。

6.3　实证设计

6.3.1　数据来源

本章使用的数据来源于项目组 2021 年 3 月在湖南省衡东县进行的农户信用评级实地调研。该试验区的信用评级开始于 2017 年底，属于衡东农村商业银行内部评级；辖区内 257 个行政村中有 28 个村庄由评级小组逐户评级，163 个村庄尚未开展评级，剩余 66 个村庄目前仅对申请贷款的家庭进行等级评定。出于对内生性问题的考虑，本章在实证检验中并未使用最后一类村庄样本。

衡东县辖内村庄基本评级制度均为村"两委"参与的"信用评级 + 信用贷款"模式，而具体评级机制各村有所不同。因此，典型样本区选择的依据为评级的具体制度，但安排在各村存在差异。需要强调的是，该试验区逐户评级村的选择，以及村"两委"为评级小组成员、评级绑定利率优惠村庄的样本选择是依据收入水平进行的分层抽样。未开展评级村庄的选择依据是信用评级开展前，即 2018 年之前，融资情况与评级村类似的村庄，具体是依据衡东农村商业银行提供的 2017 年辖内《行政村摸底统计表》。项目组的调查内容包括所在村评级机制、家庭特征、家庭经营情况以及家庭借贷情况（2019 年 1 月至 2021 年 3 月）。剔除存在缺失值或异常值的样本后，最终剩余 948 个有效样本，包括评级村 478 户，未评级村 470 户[①]。

6.3.2 统计分析

理论分析表明，信用评级能够减少农户贷款交易成本[②]，对降低利率水平也具有一定的促进作用，从而提高农户的信贷需求及可获性。因此，本章利用调研数据统计出评级村和未评级村农户信贷的相关指标，以初步判断信用评级对农户流动性约束的缓解作用。统计数据显示，样本中评级村农户的贷款时滞和交易成本明显低于未评级村，信用贷款利率也有所下降；得益于信用评级的开展，评级村农户信贷需求及可获性明显高于未评级村（见表 6–1）。

表 6–1　2019 年 1 月至 2021 年 3 月评级后农户信贷指标统计

样本类型	贷款时滞（天）	交易成本（元）	贷款年化利率（%）	信贷需求户占比（%）	信贷可获性（%）
评级村	0.56	3.50	9.44	66.18	43.84
未评级村	4.61	67.09	10.46	44.37	18.17

注：贷款时滞是指从申请贷款到获得贷款的时间；交易成本是指获取贷款所付出的费用之和（如通信、交通等）；贷款年化利率是指样本农户信用贷款年利率，依据贷款额进行加权平均[③]；信贷需求占比是指有信贷需求户（包括正规和非正规信贷）占农户总数目比重；信贷可获性是指信贷获得额 / 信贷需求额（包括正规和非正规信贷），表中数据为样本农户均值。

已有研究表明，流动性约束的缓解能够显著促进农户消费水平的提高和消费结构的优化；那么，评级村农户的消费水平和消费结构与未评级村相比是

---

① 项目组具体调查的逐户评级村包括蓬源镇蓬源村，霞流镇鸿霞村、大泥塘村，白莲镇白莲村，甘溪镇中心村，新塘镇宋坪村、石杨村，三樟镇柴山洲村，等等；未开展评级村包括蓬源镇双溪村，霞流镇李花村、白杨村，白莲镇塘荷村，甘溪镇新东村，新塘镇丰塘村、湘广村、龙头村，大桥镇油麻田村，等等。

② 交易成本本身是包括时间成本的，即本章所讲的贷款时滞，但是分开统计更为直观，因此，表 6–1 中选择分别统计。

③ 由于抵押担保贷款利率低于信用贷款利率，而评级村信用贷款规模显著高于未评级村，因此，本章仅仅统计信用贷款的加权平均利率水平，以体现评级带来的影响。

否存在明显差异？鉴于此，本章对样本农户的消费水平及消费结构进行统计发现，得益于自 2018 年以来信用评级的开展，评级村农户平均消费达 6.74 万元，显著高于未评级村农户 4.46 万元的消费水平；消费结构也明显优化，2020年，评级村农户生存型消费占比 57.76%，明显低于未评级村农户，而发展型消费和享受型消费占比明显更高（见表 6-2）。

表 6-2　2020 年评级后农户消费指标统计

样本类型	消费水平（万元）	生存型消费（%）	发展型消费（%）	享受型消费（%）
评级村	6.74	57.76	23.05	21.49
未评级村	4.46	72.32	14.91	10.45

6.3.3　模型设定

6.3.3.1　信用评级对农户消费的影响

为考察信用评级对农户消费的影响，本章设定如下线性回归模型：

$$\text{Consumption}_i = \alpha_0 + \alpha_1 \times \text{Credit}_i + \alpha_2 \times X_i + \mu_i \tag{6-1}$$

其中，Consumption_i 表示农户总消费支出，以及生存型消费占比、发展型消费占比和享受型消费占比。Credit_i 是本章关注的核心解释变量，即是否为逐户评级村农户。α_i 为回归系数，根据前文逻辑，在农户总消费支出的回归模型中，若 α_1 为正且在统计上显著，则说明信用评级对农户消费水平的提高具有促进作用；在农户消费结构的回归模型中，若以发展型、享受型消费占比为被解释变量时，α_1 显著为正，则表明信用评级能够推动农户消费结构升级；假说 1 得到验证。X_i 表示一系列控制变量，主要包括户主特征、家庭特征以及所在村庄特征；μ_i 为随机误差项。为了检验假说 3，即不同制度安排下信用评级的影响差异，本章将分别依据村"两委"是否为评级小组成员以及评级是否绑定利率优惠，划分子样本，并利用子样本对模型进行重新估计。

6.3.3.2　机制分析：信用评级对农户融资的影响

鉴于有信贷需求的农户才能够观测到信贷可获性，故使用 Heckman 两阶段选择模型以克服选择性偏误问题。第一阶段利用 Probit 模型估计农户信贷需求的决定方程，第二阶段将得到的逆米尔斯比率（IMR）估计值代入信贷可获性的线性方程中，两阶段模型构建如下：

$$\text{Prob}(\text{need}_i = 1) = \frac{\exp(\delta\,\text{Credit}_i + \phi X_i)}{1 + \exp(\delta\,\text{Credit}_i + \phi X_i)} \tag{6-2}$$

$$Apply_i = \beta_0 + \beta_1 \times Credit_i + \beta_2 \times X_i + \xi_i \quad\quad (6\text{--}3)$$

模型（6-2）和模型（6-3）中，$need_i$ 表示农户 i 是否有申请贷款，即是否存在信贷需求（包括正规和非正规信贷）；$Apply_i$ 表示信贷可获性，计算方法为信贷获得额 / 需求额（包括正规和非正规信贷）。$Credit_i$ 是本章关注的核心解释变量，即是否为逐户评级村农户；δ、β_1 为回归系数，若均为正数并通过显著性检验，则说明信用评级能够提高农户的信贷需求与可获性，假说 2 可得到验证。X_i 为一系列控制变量，包括家庭特征和村庄特征两个方面；ξ_i 为随机扰动项。

6.3.4 变量选取及描述性统计

6.3.4.1 被解释变量

信用评级对农户消费的影响检验中，消费水平的量化方法为 2020 年农户消费支出，参照国家统计局的统计口径和以往研究（周应恒和杨宗之，2021），主要包括农户的食品消费、衣着消费、居住消费、生活用品消费、交通通信消费、教育文化消费、医疗保健消费以及其他消费八类支出。消费结构的量化方法为生存型消费、发展型消费和享受型消费占总消费的比重；发展型消费和享受型消费占比上升则表示消费结构升级。影响机制检验中，被解释变量分别为农户的信贷需求和可获性。

6.3.4.2 核心解释变量

本章的解释变量为信用评级这一制度变量，即是否为逐户评级村农户，若是，则赋值为 1，否则为 0。调研数据显示，逐户评级村农户中，有近 40% 的样本并无参评意愿，只是出于配合工作而参与评级，因此，可将信用评级视为一个外生变量。

6.3.4.3 控制变量

参考已有研究（陈宝珍等，2021），本章选取户主特征变量（主要包括人口学特征、金融素养、风险厌恶程度等）和家庭特征变量（主要包括家庭规模、家中是否有公务 / 银行从业人员、社会网络等）为模型的主要控制变量。其中，关于家庭金融素养的度量，问卷中设置了单利、复利、贴现以及银行贷款流程 4 个问题；本章的量化方法是，在 1 分基础分的前提下，答对一题加 1分，最高为 5 分。关于风险厌恶程度的度量，问卷中设置了"立刻拿到 1 万元现金"（选择抽奖）有 1% 的机会获得 100 万元现金"等 4 个选项，并将选前者的家庭划分为风险厌恶程度最高的类别，赋值为 4；将选后者的家庭设为风险厌恶程度最低的类别，赋值为 1。此外，鉴于评级村的选择原因可能存在其信贷基础比较好的因素，本章利用农户所在村庄金融发展水平、规模和人口密度三个变量控制村庄的特征，具体变量定义如表 6-3 所示。

表 6-3　变量定义与描述性统计

变量类型	变量	变量定义	均值	标准差
被解释变量	消费支出	2020 年总消费支出（元）取对数	10.49	1.03
	生存型消费	2020 年食品、衣着、居住支出占总消费比重	0.65	0.17
	发展型消费	2020 年交通通信、医疗、教育支出占总消费比重	0.19	0.17
	享受型消费	2020 年设备及用品、文化娱乐等支出占总消费比重	0.16	0.15
	信贷需求	农户是否申请贷款（正规和非正规）；是 =1，否 =0	0.54	0.49
	信贷可获性	农户信贷获得额 / 需求额（包括正规和非正规）	0.38	0.27
解释变量	信用评级	是否为逐户评级村农户；是 =1；否 =0	0.50	0.50
控制变量	年龄	家庭决策人年龄（岁）	45.27	11.23
	性别	家庭决策人性别；男 =1，女 =0	0.82	0.38
	健康状况	健康状况是否良好；是 =1，否 =0	0.88	0.32
	受教育水平	决策人教育；小学 / 初中 / 高中 / 大学及以上 = 1/2/3/4	2.33	0.82
	技能	决策人是否有技能；是 =1，否 =0	0.40	0.49
	金融素养	赋值 1~5，值越高，金融素养越高	2.94	1.25
	风险厌恶程度	赋值 1~4，值越高，风险厌恶程度越高	3.32	0.96
	家庭规模	家庭总人口（人）	6.03	2.54
	非劳动力比例	老人和小孩人数 / 家庭总人口	0.46	0.22
	公务 / 银行从业人员	家中有无公务或银行从业人员；有 =1，无 =0	0.09	0.28
	银行网点距离	住址距离最近的银行网点距离（千米）	6.91	4.84
	收入水平	家庭纯收入（万元 / 年）	12.69	9.82
	财富水平	家庭固定资产与金融资产之和（10 万元）	6.32	5.30
	社会网络	可做担保的亲友数目（个）	2.05	1.82
	突发事件	2019 年以来，家庭是否有突发事件；是 =1，否 =0	0.17	0.37
	金融发展水平	2017 年末村庄存贷款余额 / 全县村庄存贷款余额均值	0.99	0.59
	村庄规模	所在村庄家庭总数目（百户）	8.04	2.34
	人口密度	所在村庄人口数 / 土地面积（百人 / 平方千米）	4.35	1.46

6.4 模型估计结果分析

6.4.1 信用评级对农户消费的影响

模型（6-1）估计结果显示，信用评级对农户消费支出具有显著的正向影响；同时，对生存型消费占比具有显著的负向影响，而对发展型消费和享受型消费占比的上升，具有显著的促进作用（见表6-4）。因此，信用评级对农户消费水平的提高以及消费结构的升级具有显著的促进作用，假说1得到检验。信用评级的开展使得银行产生了外在经济效应、规模经济效应和利率优惠效应，农户产生了降低门槛效应、交易成本效应和正向激励效应；有利于银行增加向农村地区的信贷投放，也有利于农户有效信贷需求的形成和信贷可获性的提高，从而有效缓解农户的流动性约束。而已有研究表明，流动性约束的缓解能够显著促进农户消费水平的提高以及消费结构的优化（Zeldes，1989；蔡栋梁等，2020；贾立和李铮，2021；谢朝晖和李橙，2021），因此，信用评级促进农户消费的机制是，提高其信贷需求及可获性，对此，后文将进行机制检验。

表6-4 信用评级对农户消费水平及结构的影响

变量	消费水平		消费结构					
			生存型消费		发展型消费		享受型消费	
	系数	t值	系数	t值	系数	t值	系数	t值
信用评级	0.38***	7.02	−0.02**	−1.97	0.04***	3.66	0.06***	6.07
年龄	−0.00	−1.45	0.00	0.62	0.00	1.05	0.00	0.97
性别	−0.02	−0.38	−0.00	−0.18	−0.02	−1.34	−0.01	−0.60
健康状况	0.24***	2.67	0.03***	2.66	0.02	1.30	0.03**	2.40
受教育水平	0.06	1.58	0.01	1.55	0.00	0.06	0.01	1.01
技能	0.18***	3.53	−0.01	−1.11	0.01	1.32	0.02*	1.71
金融素养	0.09***	3.53	−0.01**	−2.32	0.01**	2.33	0.01	1.06
风险厌恶程度	−0.11***	−4.00	0.02**	2.08	−0.02**	−2.01	−0.02***	−2.68
家庭规模	0.112***	10.32	0.01***	5.07	0.00	1.20	−0.01**	−2.19
非劳动力比例	−0.18	−1.29	0.01	0.32	0.05*	1.88	−0.04	−1.08
公务/银行从业人员	−0.10	−1.02	−0.01	−0.33	−0.02	−1.20	0.01	0.40

续表

变量	消费水平		消费结构					
			生存型消费		发展型消费		享受型消费	
	系数	t 值	系数	t 值	系数	t 值	系数	t 值
社会网络	0.02	1.15	0.00	0.83	−0.00	−0.33	0.00	0.16
银行网点距离	0.00	0.08	0.00	1.14	0.00	0.53	−0.00	−1.46
收入水平	0.04***	10.77	−0.01***	−4.56	0.01***	5.90	0.01***	4.73
财富水平	−0.00	−1.33	−0.00	−0.70	0.00	1.58	0.00	0.11
金融发展水平	0.01	0.12	−0.01	−1.48	−0.01	−0.77	0.02	1.49
村庄规模	−0.01	−0.97	−0.00	−0.68	−0.00	−0.06	0.00	1.05
人口密度	0.01	1.03	−0.00	−1.39	0.00	1.26	0.00	0.71
常数项	9.28***	32.48	0.07	1.54	−0.08	−1.40	−0.02	−0.34
N	948		948		948		948	
F 检验	50.15***		19.93***		18.21***		19.25***	
R^2	0.50		0.30		0.38		0.39	

注: ①t 值是稳健标准误下的结果。②*、** 和 *** 分别表示在 10%、5% 和 1% 的水平上显著。下同。

除了信用评级这一制度变量以外，对农户消费影响显著的因素还包括户主健康状况、是否有技能、金融素养和风险厌恶程度以及家庭规模和收入水平，具体体现为：①健康状况较好及拥有技能的农户，能够通过务工或创业等方式拥有较为稳定且可观的收入，从而降低储蓄倾向，进而对其消费具有一定的促进作用。②金融素养越高的户主，对自身的融资能力把握越准确，也更能够理解银行的信贷业务流程，受到自我配给的概率较低，获得信贷的能力较强（宋全云等，2019），因而流动性偏好往往较弱，有利于农户消费水平的提高及消费结构的升级；相反，对于风险厌恶程度较高的农户，通常具有更强的流动性偏好，倾向于多储蓄少消费，因而农户消费结构升级受到抑制。③规模较大的家庭，老人和孩子较多，因而消费水平也较高，但生存型消费占比较高，而享受型消费占比较低。④与理论预期一致，收入水平对农户消费具有显著的促进作用；然而，财富水平的影响却是负向的，可能的原因是，随着城镇化的不断推进，在镇（乡）、县城和城市购置房产的农户越来越多，虽然财富水平显著增加，但还房贷压力却抑制了其消费。

中国各试验区农户信用评级制度安排存在差异，为了探究不同制度安排下的影响差异，本章分别依据村"两委"是否为评级小组成员以及评级是否绑定利率优惠划分子样本，并利用各子样本对模型（6-1）重新进行估计。

　　由于村"两委"与农户之间属于强关系，而银行与农户之间属于弱关系，村"两委"参与程度越高，银行收集的家庭信息质量越高，成本也越低，信用评级产生的六个效应也越强，从而对农户消费的影响也会增强。对于村"两委"是评级小组成员的试点村农户，信用评级对消费水平的提高及消费结构的升级均具有显著的促进作用；而对于村"两委"不是评级小组成员的试点村农户，信用评级对消费水平的影响没有通过显著性检验，且仅对生存型消费占比具有显著的负向影响（见表6-5和表6-6）。由此可见，村"两委"参与程度越高，信用评级的消费效应越强。

表6-5　不同制度安排下的消费水平影响差异

变量	村"两委"是评级小组成员		村"两委"不是评级小组成员		评级绑定利率优惠		评级未绑定利率优惠	
	系数	t值	系数	t值	系数	t值	系数	t值
信用评级	0.61***	11.15	0.06	0.92	0.74***	12.93	0.09	1.57
控制变量	已控制		已控制		已控制		已控制	
常数项	9.18***	29.15	9.67***	26.13	9.18***	27.34	9.41***	27.95
N	752		666		680		738	
F检验	46.05***		32.28***		49.95***		31.76***	
R^2	0.57		0.45		0.59		0.44	

　　注：子样本划分依据为评级村家庭所在村庄的具体评级制度安排，各子样本还包括未评级村家庭样本。下同。

表6-6　不同制度安排下的消费结构影响差异（一）

变量	村"两委"是评级小组成员			村"两委"不是评级小组成员		
	生存型消费	发展型消费	享受型消费	生存型消费	发展型消费	享受型消费
信用评级	−0.01* （−1.95）	0.07*** （5.88）	0.11*** （8.46）	−0.06*** （−5.97）	−0.02 （−1.35）	0.01 （0.69）
控制变量	已控制	已控制	已控制	已控制	已控制	已控制
常数项	0.05 （1.00）	−0.08 （−1.26）	−0.05* （−1.97）	0.11** （2.13）	−0.02 （−0.28）	0.06 （1.00）
N	752	752	752	666	666	666
F检验	18.75***	18.83***	25.89***	16.40***	11.01***	10.32***
R^2	0.33	0.45	0.46	0.34	0.29	0.32

　　注：括号内为t值。下同。

由于农户对利率是敏感的（张宁等，2015），利率优惠不仅有利于农户形成有效信贷需求，还能够提高农户参与评级的积极性，进而降低银行收集农户信息的难度，提高信息质量，降低评级产生的固定成本；再加上评级带来的外在经济效应和规模经济效应，有利于银行增加向农村地区的信贷投放，增强评级对农户流动性约束的缓解，进而促进消费。利用子样本估计模型（6-1）发现，对于评级绑定利率优惠的试点村，信用评级对农户的消费水平和消费结构影响显著，而对于未绑定利率优惠的试点村，信用评级对消费水平的影响不显著，且仅对生存型消费占比的下降具有显著的促进作用（见表 6-5 和表 6-7）。因此，在绑定利率优惠的制度安排下，信用评级的消费效应更强；假说 3 得到检验。

表 6-7 不同制度安排下的消费结构影响差异（二）

变量	评级绑定利率优惠			评级未绑定利率优惠		
	生存型消费	发展型消费	享受型消费	生存型消费	发展型消费	享受型消费
信用评级	-0.03^{*} （-1.86）	0.09^{***} （6.21）	0.15^{***} （9.53）	-0.05^{***} （-6.71）	-0.01 （-1.20）	0.00 （0.23）
控制变量	已控制	已控制	已控制	已控制	已控制	已控制
常数项	0.07 （1.23）	-0.09 （-1.38）	-0.03 （-0.42）	0.09^{*} （1.89）	-0.02 （-0.30）	0.04 （0.89）
N	680	680	680	738	738	738
F 检验	20.24^{***}	18.88^{***}	23.33^{***}	15.74^{***}	11.55^{***}	13.58^{**}
R^2	0.35	0.46	0.49	0.34	0.27	0.28

6.4.2 机制分析：信用评级对农户融资的影响

表 6-8 列出了 Heckman 两阶段选择模型的估计结果，其中，突发事件为排他变量。作为参照，表中同时列出了利用 OLS 模型检验信用评级对农户融资影响的估计结果。Heckman 两阶段选择模型估计结果显示，相关系数 ρ 的似然比检验结果在 10% 的水平上显著，Wald 检验在 1% 的水平上显著，说明样本存在选择性偏误，且模型拟合效果较好。关注信用评级的回归系数及其显著性水平发现，不管是对于农户信贷需求还是信贷可获性，信用评级均具有显著的正向影响，假说 2 得到检验。信用评级在促进银行增加农村地区信贷投放的同时，还能够通过绑定"信用贷款"的制度安排降低服务门槛和交易成本，从而提高农户的信贷需求及可获性。

表 6-8　信用评级对农户融资的影响

变量	OLS 模型				Heckman 两阶段			
	信贷需求		信贷可获		第一阶段：信贷需求		第二阶段：信贷可获	
	系数	t 值	系数	t 值	系数	z 值	系数	z 值
信用评级	0.33***	8.20	0.40***	7.31	1.26***	7.80	0.37***	7.60
年龄	−0.00	−0.92	−0.00	−1.55	−0.01	−0.75	−0.00	−1.43
性别	−0.04	−0.87	−0.05	−1.13	0.04	0.21	−0.05	−1.31
健康状况	0.05	0.89	0.03	0.61	0.31	1.39	0.04	0.82
受教育水平	0.05	1.60	0.00	0.15	0.25**	2.44	0.01	0.28
技能	0.04	1.07	0.03	0.84	0.16	1.06	0.03	0.90
金融素养	0.06***	3.77	0.06**	2.38	0.24***	3.55	0.06**	2.26
风险厌恶程度	−0.05**	−2.30	0.00	0.19	−0.16**	−2.28	0.01	0.41
家庭规模	0.01	1.04	−0.01	−1.08	0.02	0.71	−0.01	−1.16
非劳动力占比	0.10	0.99	−0.29**	−2.55	0.26	0.67	−0.24**	−2.26
公务/银行从业人员	0.14**	2.12	0.12**	2.01	0.40*	1.72	0.09	1.51
社会网络	0.01	1.52	0.01	0.84	0.06	1.35	0.01	0.79
银行网点距离	−0.00	−0.89	−0.00	−1.08	−0.02	−1.13	−0.01	−1.31
收入水平	0.01***	2.59	0.00	0.19	0.01*	1.64	0.00*	1.66
财富水平	0.00	0.79	−0.00	−0.24	0.04	1.58	0.00	1.16
金融发展水平	0.01	0.24	0.03	0.88	0.04	0.30	0.04	1.46
村庄规模	−0.00	−0.57	0.01	1.02	−0.30	−1.43	0.01	1.55
人口密度	0.01	0.67	0.01	0.81	0.04	0.90	0.02	0.94
突发事件	0.28***	7.24	—		0.83***	5.45	—	
常数项	0.29	1.25	0.26	1.08	−0.93	−1.17	0.39*	1.71
N	948		525		948			
F 检验	23.68***		10.31***		—			
R^2	0.31		0.40		—			
Wald 检验	—		—		150.08***			
似然比检验	—		—		−231.81***			

注：z 值为稳健标准误下的 z 值。下同。

除了信用评级这一制度变量以外，户主金融素养、风险厌恶程度、非劳动力占比和收入水平对农户融资影响显著。①金融素养越高，农户对资金的利用越充分，对自身资信的把握也较为准确，更倾向于利用信贷市场来平滑支出，因此，金融素养对农户信贷需求及可获性的提高均具有显著的促进作用。②户主较高的风险厌恶程度不利于农户信贷需求的形成，主要原因在于，"借钱"对于此类农户来讲，本身就属于高风险行为，尤其是向"理性"的银行融资；而向亲友融资具有较高的人情成本，特别是在不能按时还款的情况下，对于未来不确定性的担忧限制了农户的信贷需求。③非劳动力占比的增加对农户信贷可获性具有显著的负向影响，主要原因在于老人及子女数量较多的家庭，除了抚养负担较重以外，劳动力外出务工或创业等谋生行为也会受到限制，使得此类农户开支较大，但收入的不确定性却较高，从而违约概率较高。④收入水平对农户信贷需求及可获性均具有显著正向影响，可能的原因是，高收入农户多为创业户，资金需求旺盛，因而面临的流动性约束也较强。

　　前文分析表明，在村"两委"为评级小组成员以及评级绑定利率优惠的制度安排下，信用评级对消费的影响增强；那么，是否缘于不同的制度安排下，信用评级对农户融资的影响存在差异。鉴于此，本章同样利用子样本重新估计前文所构建的 Heckman 两阶段选择模型。

　　由于村"两委"参与程度越高，银行因开展评级而产生的固定成本越低，评级产生的外在经济效应和规模经济效应也越强，越有利于农户信贷可获性的提高。模型估计结果也显示，对于村"两委"是评级小组成员的试点村，信用评级对农户信贷需求及可获性的影响显著；而对于村"两委"不是评级小组成员的试点村，信用评级对农户信贷需求的影响减弱，对信贷可获性的作用也没有通过显著性检验。因此，村"两委"参与程度越高，信用评级对农户融资的积极影响越显著（见表 6-9）。

　　在评级绑定利率优惠的试点村，农户参与评级的积极性较强，提供的信息质量也较高，同样能够降低评级银行的固定成本，增强外在经济效应和规模经济效应；加之较低的利率水平更有利于家庭形成有效信贷需求，同时，对农村信贷市场上逆向选择和道德风险问题也具有一定的缓解作用；因此，信用评级对农户信贷需求及可获性的影响增强。而对于评级未绑定利率优惠的试点村，信用评级对农户信贷需求及可获性的影响明显减弱，对信贷可获性的影响尚未通过显著性检验（见表 6-10）。

表 6-9 不同制度安排下的融资影响差异（一）

变量	村"两委"是评级小组成员				村"两委"不是评级小组成员			
	第一阶段：信贷需求		第二阶段：信贷可获		第一阶段：信贷需求		第二阶段：信贷可获	
	系数	z 值	系数	z 值	系数	z 值	系数	z 值
信用评级	1.71***	9.09	0.53***	12.31	0.60***	2.69	0.11	1.54
控制变量	已控制		已控制		已控制		已控制	
常数项	−1.19	−1.17	0.48***	3.40	−0.67	−0.59	0.25	0.59
样本量	752				666			
Wald 检验	530.35***				103.89***			
似然比检验	−38.73***				−102.36***			

表 6-10 不同制度安排下的融资影响差异（二）

变量	评级绑定利率优惠				评级未绑定利率优惠			
	第一阶段：信贷需求		第二阶段：信贷可获		第一阶段：信贷需求		第二阶段：信贷可获	
	系数	z 值	系数	z 值	系数	z 值	系数	z 值
信用评级	1.77***	8.95	0.53***	16.16	0.43**	2.25	0.09	0.91
控制变量	已控制		已控制		已控制		已控制	
常数项	−1.35	−1.35	0.49***	3.41	−1.83*	−1.72	0.02	0.10
样本量	680				738			
Wald 检验	516.73***				95.13***			
似然比检验	−34.10***				−116.37***			

6.4.3 进一步讨论：异质性分析

农村地区不同收入水平农户面临的流动性约束程度存在差异。高收入农户多为创业户，生产经营投入资金较多，经营性资金对消费资金存在挤占，且其消费水平往往较高，消费结构也更优；因此，相较于多为兼业户的中等收入农户，反而更可能受到流动性约束。而对于低收入农户，初始资金的稀缺使其面临较大的流动性约束，是阻碍其消费的主要因素（范志雄等，2021）。加之农村亲友之间的道义借贷往往是"救急不救穷"，低收入农户可获得的非正规借款可能不足以满足其消费或生产所需（粟芳等，2019）。因此，在农村金融市场上，受到较强流动性约束的主要是高收入农户（李萍和王军，2015）和低收入农户（范志雄等，2021）。鉴于此，本章从农户收入水平存在差异的角度进一步讨论信用评级对农户消费影响的异质性。

分别利用高、中、低收入组农户子样本重新估计模型（6-1），考察对消费水平的影响差异发现，信用评级对低收入农户和高收入农户消费的正向影响显著，且对低收入农户影响更强；而对中等收入农户的影响没有通过显著性检验（见表 6-11）。考察对消费结构的影响差异发现，信用评级能够显著促进低收入和高收入农户的消费结构升级，而对于中等收入农户，仅显著降低了其生存型消费占比（见表 6-12）。主要原因在于，农村高收入农户和低收入农户面临的流动性约束更强。那么，信用评级是否缓解了低收入农户和高收入农户的流动性约束？为了探究信用评级对不同收入水平农户消费影响差异的原因，本章同样利用高、中、低收入组农户子样本重新估计前文所构建的 Heckman 两阶段选择模型。

表 6-11 信用评级对不同收入农户消费水平的影响差异

变量	低收入组		中等收入组		高收入组	
	系数	t 值	系数	t 值	系数	t 值
信用评级	0.65***	6.47	0.10	0.84	0.21**	2.40
控制变量	已控制		已控制		已控制	
常数项	8.26***	15.79	9.05***	15.87	9.86***	19.25
N	316		316		316	
F 检验	12.29***		17.34***		5.98***	
R^2	0.40		0.45		0.21	

注：高、中、低收入组的划分方法是，将样本农户按照收入水平从高到低排序，排在前 1/3 的为高收入组，后 1/3 的为低收入组，其余为中等收入组。

表 6-12 信用评级对不同收入农户消费结构的影响差异

变量	低收入组			中等收入组			高收入组		
	生存型	发展型	享受型	生存型	发展型	享受型	生存型	发展型	享受型
信用评级	−0.04*	0.05***	0.08***	−0.07**	−0.01	0.02	−0.05***	0.06***	0.06***
	(−1.69)	(3.81)	(4.31)	(−2.30)	(−0.24)	(0.50)	(−3.43)	(3.80)	(3.67)
控制变量	已控制	已控制	已控制	已控制	已控制	已控制	已控制	已控制	已控制

续表

变量	低收入组			中等收入组			高收入组		
	生存型	发展型	享受型	生存型	发展型	享受型	生存型	发展型	享受型
常数项	0.11 (0.90)	0.09 (0.74)	0.17 (1.20)	-0.14 (1.00)	-0.29* (-1.84)	-0.25 (-1.39)	0.15** (1.99)	0.02 (0.17)	0.10 (1.17)
N	316	316	316	316	316	316	316	316	316
F 检验	3.78***	3.39***	4.47***	7.84***	7.76***	6.33***	3.06***	5.10***	3.63***
R^2	0.14	0.20	0.22	0.34	0.46	0.45	0.15	0.24	0.16

Heckman 两阶段选择模型估计结果显示，信用评级对低收入组农户和高收入组农户信贷需求及可获性具有显著的正向影响；而对于中等收入组农户，信用评级的影响则没有通过显著性检验（见表6-13）。已有研究表明，缘于较高的信贷交易成本，农村高收入农户往往受到自我（或需求型）信贷配给，而缘于较高的金融服务门槛，农村低收入农户往往受到银行（或供给型）信贷配给（张兵和张宁，2012）。而信用评级存在降低门槛效应和交易成本效应，因此，能够有效缓解高收入农户和低收入农户面临的流动性约束问题。

表6-13　信用评级对不同收入农户融资的影响差异（Heckman 两阶段选择模型）

变量	低收入组		中等收入组		高收入组	
	信贷需求	信贷可获	信贷需求	信贷可获	信贷需求	信贷可获
信用评级	1.79*** (5.76)	0.44*** (5.12)	1.28 (1.55)	0.27 (0.53)	1.40** (2.49)	0.58*** (11.53)
控制变量	已控制		已控制		已控制	
常数项	0.86 (0.51)	0.56* (1.82)	-0.61 (-0.08)	0.35 (0.64)	0.42 (0.26)	-0.16 (-0.72)
样本量	316		316		316	
Wald 检验	136.81***		155.41***		419.70***	
似然比检验	-45.41***		-27.39***		-25.99***	

注：括号内为 z 值。

6.5　稳健性检验

除了删除数据异常的农户样本，本章同时剔除收入最高 5% 和最低 5% 的样本，最终得到 865 个有效样本，以考察信用评级对农户消费水平及消费结构的影响结果是否稳健。对比表 6-4 中模型估计结果发现，本章所关注的解释变量，即信用评级，对农户消费水平的提高以及消费结构的优化仍具有显著的积极作用，稳健性检验通过（见表 6-14）。

表 6-14　稳健性检验

变量	消费水平		消费结构					
			生存型消费		发展型消费		享受型消费	
	系数	t 值	系数	t 值	系数	t 值	系数	t 值
信用评级	0.33***	5.91	−0.03***	−2.50	0.04***	3.93	0.07***	6.49
控制变量	已控制		已控制		已控制		已控制	
常数项	9.20***	31.49	0.06	1.17	−0.03	−0.66	0.01	0.25
N	865		865		865		865	
F 检验	32.05***		14.48***		15.25***		16.71**	
R^2	0.42		0.23		0.24		0.27	

6.6　结论与政策启示

本章立足于中国农户信用评级的基本制度，从市场供给方和需求方两个角度理论分析了评级对农户消费水平及结构的影响，并进一步探讨了不同制度安排下的影响差异。同时，利用典型试验区农户调研数据进行了实证检验，包括评级对不同收入水平农户影响差异的进一步讨论。研究结果显示：①信用评级的开展在促进农户消费增长的同时，还提升了发展型消费、享受型消费占总消费的比重，即改善了农户消费结构。②信用评级促进农户消费的作用机制是缓解其受到的流动性约束，即提高农户的信贷需求及可获性。③在评级制度方面，村"两委"是评级小组成员、评级绑定利率优惠的试验区，信用评级产生的外在经济效应和规模经济效应增强，评级的消费效应更显著。④缘于农村高收入农户和低收入农户受到的流动性约束更强，降低门槛效应和交易成本效应使得信用评级对于低收入农户和高收入农户消费的积极作用更显著，而对中等收入农户消费的影响未能通过显著性检验。

基于以上研究结论，本章认为，第一，应积极鼓励金融机构开展农户信用评级，推进农村信用体系建设，以改善农村信贷环境，通过缓解农户的流动性约束释放其消费潜力；第二，努力提高村"两委"的参与程度，充分利用村"两委"与农户之间的强关系，提高信息质量，降低评级银行产生的固定成本，同时控制信贷风险，努力实现信用评级制度的商业可持续性；第三，缘于较高的贷款利率水平，农村信贷市场上道德风险和逆向选择问题更加突出，建议将评级绑定利率优惠，不仅可以抑制较高的不良贷款率，对银行营业收入的增加也具有一定的促进作用；第四，信用评级与金融科技在普惠效应上具有内在契合性，但鉴于金融科技在农村地区的普惠作用尚未得到发挥（李琴和裴平，2021；董晓林等，2021），金融机构在评级过程中应充分利用金融科技，进一步降低信贷服务门槛和交易成本，同时减少评级产生的固定成本，充分发挥信用评级在缓解农户流动性约束方面的积极作用，以促进农户消费。

第7章　信用评级对农户内部收入差距的影响

7.1　引言与文献综述

中国农村贷款技术的改革和创新，除了学者广泛关注的抵押担保品创新外，还包括信用评级的应用。研究表明，信用评级对抵押物存在替代效应（董晓林等，2017）。中国农户信用评级制度的实施，包括人民银行推动的农村信用体系试验区建设（如辽宁北票、广东郁南等，共32个县），以及农村信用社联合社（省联社）推动的信用评级试验区建设（如云南马龙、湖南安化等）。主要的践行者是农村商业银行（或信用社），大部分试验区最初仅仅对主动申请的农户进行信用评级，因为有信贷需求而申请参与评级的现象较为普遍；因此，参与信用评级是结果，而不是农户融资便利的原因。在这样的政策背景下，研究信用评级对农户融资等经济金融行为的影响显然是不合适的。2016年以后，全国试验区陆续开展村庄逐户评级试点，由银行内部人员和村"两委"成员共同参与，对试点村农户进行逐户评级。在这样的制度安排下，农户信用评级相当于一个外生变量，为研究其对农户经济金融行为的影响提供了一个准自然实验。

面对同业竞争，逐利的金融机构倾向于仅为高收入农户进行信用评级，以降低贷款交易成本，通过为其提供便利的金融服务，争取优质客户资源。事实也证明，评级以后，农户更倾向于从开展评级的银行获得贷款（张三峰等，2013b）。信息不对称和规模不经济是低收入农户融资难的主要原因，然而在逐户评级的试点村，得益于村"两委"的参与，金融机构信息成本降低，低收入农户同样成为了评级对象，虽然评定等级较低，但同样绑定了一定数额的信用贷款，低收入农户进入了正规金融机构的服务门槛。另外，现阶段农户内部收入差距仍呈扩大趋势（万海远和王盈斐，2022）。那么，在信用评级这一金融政策的持续作用下，农户内部收入差距的扩大能否得到缓解？作用机制又是什么？

　　进一步地，各试验区信用评级的具体制度安排有所差异。在村"两委"的参与程度方面，试验区基本上是农村金融机构与村"两委"共同参与，一类试验区村"两委"参与程度较高，直接作为评级小组成员（如湖南安化、广东郁南等），对农户各项指标打分具有话语权；另一类试验区村"两委"仅仅协助农户信息收集工作。然后是评定等级的应用方面，试验区均绑定了信用贷款，但是否绑定利率优惠，各地有所不同。那么，在不同的制度安排下，政策效果是否存在差异？2020年中央一号文件提出鼓励开展县域农户、中小企业信用等级评价，对以上问题的研究，可以为中国农户信用评级制度的优化提供现实依据，有利于促进共同富裕。

　　学者对金融的收入分配效应关注已久，源于中国城乡收入差距较大，大部分学者从城乡视角展开研究。例如，景普秋等（2021）从规模、效率、结构三个维度分析金融发展对城乡收入差距的影响，认为金融发展规模和金融发展效率的提升有利于缩小城乡收入差距，而城乡金融发展规模差异和城乡金融发展结构差异越大越不利于缩小城乡收入差距；钟腾等（2020）认为，金融市场化的推进扩大了城乡收入差距，并且农村资金外流显著强化了金融市场化对城乡收入差距的影响。此外，还有部分学者从农村二元金融市场结构的角度进行研究，例如，张应良和徐亚东（2020）指出，正规金融和非正规金融的发展均有助于改善城乡收入差距，且非正规金融发展的影响更大。

　　也有学者聚焦普惠金融的收入分配效应，大多认为其具有益贫性，能够缩小收入差距。例如，王修华和关键（2014）较早指出，提高农村金融包容水平会缩小城乡收入差距；进一步地，张碧琼和吴琬婷（2021）考察了数字普惠金融对收入分配的影响，揭示了数字普惠金融的"益贫性"特征。类似的还包括黄倩等（2019）、顾宁和张甜（2019）的研究。然而，也有学者鉴于金融"精英俘获"以及低收入群体金融知识匮乏等的影响，否定了益贫性。例如，范香梅等（2018）认为，由于金融包容倾向于支持财富水平较高的群体创业，不利于收入公平分配；要形成金融包容与收入分配的良性互动，应重点加大对低收入、低财富群体创业的金融支持。李建军和韩珣（2019）的研究表明，普惠金融的发展没有反映出明显的益贫性，但是良好的制度环境可以对金融资本扭曲配置行为加以约束，纠正普惠金融对贫困减缓的负面效应。

　　囿于数据可获性较低，聚焦于金融影响农户内部收入差距的文献较少，但观点同样存在分歧。苏静和胡宗义（2017）分析了金融抑制对不同收入水平农民收入的影响，认为金融抑制造成金融市场上穷人和富人生产投资机会选择的不平等，使穷人和富人财富增长出现"两极分化"态势，加剧了农民内部收入不平等。然而，平新乔和李森（2017）则认为，在短期内，金融发展有可能扩大农村内部的收入不平等程度；但在长期内，"涓滴效应"会显著地使低收入组家庭的收入增速快于高收入和中等收入家庭，因此会显著地降低农村收入不平等程度。从农村二元金融市场结构的角度来看，张宁等（2015）基于对经济较发达地区农户调研数据的分析，认为非正规金融缩小了农户内部收入差距；然而，王汉杰等（2018）采用深度贫困地区农户调查数据，实证检验了农村金融的收入分配效应，认为深度贫困地区农村正规金融显著降低了农户内部收入差距，农村非正规金融则扩大了农户内部收入差距。

关注金融政策对农户内部收入差距影响的文献很少，例如，张晓云等（2016）分析了放宽新型农村金融机构准入条件这一外生政策冲击对农村地区收入分配的影响，研究发现，放宽准入条件带来了农村金融包容程度的上升，有效地改善了中低收入群体的收入状况，显著改善了农村收入不平等。由于中国大部分试验区整村逐户信用评级实践较晚（2016 年左右），囿于数据可获性，分析信用评级这一农村金融政策收入分配效应的文献缺乏，尚无文献从微观层面深入剖析评级制度，探索制度优化。

因此，与已有研究相比，本章的主要贡献如下：第一，首次分析信用评级这一金融政策的收入分配效应；第二，通过选择制度安排不同的样本村，探讨不同信用评级制度安排的作用差异，为未来中国农户信用评级制度的优化提供现实依据；第三，通过选择合适的样本区，抽取逐户评级村作为政策作用组，未评级村作为对照组，利用准自然实验的方式开展追踪研究，增强了结论的稳健性。

7.2　理论分析与假说提出

已有研究表明，信贷需求及可获性的提高可以显著促进农户收入增加（李标等，2020；刘光星，2020；马威和张人中，2022），即使农户融入资金用于消费，也可以通过减少家庭消费资金对生产投资资金的挤占来增加其收入。因此，如果信用评级能够提高低收入农户信贷需求及可获性，而对高收入农户影响不显著，那么，可以认为，信用评级对农户内部收入差距的扩大具有抑制作用。关键问题在于，信用评级能否提高低收入农户信贷需求及可获性。本章认为，农户信用评级能够增加农村地区信贷供给，并且主要受益人是低收入农户（见图 7-1）。对此，以下展开详细讨论。

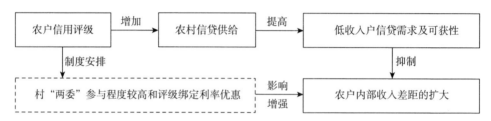

图 7-1　信用评级对农户内部收入差距的影响机制

（1）增加农村地区信贷供给。

边燕杰和杨洋（2019a，2019b）、边燕杰和缪晓雷（2020）提出了中国的强关系假设，认为在中国想要办成事，靠的不是弱关系所能够获得的信息广度与多样性，而是强关系所能给予的确定而有力的帮助。强关系假设在中国农村金融市场上同样成立，农户信用评级这一贷款技术正是利用强关系来克服市场信息不对称的。

在中国农村金融市场上，村"两委"与农户和金融机构之间均是强关系，而金融机构与农户之间则是由交易纽带维系的弱关系（见图 7-2）。积极发展村庄经济的村"两委"，与依托当地经济的评级银行之间依靠互惠纽带维系，加之与农户之间的感情和义务纽带，其参与农户信用评级的意愿是较强的。"村'两委'参与"这一基本制度，正是利用村庄"熟人社会"来缓解信贷市场信息不对称的。相较于银行信贷员，村"两委"收集的农户信息质量更高，成本更低，使得开展农户信用评级的银行产生了外在经济。

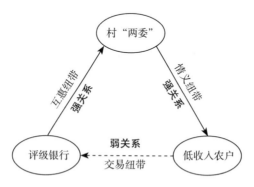

图 7-2　信用评级与信息不对称

由于村"两委"的参与，信用评级缓解了农村信贷市场上的信息不对称问题，对于开展评级的金融机构来说，即产生了外在经济，平均成本曲线 AC_0（与边际成本曲线 MC_0 相交于其最低点）下移至 AC_1；依据 $MC=MR$ 的利润最大化原则，金融机构农村地区的信贷供给从 Q_0 增加至 Q_1（见图 7–3）。开展农户信用评级使得金融机构向农村地区投放的信贷比例增加[①]。已有研究也表明，信用环境的改善会增加金融机构向农村地区的信贷供给（权飞过和王晓芳，2021）。

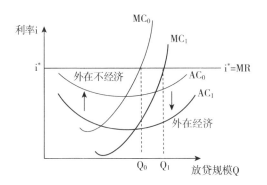

图 7–3　信用评级与农村地区信贷供给

（2）提高低收入农户信贷需求及可获性。

谁是信贷供给增加的主要受益人？对于高收入农户，一方面，由于财富积累相对较多[②]，具有一定的抵押担保物；从理论上来讲，信用贷款的违约风险高于抵押或担保贷款，基于利率等于无风险利率加风险溢价的定价原则，试验区评级绑定的信用贷款利率水平较抵押担保贷款更高，绑定的信用贷款额度也往往低于高收入农户的实际资金需求。另一方面，随着股份制银行等全国性银行网点的不断下沉，县域银行业竞争日渐激烈，高收入农户本身就是金融机构的重点服务对象（游江和范梁，2010；王雪和何广文，2019）。从金融机构的角度来看，由于其资质（家庭抵押担保物、收入水平、资产负债情况和征信等）或还款能力没有变化，即信用评级前后，其授信额度变化不大，未满足的资金需求不会因为信用评级而明显减少。因此，对于高收入农户来说，信用评级的开展主要是降低了其信贷交易成本，使其更倾向于从评级的金融机构获得贷款，即融资渠道受到影响（张三峰等，2013a），而信贷需求及可获性所受影响有限。

对于低收入农户，由于信息不对称以及银行内部规模不经济（向一户高

[①]　本章统计了 2013~2021 年湖南省 99 家农商行（其中 54 家在 2017~2018 年以后开展农户信用评级）信贷资金在城镇和农村地区的调配数据，进一步佐证了该观点。感兴趣的读者可以索要。

[②]　调研数据显示，家庭纯收入排在全样本前 50% 的农户中，有 41.04% 在乡镇、县城或城市购置了房产。

收入农户贷款 50 万元的信息成本远远低于向 10 户低收入农户贷款 5 万元），通常并未进入正规金融机构的信贷服务门槛；其有效信贷需求得不到满足，即使有信贷意愿，也往往难以转化为信贷行为，即信贷需求受到抑制，缺乏资金使其企业家精神受到的抑制较高收入农户更甚。而信用评级基于"村'两委'参与"机制，缓解了信息不对称，金融机构信息收集工作也向村"两委"转嫁，加之数字技术的应用，评级银行向低收入"小农户"贷款的成本与高收入"规模农户"趋同，银行内部规模不经济问题缓解。在绑定一定额度信用贷款的制度安排下，尤其缺乏有效抵押担保物的低收入农户成为了开展评级金融机构所拓展的长尾客户。此外，由于农业规模化经营以及城乡劳动力成本的不断上升，低收入农户务工等非农收入明显增加，显著提高了其收入水平。因此，从金融机构的角度来看，低收入农户有一定的还款能力，且可以根据当地农户收入水平或还款能力调整信用贷款额度。

基于农村二元金融市场结构的角度，有研究表明，正规金融主要服务于高收入农户，非正规金融主要服务于低收入农户（张兵等，2014）；也有调查发现，高收入农户之间的生产性非正规借贷是双向的，因此往往相互之间不收取利息，而低收入农户的生产性非正规借款主要来自高收入农户，并且往往是单向的，"理性小农"属性使高收入农户向其收取较高的利息（李祎雯等，2016）。因此，虽然非正规借款使得低收入农户的生产计划得以实现，有利于收入增加，但是其承担了高利率。信用评级的开展使低收入农户可以以较优惠的利率获得信用贷款，消费或未满足的部分仍然可以从非正规渠道获得支持，有利于低收入农户创业及增收。特别是对于评定等级绑定利率优惠的试验区，虽然绑定的信用贷款利率仍然高于抵押担保贷款，但对于缺乏抵押担保物，尤其缺乏生产资金的低收入农户来说，利率优惠更能有效刺激其信贷需求，将信贷意愿转化为信贷行为。因此，农村地区信贷供给增加的主要受益人是低收入农户。已有研究也表明，信用评级对低收入农户创业具有显著的促进作用，而对高收入农户的影响则并不显著（张宁和吴依含，2021）。

从评级方法上来看，全国各省农户信用评级指标体系中，财富、收入水平两项指标占比偏低，仅占 45% 左右，因此，本章认为评级方法对低收入农户更加有益。便捷的信用贷款同样有利于提高其信贷意愿，同时促进其信贷意愿向信贷行为的转化，进而提高低收入农户的信贷需求及可获性。

（3）不同制度安排的影响差异。

为了降低信息成本，提高信息质量，部分地区村"两委"参与程度较高，甚至直接作为评级小组成员，参与各项指标打分。村"两委"参与程度越高，金融机构与农户，尤其是与低收入农户之间的信息不对称程度越低，对于评级金融机构而言，向低收入农户融资的规模不经济问题越能够得到有效缓解。另外，在县域金融供给竞争加剧的大背景下，拓展以低收入农户为主的长尾客户，也有利于金融机构降低贷款集中度，抑制其较高的不良贷款率。因此，村"两委"参与程度越高，金融机构加大农村地区信贷投放的积极性越强，农村地区贷款规模越大，越有利于低收入农户信贷需求及可获性的提高。

一直以来，农村金融市场贷款利率较高，信贷市场上逆向选择和道德风险问题不容忽视；同时，为了提高村"两委"和农户参与评级的积极性，部分金融机构将评定等级绑定了利率优惠。低收入农户能够承担的利率水平往往较低，这一制度安排能够有效刺激低收入农户的有效信贷需求，同时也使开展评级的金融机构成为其可选择的融资渠道之一，进而有利于其信贷可获性的提高。此外，由于农户对利率是敏感的（李袆雯和张兵，2016），绑定利率优惠使农村非正规融资需求下降，更多的资金流向正规金融机构，有利于农村地区信贷规模的进一步扩大，同样有利于提高低收入农户的信贷可获性。

基于以上分析，本章提出以下假说：

假说1：信用评级对农户内部收入差距的扩大具有缓解作用。

假说2：信用评级缓解农户内部收入差距扩大的主要机制是，提高低收入农户的信贷需求（指信贷行为）及可获性。

假说3：在村"两委"参与程度较高，以及评定等级绑定利率优惠的制度安排下，信用评级的效果更显著。

7.3　实证设计

7.3.1　数据来源与说明

数据来源于湖南衡东县的实地调研数据。衡东县农村商业银行2018年初完成了第一次等级评定，分为四等；2019年初、2020年初和2021年初各调整了一次等级。辖区内行政村共257个，其中，56个行政村由评级小组进村入户逐户进行评级，逐户评级试点村的选择是依据村庄收入水平进行分层抽样，具体由农商行和村两委共同商定；66个行政村由农户提出申请，评级小组进行等级认定，这部分村庄没有作为本章的研究样本；还有135个村尚未开展农户信用评级。具体到评级制度，即村"两委"是否为评级小组成员和评定等级是否绑定利率优惠，各村有所差异。不同制度安排的试点村选择，同样是依据村庄经济发展水平进行的分层抽样，具体村庄由村"两委"干部和乡镇支行长等共同商定。因此，样本区选择依据即评级的具体制度安排在村庄层面存在差异[①]。

本章所用数据包括两部分，一部分用于检验信用评级对农户内部收入差距的影响，采用 188 个行政村（56 个逐户评级村和 132[②] 个未评级村）2014~2021 年的村级面板数据。该部分数据基于衡东农村商业银行提供的历年辖区内行政村摸底统计数据整理计算而得，包括各个行政村存贷款余额等基本情况，以及各村样本农户（300 户左右）的家庭特征、借贷情况、收支情况等。农村商业银行辖内各个样本村样本农户的选择是依据收入水平进行的分层抽样，本章村庄基尼系数即据此计算得到。另一部分数据用于检验影响机制，即信用评级对农户信贷需求及可获性的影响，该部分数据由项目组进村入户通过问卷调查获得。项目组共调查了 8 个评级村，获得有效样本 610 户；调查了 9 个未开展评级村，共获得有效样本 515 户。未开展评级村的选择依据是，信用评级开展前，即 2018 年以前，农户融资情况与评级村类似，具体依据当地农村商业银行提供的 2017 年行政村摸底统计表。问卷调查内容主要包括：所在村评级制度、家庭借贷情况（2018~2020 年）、家庭特征以及家庭经营情况。

7.3.2 统计分析

整体来说，试验区农户内部收入差距较大，且呈上升趋势，2021 年 188 个样本村基尼系数均值已经超过了警戒线（0.40）。具体来说，对于 56 个评级村，2018 年以前基尼系数均值呈上升趋势，最高值为 2017 年的 0.52，2018 年以后呈缓慢下降趋势，2021 年降至 0.49。132 个未评级村 2014~2021 年基尼系数均值总体呈上升趋势，2021 年增至 0.55，缓解农户内部收入差距扩大刻不容缓。评级村收入最低的 20% 农户收入占比从 2014 年的 6.24% 下降至 2018 年的 5.26%，2018 年开展评级以来，占比呈上升趋势，2021 年回升至 5.57%；而未评级村该指标下降比较明显，从 2014 年的 6.08% 下降至 2021 年的 4.64%（见表 7-1）。

---

① 在 56 个村庄中，村"两委"是评级小组成员的有 18 个，评定等级绑定利率优惠的有 16 个，两者兼有的共 8 个。

② 135 个未评级村中，3 个村庄数据有缺失，剔除出样本。

表 7-1 188 个样本村农户内部收入差距统计   单位：%

指标	村庄类型	指标类型	2014年	2015年	2016年	2017年	2018年	2019年	2020年	2021年
基尼系数	评级村	绝对值	0.45	0.47	0.50	0.52	0.51	0.51	0.50	0.49
		增长率	5.09	4.44	6.38	4.00	-1.92	0.00	-1.96	-2.00
	未评级村	绝对值	0.46	0.48	0.49	0.51	0.52	0.54	0.53	0.55
		增长率	4.93	4.35	2.08	4.08	1.96	3.85	-1.85	3.77
低收入户收入占比	评级村	绝对值	6.24	5.94	5.64	5.30	5.26	5.27	5.43	5.57
		增长率	-4.98	-4.81	-5.05	-6.03	-0.75	0.19	3.04	2.58
	未评级村	绝对值	6.08	5.87	5.53	5.40	5.22	4.99	4.79	4.64
		增长率	-5.13	-3.45	-5.79	-2.35	-3.33	-4.41	-4.01	-3.13

注：评级村信用评级始于 2018 年初；村庄基尼系数的计算是依据样本村样本户家庭人口及纯收入数据，具体方法见下文；低收入户具体是指收入最低的 20% 农户。

2018 年评级开展以后，相较于未评级村，评级村农户特别是低收入农户的信贷需求及可获性明显更高。评级村低收入户信贷需求户占比为 54.94%，显著高于未评级村数值 40.27%；信贷可获性高达 77.35%，接近高收入户信贷可获性 79.09%，而未评级村该数值为 60.24%，显著较低（见表 7-2）。

表 7-2 2018~2020 年 1125 户样本农户信贷需求及可获性统计   单位：%

指标	评级村农户样本			未评级村农户样本		
	总样本	高收入户	低收入户	总样本	高收入户	低收入户
信贷需求户占比	60.72	65.31	54.94	51.63	61.94	40.27
信贷可获性	78.82	79.09	77.35	68.37	77.26	60.24

注：信贷需求户占比指有借款（正规＋非正规）行为的农户占全部农户比重；信贷可获性等于信贷获得额（正规＋非正规）除以总需求额，表中统计值为有借款行为的农户该指标均值；本章高、低收入户的划分是依据家庭纯收入排序，前 50% 为高收入户，后 50% 为低收入户，下同。

7.3.3 模型构建与变量说明

7.3.3.1 信用评级缓解农户内部收入差距的检验

选择村庄基尼系数的增长以及收入最低的 1/5 农户纯收入占比的增长两个变量作为被解释变量。基尼系数的增长越大，收入最低的 1/5 农户纯收入占比的增长越小，说明农户内部收入差距扩大速度加快。为了考察信用评级这一政策变量的影响，构建如下双重差分（DID）模型：

$$y_{it} = \alpha + \beta time_t \times treat_i + XX_{it} + \delta_t + \gamma_i + \varepsilon_{it} \qquad (7-1)$$

其中，i 表示样本村，t 表示不同样本期；y_{it} 表示以上两个被解释变量。如果样本村 i 为逐户评级村，$treat_i$ 等于 1，否则等于 0；$time_t$ 在 2018 年及以后取值为 1，以前取值为 0；$time_t \times treat_i$ 系数捕获的是信用评级的最终影响。X_{it} 为控制变量，主要包括村庄金融发展、农户受教育程度等（见表 7-3）。δ_t 为控制时间效应，γ_i 为个体固定效应。本章关注的参数是 β，在以村庄基尼系数的增长为因变量的模型估计中，如果 β 显著为负，或者在以低收入户收入占比的增长为因变量的模型估计中，β 显著为正，则推断信用评级对农户内部收入差距的扩大具有抑制作用。

表 7-3　变量说明与描述性统计（一）

变量	变量说明	均值	标准差
基尼系数	行政村基尼系数的增长（%）	3.67	8.85
低收入户收入占比	收入最低的 20% 农户纯收入占比的增长（%）	−2.64	5.30
信用评级	本村是否开展了信用评级；是 =1，否 =0	0.25	0.43
信用评级制度安排 1	村"两委"是否为评级小组成员；是 =1，否 =0	0.32	0.47
信用评级制度安排 2	评定等级是否绑定利率优惠；是 =1，否 =0	0.29	0.45
金融发展规模	样本户借款（正规 + 非正规）总额 / 纯收入总和（%）	41.63	14.39
收入增长	样本户纯收入增长率（%）	6.46	1.18
人口增长	人口年增长率（‰）	2.54	1.99
非劳动力占比	全村非劳动力人口总数 / 总人口数（%）	53.46	5.01
非农就业水平	全村非种养业就业人口 / 总就业人口数（%）	67.32	11.94
受教育水平	全村劳动力受教育年限均值（年）	8.41	1.54

注：各变量统计的样本量为 188，观测值数量为 1504，制度安排变量统计的样本量为 56，观测值数量为 224。

关于被解释变量村庄基尼系数的计算。本章是依据 188 个样本村 56466 户农户的家庭经营数据计算得到，各村样本数目在 300 户左右。由于信用评级始于 2017 年底，本章抽取的样本期为 2014~2021 年；通过比对发现，2014~2021 年样本村每年的样本农户变化较小，188 个村庄样本农户名录 2021 年与 2014 年对比，变化累积到了 50% 左右。本章直接计算各村样本农户的基尼系数，并作为村庄基尼系数的估计值。基尼系数的估算包括非参数方法和参数法，由于本章掌握的微观数据量比较充分，采用非参数方法估计村庄基尼系数。村庄基尼系数计算公式如下：

$$G = \frac{1}{2N^2\alpha} \sum_{i=1}^{N} \sum_{r=1}^{N} |y_i - y_r| \tag{7-2}$$

其中，α 表示样本农户人均收入的均值，$|y_i-y_r|$ 是样本农户中两两人均收入的绝对离差，N 代表农户样本量。

7.3.3.2 信用评级更有利于低收入农户融资的检验

只有在农户存在信贷行为的前提下，才可以观察其信贷可获性。鉴于此，本章构建 Heckman 两阶段选择模型；第一阶段构建 Probit 信贷行为选择模型，以分析信用评级对农户信贷需求的影响；第二阶段构建修正的信贷可获性模型，分析信用评级对农户信贷可获性的影响。具体模型如下：

$$P(demand = 1 \mid Z) = \Phi(Z\beta + u_1) \tag{7-3}$$

$$avail = \begin{cases} X\alpha + u_2, & demand > 0 \\ -, & demand \leq 0 \end{cases} \tag{7-4}$$

其中，$u_1 \sim N(0, 1)$，$u_2 \sim N(0, \sigma)$，$corr(u_1, u_2) = \rho$。当 $\rho \neq 0$ 时，样本存在自选择问题，选择 Heckman 两阶段选择模型是合适的，本章采用 Wald 检验考察自选择问题。

式（7-3）中，demand 表示样本期内农户是否有信贷行为，是 =1，否 =0；Z 代表影响农户信贷需求的因素，包括信用评级虚拟变量。在 Heckman 两阶段估计中，选择方程至少要比行为方程多一个排他变量，本章中排他变量为"突发事件"。式（7-4）中，avail 表示农户信贷可获性，X 代表影响因素，除了信用评级以外，还包括家庭特征变量和借款用途变量，具体变量选择及说明如表 7-4 所示。

表 7-4 变量说明与描述性统计（二）

变量类别	变量	变量说明	均值	标准差
因变量	信贷需求	是否借款（正规 + 非正规）；是 =1，否 =0	0.56	0.50
	信贷可获性	信贷获得额（正规 + 非正规）/ 实际需求额	0.72	7.49
政策变量	信用评级	是否为逐户评级村农户；是 =1，否 =0	0.54	0.50
	信用评级制度安排 1	村"两委"是否为评级小组成员；是 =1，否 =0	0.49	0.50
	信用评级制度安排 2	评定等级是否绑定利率优惠；是 =1，否 =0	0.46	0.50

续表

变量类别	变量	变量说明	均值	标准差
家庭特征变量	决策人年龄	家庭决策人年龄（岁）	45.25	11.22
	性别	是否为男性；是 =1，否 =0	0.82	0.38
	健康状况	健康状况是否良好；是 =1，否 =0	0.90	0.30
	受教育水平	小学 =1，初中 =2，高中 =3，大学及以上 =4	2.33	0.81
	技能	决策人是否有技能；是 =1，否 =0	0.40	0.49
	风险厌恶程度	赋值 1~4，值越高，风险厌恶程度越高	3.41	0.93
	金融素养	赋值 1~5，值越高，金融素养越高	3.03	1.28
	家庭规模	家庭总人口（人）	9.52	3.13
	非劳动力占比	非劳动成员数目 / 家庭总人口	0.46	0.22
	公务 / 银行从业人员	家中有无公务 / 银行从业人员；有 =1，无 =0	0.09	0.29
	经营土地面积	家庭经营土地面积（百亩）	0.19	1.01
	收入水平	家庭纯收入（万元 / 年）	12.63	9.83
	财富水平	家庭固定资产与金融资产之和（10 万元）	4.41	8.26
	收入风险	赋值 1~4，数值越大，收入波动越大	2.14	0.77
	种养户	种养业是最主要收入来源；是 =1，否 =0	0.07	0.25
	打工户	打工是最主要收入来源；是 =1，否 =0	0.55	0.50
	个体工商户	工商业是最主要收入来源；是 =1，否 =0	0.35	0.48
	信用历史	是否拖欠过银行 / 亲友借款；是 =1，否 =0	0.24	0.43
	社会资本	家庭贷款时，可做担保的亲友数目（个）	2.05	1.82
	银行距离	住址距离最近的银行网点距离（千米）	6.80	4.71
	突发事件	是否有突发事件；是 =1，否 =0	0.28	0.45
借款用途变量	农业投资	借款是否用于农业生产；是 =1，否 =0	0.12	0.32
	消费	借款是否用于消费；是 =1，否 =0	0.49	0.50
	非农投资	借款是否用于非农生产；是 =1，否 =0	0.39	0.49

注：各变量统计的样本量为 1125，信用评级制度安排统计的样本量为 610，即评级村样本农户数量；关于金融素养的测度，问卷问题包括单利、复利和贴现的考察，以及对银行基本业务流程的了解，具体量化方法是，1 分为基本分值，正确回答 1 题加 1 分，共 4 题，最高 5 分，最低 1 分；选取实验经济学方法测度风险态度，将选择"立刻得到 1 万元现金"的农户设为风险厌恶程度最高的类别，赋值为 4，将选择"有 1% 的机会获得 100 万元现金"的农户设为最低类别，赋值为 1；关于收入风险，收入稳定 =1，波动较小 =2，波动较大 =3，波动巨大 =4。

7.4　模型估计结果分析

7.4.1　信用评级缓解农户内部收入差距

基于全样本的 DID 模型估计结果显示，$time_t \times treat_i$ 系数估计值显著为负，说明信用评级对村庄基尼系数的增长具有显著的抑制作用。主要缘于贷前农户信用评级的开展，金融机构运营成本增加，为了覆盖已经产生的固定成本，充分发挥信用评级的经济效益，机构势必增加农户贷款规模，在增加营业收入的同时，还能够提高村"两委"参与评级的积极性；随着农业规模化经营，低收入农户的非农收入上升明显，还款能力增强，对于开展评级的金融机构而言，向低收入农户贷款是存在规模经济的。另外，相对于本身就是金融机构重点服务对象的高收入农户而言，低收入农户受到的流动性约束更强，信用评级的开展拓宽了其融资渠道，更有利于刺激低收入农户的有效信贷需求，同时能够减少家庭消费资金对生产投资资金的挤占，从而有利于其创业及增收（张宁和吴依含，2021）。

为了考察村"两委"参与程度的影响，依据是否为评级小组成员，将评级村进一步分为两类，分别作为作用组，加上未评级村作为对照组，形成两个子样本，重新估计 DID 模型。结果显示，对于村"两委"是评级小组成员的子样本，信用评级影响较全样本更加显著；而对于不是评级小组成员的子样本，信用评级的影响尚未通过显著性检验（见表 7-5）。由此可见，对于金融机构而言，村"两委"参与程度的高低决定着农户信用评级制度所带来的外在经济的强弱，进而影响着其向农村地区的信贷投放规模；低收入农户作为主要的制度受益人，信用评级带来的促进融资及增收效应将同样受到影响。

为了探讨利率优惠对信用评级效果的影响，依据是否绑定利率优惠，将评级村分为两类，加上未评级村，形成子样本 3 和子样本 4，重新估计 DID 模型。结果显示，子样本 3 的估计结果较子样本 4 更加显著，即评定等级绑定利率优惠这一制度安排有利于增强信用评级对基尼系数增长的抑制作用（见表7-5）。主要原因在于，第一，虽然面临的流动性约束较强，但农村金融市场较高的利率水平抑制了低收入农户的融资意愿，限制了其创业行为，因此，利率优惠能够提高其信贷需求，促进创业增收；第二，由于农村金融市场上利率水平较高，逆向选择和道德风险问题更为突出，利率优惠能够降低评级村庄的不良贷款率，从而激励金融机构扩大评级村庄的贷款投放规模，有利于增强信用评级的影响。

表7-5　信用评级对基尼系数增长的影响

变量	全样本		村"两委"是否为评级小组成员				评定等级是否绑定利率优惠			
			子样本1：是		子样本2：否		子样本3：是		子样本4：否	
	系数	t值	系数	t值	系数	t值	系数	t值	系数	t值
$time_t \times treat_i$	−3.10**	−2.16	−3.83***	−3.09	−2.07	−1.53	−4.06***	−3.12	−2.28*	−1.65
金融发展规模	−0.97*	−2.08	−0.88**	−2.26	−1.03***	−2.53	−0.95***	−2.91	−0.97***	−3.11
收入增长	2.09***	2.72	3.07***	3.87	2.35**	2.42	1.49*	1.73	3.18***	3.07
人口增长	0.10	0.20	0.19	0.42	0.23	0.36	0.05	0.08	0.03	0.06
非劳动力占比	0.46	1.21	0.38	1.05	0.05	0.10	0.01	0.02	0.25	0.69
非农就业水平	−0.43**	−2.02	−0.48**	−2.29	−0.36	−1.39	−0.48*	−1.72	−0.38*	−1.68
受教育水平	2.86**	2.18	2.36**	2.01	2.11*	1.98	2.49**	2.14	2.28*	1.84
常数项	−6.65	−0.33	2.91	0.15	8.15	0.32	8.02	0.47	5.01	0.25
时间固定效应	已控制		已控制		已控制		已控制		已控制	
个体固定效应	已控制		已控制		已控制		已控制		已控制	
观测值	1504		1200		1360		1184		1376	
R^2	0.26		0.25		0.29		0.28		0.27	

注：①子样本划分依据为评级村评级机制。②*、** 和 *** 分别表示在10%、5% 和 1% 的水平上显著。下同。

　　此外，金融发展规模、收入增长、非农就业和受教育水平对村庄基尼系数的增长影响显著，具体体现为：金融发展规模越大，其基尼系数的增长越慢，主要服务于低收入农户的非正规金融影响不可忽视；收入增长对村庄基尼系数增长具有显著的促进作用，原因在于，对于收入增长较快的村庄，其经济发展水平往往相对落后，处于扶持一部分人先富起来的阶段，资源向高收入农户集聚；随着农村释放出的剩余劳动流向城镇服务业，尤其促进了低收入农户收入水平的增加，因此，非农就业水平的上升对村庄基尼系数的增长具有抑制作用；村庄劳动力受教育水平较高对基尼系数的增长具有促进作用，可能的原因是，受教育水平越高，农户的创业能力越强，而低收入农户缺乏资金，创业者多为高收入农户，从而加大了收入差距。

考察信用评级对低收入农户收入占比增长的影响，DID 模型 $time_t \times treat_i$ 系数全样本估计值显著为正，说明信用评级对低收入农户收入占比的增长具有促进作用；然而，利用子样本 2 和子样本 4 对模型重新进行估计发现，对于村"两委"不是评级小组成员以及评定等级没有绑定利率优惠的村庄，信用评级的影响没有通过显著性检验。子样本 1 和子样本 3 的模型估计结果显示，$time_t \times treat_i$ 系数均显著为正。由此可见，进一步提高村"两委"参与程度以及绑定利率优惠的制度安排，有利于加强信用评级的影响。原因此处不再赘述。此外，非劳动力占比对农户内部收入差距的扩大影响显著。由于人口老龄化以及"二孩政策"的实施，农村抚养比较高且呈上升趋势，外出务工是低收入农户的主要收入来源，而"上有多老下有多小"的局面减少了其外出务工时间，抚养负担加重对低收入家庭冲击更大。因此，非劳动力占比的增长对低收入农户收入占比的增长具有显著的抑制作用（见表 7-6）。

表 7-6　信用评级对低收入农户收入占比增长的影响

| 变量 | 全样本 | | 村"两委"是否为评级小组成员 | | | | 评定等级是否绑定利率优惠 | | | |
| | | | 子样本 1：是 | | 子样本 2：否 | | 子样本 3：是 | | 子样本 4：否 | |
	系数	t 值	系数	t 值	系数	t 值	系数	t 值	系数	t 值
$time_t \times treat_i$	3.28**	2.24	4.39***	3.99	2.15	1.58	4.24***	3.39	2.13	1.47
金融发展规模	0.17	1.15	0.14	0.84	0.18	1.28	0.19	1.35	0.15	1.06
收入增长	−0.22	−1.01	−0.25	−1.05	−0.24	−1.10	−0.31	−1.06	−0.38	−1.14
人口增长	−0.21	−0.93	−0.29	−1.12	−0.38	−1.34	−0.32	−1.27	−0.39	−1.47
非劳动力占比	−0.36*	−1.75	−0.32	−1.65	−0.41*	−1.79	−0.55*	−1.82	−0.25	−1.19
非农就业水平	0.49**	2.31	0.49***	2.96	0.34*	1.89	0.54***	3.07	0.37**	2.22
受教育水平	−0.43*	−1.73	−1.06**	−2.29	−1.11***	−2.70	−1.09*	−1.79	−1.18**	−2.10
常数项	7.11**	2.06	7.28*	1.83	7.09	1.52	8.92	1.45	8.96**	1.96
时间固定效应	已控制		已控制		已控制		已控制		已控制	
个体固定效应	已控制		已控制		已控制		已控制		已控制	
观测值	1504		1200		1360		1184		1376	
R^2	0.21		0.23		0.24		0.25		0.19	

7.4.2 信用评级更有利于低收入农户融资

不管是对于高收入农户，还是低收入农户子样本，模型 Wald 检验均在 1% 的水平上显著，说明其整体拟合效果较好，同时，对相关系数 ρ 进行似然比检验，结果同样在 1% 的水平上显著，即拒绝 ρ=0 的原假设，表明样本选择性偏差确实存在，使用 Heckman 两阶段选择模型是合适的。关注信用评级的影响差异，信用评级对农户信贷需求及可获性均具有促进作用，但仅对低收入农户影响显著（见表 7-7）。主要原因在于，一方面，高收入农户本来就是农村金融机构的主要服务对象，而低收入农户评级前尚未进入其贷款服务门槛；另一方面，对于高收入农户而言，信用评级所绑定的授信额度偏低；此外，农户信用评级指标体系的设置对低收入农户更为有利，财富及收入指标占比偏低。

表 7-7　信用评级对农户信贷需求及可获性的影响

变量	子样本 1：高收入农户				子样本 2：低收入农户			
	第一阶段：信贷需求		第二阶段：信贷可获性		第一阶段：信贷需求		第二阶段：信贷可获性	
	系数	z 值	系数	z 值	系数	z 值	系数	z 值
信用评级	0.46	1.41	0.10	1.39	1.01***	3.02	0.20**	1.98
决策人年龄	−0.02	−1.37	−0.01	−1.29	−0.01	−0.40	0.00	0.27
性别	−0.24	−0.80	0.04	0.68	0.17	0.51	−0.08	−1.44
健康状况	0.54	1.30	0.06	0.44	0.61	1.50	0.04	0.55
受教育水平	−0.42**	−2.58	0.08*	1.95	−0.20	−1.05	0.03	0.62
技能	0.34*	1.75	0.04	0.72	0.46*	1.77	0.10*	1.72
金融素养	0.33*	1.80	0.03	1.04	0.25*	1.76	0.02	0.60
风险厌恶程度	−0.18*	−1.73	0.06*	1.81	−0.16	−0.88	0.07**	2.11
家庭规模	0.05	0.81	0.02*	1.85	0.07	0.86	0.02	1.31
非劳动力占比	0.38	0.57	−0.08	−0.50	0.91*	1.74	−0.27*	−1.69
公务 / 银行从业人员	−0.45	−1.61	0.10*	1.80	−0.46	−0.89	0.07	0.68
经营土地面积	0.34**	2.36	−0.01	−0.54	0.87*	1.86	−0.08**	−2.31
收入水平	−0.01	−0.49	0.00	1.27	−0.02	−0.28	0.00	0.25
财富水平	0.03	1.57	0.02*	1.83	0.12**	1.97	0.03*	1.89
收入风险	0.02	0.13	−0.05	−1.46	0.13	0.64	−0.08**	−2.20
种养户	0.17	0.52	0.01	0.18	0.42	0.93	0.02	0.26

续表

变量	子样本 1：高收入农户				子样本 2：低收入农户			
	第一阶段：信贷需求		第二阶段：信贷可获性		第一阶段：信贷需求		第二阶段：信贷可获性	
	系数	z 值	系数	z 值	系数	z 值	系数	z 值
打工户	−0.25	−1.23	−0.08	−1.41	−0.20	−1.22	−0.00	−0.03
个体工商户	0.13	0.51	−0.08	−1.47	0.14	0.45	−0.07	−1.38
信用历史	0.16	1.04	−0.04	−0.58	0.18	1.05	−0.09	−0.91
社会资本	0.02	0.29	0.03^{*}	1.92	0.05	0.50	0.01	0.34
银行距离	−0.02	−0.71	−0.00	−0.74	−0.04	−1.02	−0.01	−0.63
突发事件	1.62^{***}	2.94	—		1.43^{***}	3.30	—	
农业投资	—		0.04	0.43	—		0.36^{***}	2.59
非农投资	—		0.06	1.01	—		0.06	0.76
逆米尔斯比率	—		0.16^{**}	2.04	—		-0.16^{**}	−2.15
常数项	−1.16	−0.78	1.33^{***}	3.58	−1.34	−0.820	0.79^{**}	1.98
Prob>χ^2	0.00				0.00			
Wald 检验	77.48^{***}				86.17^{***}			
样本量	565				560			

　　此外，是否有技能、金融素养、风险厌恶程度、经营土地面积和财富水平对农户信贷需求及可获性的影响显著。有技能的农户更倾向于创业，创收能力也更强，因此信贷需求及可获性更高；金融素养越高的农户，其对家庭资金的利用越充分，对贷款信息及流程的了解越多，从而更容易形成信贷需求；较高的风险厌恶程度不利于农户形成信贷需求，但对其信贷可获性却具有显著的正向影响，主要原因是，"借钱"对于此类农户来说，本身就是高风险事件，而其低风险的特征使得其信贷可获性较高；对于经营土地面积较大的农户，其信贷需求更加旺盛，但是对于低收入农户来说，经营土地面积的增大会降低其信贷可获性，原因在于，农业经营规模增大使得农户生产资金需求增加，而较低的收入水平决定其能够融入的资金有限；此外，财富水平的提高能够增加农户的信贷需求，特别是对于低收入农户，估计系数通过了显著性检验，同时对农户的信贷可获性也具有显著的促进作用。

　　为了考察村"两委"参与程度的影响，利用子样本 3 和子样本 4，重新估计模型，发现村"两委"是评级小组成员的制度安排有利于增强信用评级对低收入农户融资的积极影响。在不是评级小组成员的制度安排下，信用评级对低收入农户信贷可获性的影响没有通过显著性检验（见表7-8）。因此，村"两委"参与程度越高的信用评级越有利于低收入农户融资，从而抑制农户内部收入差距扩大的作用越强。对于农村金融机构而言，向低收入农户贷款除了存在规模不经济问题以外，最重要的原因是信息不对称程度较高，贷款风险较大；在信用评级制度安排中，村"两委"参与程度越高，金融机构农户信息的获取成本越低，信息质量也越高，规模不经济及信息不对称问题越能够得到有效缓解；此外，由于村"两委"与农户之间依靠情义纽带维系的强关系，村"两委"参与程度较高的信用等级评定更能赢得农户信任，对农户融资的影响也更大。

表7-8 不同评级机制的影响差异（一）

变量	子样本3：村"两委"是评级小组成员				子样本4：村"两委"不是评级小组成员			
	高收入农户		低收入农户		高收入农户		低收入农户	
	信贷需求	可获性	信贷需求	可获性	信贷需求	可获性	信贷需求	可获性
信用评级	0.37 （1.30）	0.08 （1.25）	1.36*** （3.77）	0.49*** （3.23）	0.50 （1.59）	0.08 （1.39）	0.74* （1.76）	0.09 （1.36）
控制变量	已控制	已控制	已控制	已控制	已控制	已控制	已控制	已控制
逆米尔斯比率	—	0.26*** （2.65）	—	−0.17*** （−2.23）	—	0.17*** （2.30）	—	−0.21*** （−2.42）
常数项	−1.28 （−0.85）	1.48*** （3.69）	−1.44 （−1.03）	0.93*** （2.28）	−1.09 （−0.68）	1.27*** （2.86）	−1.25 （−0.69）	0.69* （1.72）
Prob>χ^2	0.00		0.00		0.00		0.00	
Wald 检验	69.91***		71.34***		68.21***		74.22***	
样本量	407		408		412		413	

注：①括号中为z值，下同。②子样本3包括村"两委"是评级小组成员的评级村样本300户以及未评级村样本515户；子样本4包括村"两委"不是评级小组成员的评级村样本310户以及未评级村样本515户。

为了检验绑定利率优惠的信用评级制度更有利于低收入农户融资，利用子样本5和子样本6重新估计模型，发现在评定等级绑定利率优惠的制度安排下，信用评级对低收入农户的信贷需求及可获性影响更加显著，在未绑定利率优惠的制度安排下，信用评级对低收入农户信贷需求的提升作用没有通过显著性检验（见表 7-9）。低收入农户缺乏有效抵押担保、承受生产性非正规借款的高利率，因此，绑定利率优惠的制度安排更有利于其形成有效信贷需求；同时，低利率对应着较低的不良贷款率，而较低的不良贷款率能够促进金融机构向评级村庄投放更多的利率优惠贷款，从而形成良性循环，进而增强了信用评级效果。

表 7-9　不同评级机制的影响差异（二）

变量	子样本 5：评定等级 绑定利率优惠				子样本 6：评定等级 未绑定利率优惠			
	高收入农户		低收入农户		高收入农户		低收入农户	
	信贷需求	可获性	信贷需求	可获性	信贷需求	可获性	信贷需求	可获性
信用评级	0.41 (1.43)	0.10 (1.37)	1.03*** (3.37)	0.29*** (2.36)	0.39 (1.22)	0.08 (1.30)	0.63 (1.55)	0.15* (1.74)
控制变量	已控制	已控制	已控制	已控制	已控制	已控制	已控制	已控制
逆米尔斯比率	—	0.31*** (3.03)	—	−0.20*** (−2.37)	—	0.25*** (2.88)	—	−0.18*** (−2.28)
常数项	−0.98 (−0.52)	1.17* (1.83)	−1.68 (−1.34)	0.69** (1.95)	−0.87 (−0.41)	1.52*** (3.16)	−1.67 (−0.99)	0.92*** (2.32)
Prob>χ^2	0.00		0.00		0.00		0.00	
Wald 检验	58.76***		67.33***		60.34***		65.83***	
样本量	397		398		422		423	

注：子样本 5 包括评定等级绑定利率优惠的评级村样本 280 户以及未评级村样本 515 户；子样本 6 包括未绑定利率优惠的评级村样本 330 户以及未评级村样本 515 户。

7.5　稳健性检验

7.5.1　安慰剂检验

本章对村庄基尼系数的增长以及低收入户收入占比的增长 DID 模型均进行了安慰剂检验，来判断信用评级对收入差距扩大的缓解作用是否是由其他随机性因素引起的。借鉴 Li 等（2016）和 Cantoni 等（2017）的做法，在 188 个样本村庄中随机抽取 56 个样本形成新的作用组进行双重差分估计，并重复 1000 次此过程，提取每次回归后的 t 检验值发现，t 值集中分布在 0 附近；在虚构作用组的情况下，没有回归系数的 t 值绝对值大于表 7-5 和表 7-6 中真实回归系数的 t 值绝对值，从而安慰剂检验通过，表明影响确实来自农户信用评级的开展。

7.5.2 替换基尼系数估算方法

基尼系数也可从几何角度计算，将洛伦兹曲线与对角线之间的面积定义为 A，对角线右下方的直角三角形面积定义为 A+B，则基尼系数 =A/（A+B）。假定样本农户可以分成 n 组，设 w_i、m_i 和 p_i 分别为第 i 组的收入份额、平均人均收入和人口频数（i=1，2，…，n），对全部样本按人均收入（m_i）由小到大排序，基尼系数计算公式如下：

$$G = 1 - \sum_{i=1}^{n} 2B_i = 1 - \sum_{i=1}^{n} p_i (2Q_i - w_i); \quad Q_i = \sum_{k=1}^{i} w_k \qquad (7-5)$$

其中，Q_i 表示从 1 到 i 的累计收入比重，B 为洛伦兹曲线右下方的面积，p_i、w_i 从 1 到 n 的和为 1。利用重新计算的基尼系数估计 DID 模型，结果如表 7-10 所示。$time_t \times treat_i$ 系数仍然显著为负，并且子样本 1 和子样本 3 的估计系数显著性水平更高，说明信用评级对农户内部收入差距的扩大具有缓解作用，并且在村"两委"为评级小组成员以及绑定利率优惠的制度安排下，作用更强。

表 7-10　信用评级对基尼系数增长的影响

变量	全样本		村"两委"是否为评级小组成员				评定等级是否绑定利率优惠			
			子样本 1：是		子样本 2：否		子样本 3：是		子样本 4：否	
	系数	t 值	系数	t 值	系数	t 值	系数	t 值	系数	t 值
$time_t \times treat_i$	−2.84**	−2.09	−3.44***	−2.89	−1.96	−1.28	−3.91***	−2.87	−2.22	−1.49
金融发展规模	−1.02**	−2.12	−0.75**	−2.14	−0.94**	−2.05	−0.92***	−2.84	−0.95***	−3.02
收入增长	1.98***	2.57	2.92***	2.99	2.14**	2.21	1.53*	1.94	2.89***	2.97
人口增长	0.26	0.57	0.28	0.79	0.24	0.40	0.31	0.64	0.24	0.46
非劳动力占比	0.48	1.22	0.42	1.15	0.45	1.17	0.32	0.78	0.53	1.27
非农就业水平	−0.40**	−2.01	−0.46**	−2.18	−0.39	−1.42	−0.45**	−2.01	−0.32	−1.54

续表

变量	全样本		村"两委"是否为评级小组成员				评定等级是否绑定利率优惠			
			子样本1:是		子样本2:否		子样本3:是		子样本4:否	
	系数	t值	系数	t值	系数	t值	系数	t值	系数	t值
受教育水平	2.83**	2.15	2.27*	1.84	2.46**	2.18	2.18**	2.03	2.47**	2.11
常数项	−5.96	−0.27	4.69	0.39	6.27	0.23	5.39	0.27	6.33	0.82
时间固定效应	已控制		已控制		已控制		已控制		已控制	
个体固定效应	已控制		已控制		已控制		已控制		已控制	
观测值	1504		1200		1360		1184		1376	
R^2	0.27		0.26		0.28		0.27		0.25	

7.6　结论与政策启示

以对中国农户信用评级试验区的调查为基础,以试验区开展村庄逐户评级试点为契机,本章立足于信用评级的基本制度,即"绑定信用贷款"和"村'两委'参与",论述了村"两委"与农户及评级银行之间的强关系,在引导资金回流农村中的作用,并在此基础上,从高、低收入农户,评级银行,以及农村二元金融市场结构的视角,探讨了信用评级在提高低收入农户信贷需求及可获性中的作用,从而揭示了信用评级缓解农户内部收入差距扩大的作用机制。此外,由于信用评级试验区具体的制度安排存在差异,本章还从村"两委"参与程度和评级是否绑定利率优惠两个角度,分析了不同的制度安排下,信用评级的效果差异。

进一步地,在理论分析的基础上,本章利用湖南省农户调研数据,通过构建村庄层面的 DID 模型,以及农户层面的 Heckman 两阶段选择模型,实证检验了信用评级对农户内部收入差距的影响及作用机制。主要得出以下结论:信用评级对村庄基尼系数的增长具有显著的抑制作用,而对低收入户收入占比的增长具有显著的促进作用;在村"两委"参与程度较高以及评定等级绑定利率优惠的制度安排下,信用评级的效果更加显著。检验信用评级对高、低收入农户融资的作用差异发现,信用评级对提高低收入农户信贷需求及可获性的促进作用更加显著；进一步地，在村"两委"参与程度较高以及评定等级绑定利率优惠的制度安排下，信用评级的作用更加明显。

在农村资金外流（钟腾等，2020）以及农户内部收入差距仍呈扩大趋势的大背景下，在农村金融实务中，应鼓励农村金融机构积极开展农户信用评级。重视村"两委"在缓解市场信息不对称中的积极作用，充分利用村"两委"与银行和农户之间的强关系，多渠道提高村"两委"在农户信用评级中的参与程度；这不仅可以提高开展评级机构的农户信息质量，同时还能够缓解评级带来的运营成本上升压力，即降低农户信息收集成本。此外，考虑将评定等级绑定利率优惠，除了有益于低收入农户生产经营，对于金融机构而言，还可以缓解较高贷款利率带来的逆向选择和道德风险问题，抑制农村金融市场较高的不良贷款率。在县域金融机构竞争加剧以及经济社会数字化发展的背景下，低收入农户能够发展成为开展评级金融机构的长尾客户，从而实现农村金融的"普"与"惠"，促进共同富裕。

第8章 农户信用评级对城乡收入差距的影响

8.1 引言与文献综述

自 2007 年以来，中国城乡收入差距持续缩小，国家统计局数据显示，截至 2021 年，城乡居民收入比降至 2.50。一方面，2014 年以后，城乡居民收入比下降较前期更为缓慢，年均下降约 1.32%；另一方面，城乡收入差距仍然较大，发达国家的城乡居民收入比数值在 1.5 左右。在乡村振兴战略背景下，为了实现共同富裕，缩小城乡收入差距仍然是中国经济发展面临的重要课题。为了寻求应对之策，学者从诸多方面展开了研究，主要包括产业发展（李晓龙和冉光和，2019；谢莉娟等，2021）、城镇化（周心怡等，2021；闫东升等，2021；刘呈庆和任玲，2021）、土地和人力资本（方达和郭研，2020；刘欢，2020；韩军和孔令丞，2020）；当然，金融这一因素同样受到了学者们的关注。

较多的研究聚焦于普惠金融，认为普惠金融发展能够缩小城乡收入差距（张爱英和孟维福，2021）；也有部分研究进一步聚焦于数字普惠金融，认为缘于"数字红利"，数字普惠金融的发展通过增加金融可获性、降低门槛效应而缩小城乡收入差距（周利等，2020）。此外，大部分研究认为中国金融发展不利于城乡收入差距。张立军和湛泳（2006）基于中国 1978~2004 年数据分析发现，农村金融发展扩大了城乡收入差距，究其原因主要是农村资金的不断外流和非正规金融的不规范发展。钟腾等（2020）利用 1999~2015 年全国省级面板数据，研究了农村资金外流在金融市场化影响城乡收入差距中扮演的角色，认为金融市场化扩大了城乡收入差距，而更重要的是，农村资金外流显著强化了金融市场化对城乡收入差距的影响。关于金融发展扩大收入差距的原因，学者还进一步强调了金融发展的门槛效应、非均衡效应以及农村金融抑制（姚耀军，2005；张立军和湛泳，2006；王修华和邱兆祥，2011）。大量研究表明，增加农村信贷投入能够通过促进农村产业融合和农业劳动力转移等渠道，显著缩小城乡收入差距（玉国华，2021；张爱英和孟维福，2021；周利等，2020）。然而，以农村信用社为代表的农村金融机构是农村地区资金外流的重要渠道（姚耀军和和丕禅，2004；巴红静和管伟军，2009；周振等，2015；孙希芳和王晨晨，2022），主要是通过存贷差流出（张咏梅，2008）。

关于金融发展加剧农村资金外流这一主题。新古典主义认为，由于资金的边际收益递减，信贷资金投入到资金充足地区的边际收益率要低于稀缺地区，因此，资金会从发达地区流向不发达地区；然而，较多的实证研究却显示，资金往往是从不发达地区流向发达地区（Lucas，1990）。因此，国外大部分研究是围绕"为什么资金从贫穷地区流向富裕地区"这一问题展开的。学者大多认为，一国经济发展水平、基础设施建设、金融机构经营情况、教育水平、经济和金融开放程度、通货膨胀率、国内税率、政治风险等因素影响国与国之间资金的流动，贫穷地区由于规模不经济、信息不对称以及经济制度等问题，导致资金期望收益率较低，最终资金外流（Calvo 等，1996；Gordon 和 Bovenberg，1996；Sen，2001；Alfaro 等，2008）。然而，此类文献主要是从国家层面研究国际资金的流动，研究一国之内地区间资金流动的文献较少。已有研究表明，农村商业银行（以下简称农商行）商业可持续发展目标与支农的政策目标难以兼顾（周月书和彭媛媛，2017）；部分地区农商行股份制改革导致其"脱农离小"（孙希芳和王晨晨，2022）；农村金融机构大量扩张对县域地方资金外流存在当期和延期影响，每新增一家金融网点将增加 6 元的当地人均外流资金（谭燕芝等，2018）；也有研究表明，新型农村金融机构（如村镇银行）对农村资金外流具有抑制作用（田杰，2020）。究其原因，市场信息不对称是影响农村资金外流的重要因素，为了有效引导资金回流农村，应完善信贷投入机制，推进金融创新，改善农村金融交易环境（刁怀宏，2007；吴烨，2010）。在中国农村金融诸多的实践中，农户信用评级是致力于改善农村信贷环境的制度之一（张三峰等，2013b；张宁等，2022）。

为了拓展市场，部分农村金融机构（以农商行为主）开展了农户①信用评级。从制度践行方的角度来看，随着金融行业竞争越发激烈以及国家政策的积

---

① 指农村住户，包括从事二三产业生产经营的农村地区家庭。

极引导，各类银行网点不断下沉至县域，农村金融市场供给方竞争激烈。从制度受益方的角度来看，在乡村振兴战略背景下，中国农业规模化经营，农村产业融合发展，同时，农村人口老龄化和多孩政策（抚养比上升）抑制了剩余劳动力流出（郭云南和姚洋，2013），尤其是自 2019 年以来，农户本地创业就业需求增加，农村资金需求增强。同时，方毅等（2021）基于对全国样本的统计发现，中国城镇家庭最重要的收入来源是工资性收入，而农户最重要的收入来源仍然是经营性收入（40% 左右），农户除了经营性收入，其他收入增速均不及城镇居民；并且，随着农户经营性收入水平的提高，其缩小城乡间收入差距的能力越来越强。农村地区资金供给的增加，无疑将促进农户增收，缓解城乡收入差距的扩大。此外，农户收入水平不断提高，务工收入占家庭总收入比重逐步增加，在一定程度上保障了农户的还款能力。然而，农村地区贷款有效需求受到抑制，且资金成本较高（张宁等，2022）。以上背景为农户信用评级的开展奠定了基础。

县域金融供给主体的改革主要是建立农村资金回流机制（陈成忠和赵晓春，2006；董晓林等，2011；丁志国等，2012）。那么，农户信用评级是如何克服市场信息不对称的，能否缓解农村资金外流，进而缩小城乡收入差距？针对这一问题，本章将立足于中国农户信用评级基本制度，依据信息不对称和交易成本等理论展开讨论，同时，利用中国典型试验区 102 个县域的准自然实验进行实证检验。2021 年中央一号文件提出大力开展农户小额信用贷款；2022 年中央一号文件强调深入开展农村信用体系建设，发展农户信用贷款；对以上问题的研究，可以为"信用评级 + 信用贷款"这一中国小额信贷模式的开展提供科学依据，同时服务共同富裕目标。

本章的边际贡献主要包括三个方面：第一，首次将农户信用评级、农村资金外流与城乡收入差距放入同一个分析框架进行讨论，论证农户信用评级通过缓解农村资金外流而对城乡收入差距的缩小具有促进作用；第二，囿于数据可获性，已有关于农村资金外流的文献，大多直接将县域作为农村，而本章认为，县域同时包括城镇和农村两部分，并且，城镇地区人口及经济规模大于农村地区，虽然县域是农村金融的供给层面，但是，从行政村层面测算的资金外流是真正意义上的农村资金外流，而不是将包括城镇的县域资金外流等同于农村资金外流；第三，异于已有文献从省级层面研究城乡收入差距问题，本章利用典型试验区 102 个县域 2013~2021 年的数据进行实证检验。同时，样本中包括农户信用评级制度的作用组，以及尚未开展评级的对照组，基于准自然实验的追踪调查使得本章的研究结论较为稳健。

8.2 理论分析与假说提出

8.2.1 农户信用评级对城乡收入差距的影响

信息经济学分析框架下的非对称信息和交易成本假说（Hoff 和 Stiglitz，1990）认为，由于信息不对称所导致的逆向选择与道德风险问题会造成农村金融市场失灵，从而产生信贷配给，农村金融机构在给定的利率水平下会基于非价格条件分配贷款，以此达到市场均衡。而信用评级可以缓解农村金融市场上的信息不对称和高交易成本问题，对供需双方市场行为均会产生影响。立足于农户信用评级基本制度，基于非对称信息和交易成本假说，以下将分别从市场供给方和需求方两个视角分析农户信用评级的主要效应，以讨论该制度对农村资金外流及城乡收入差距的影响机理。

8.2.1.1 市场供给方：评级银行

（1）外在经济效应。

前文指出，农户信用评级的外在经济效应使银行平均成本曲线（与边际成本曲线相交于其最低点）下移；依据 MC=MR 的利润最大化原则，评级银行农村地区的信贷供给增加。此外，已有研究表明，信息质量的提高能够有效抑制农商行较高的不良贷款率（周明栋和陈东平，2018）；信用环境的改善会增加金融机构向农村地区的信贷供给（权飞过和王晓芳，2021）。

（2）规模经济效应。

如前文所述，农户信用评级的开展使银行经营中的固定成本增加，但其属于沉没成本。由于评定等级绑定一定额度信用贷款，农商行日常办理农户贷款业务时，可变成本中的信息成本为零，加之信息技术的应用，交易成本亦可以忽略不计。对于农商行而言，信用评级的开展使试验区农户贷款的边际成本几乎为零，所以日常经营中发放的贷款越多，分摊到单个产品中的固定成本就越少，盈利就越多，即产生了规模经济效应。农户信用评级制度的践行形成了较高的固定成本，为了覆盖成本，充分发挥这一既定制度的经济效益，农商行加大了农村地区信贷资金投放比例（张宁等，2022）。

（3）长尾客户效应。

对于农村地区，低收入农户贷款额度小，向其提供贷款面临的信息不对称及高交易成本问题尤为突出。一直以来，高收入农户都是农商行的主要服务对象之一（马九杰等，2021），然而，信用评级的开展使低收入农户同样进入了农商行的服务门槛。低收入农户虽然评定等级较低，但同样绑定了一定额度的信用贷款；且试验区评级指标的权重设置对低收入农户更有利，家庭资产、收入指标权重偏低，仅 45% 左右；因此，信用评级存在长尾客户效应。长尾客户效应降低了评级银行的贷款服务门槛。已有研究表明，金融服务门槛的降低能够显著抑制农村资金外流，进而缩小城乡收入差距（周利等，2020）。

（4）增存揽储效应。

一方面，农商行在评定等级时，对本行的存款客户设置了加分项，因此，信用评级的开展，会增加其存款业务量。另一方面，从市场需求方的角度来看，农户由于受到银行信贷配给，有效资金需求受到抑制或转向非正规金融市场，而信用评级可以有效缓解农户受到的银行信贷配给（张三峰等，2013a）；部分高收入农户基于正规信贷高交易成本的考虑，受到自我信贷配给，资金需求转向非正规金融市场（张宁等，2016），然而缘于信用评级的交易成本效应，农户自我信贷配给同样得到缓解；农户倾向于从其评级银行申请贷款（张三峰等，2013b），而贷款行往往即农户的存款行。因此，对于银行而言，信用评级具有增存揽储效应，这为其增加农村地区信贷投放提供了支撑。

8.2.1.2　市场需求方：农户

（1）降低门槛效应和交易成本效应。

前文指出，对于农户而言，信用评级具有降低金融服务门槛和交易成本的效应，这两个效应有利于农户正规信贷需求的提高；基于评级银行的外在经济效应和规模经济效应，降低门槛效应和交易成本效应能够有效抑制农村资金外流。

（2）利率优惠效应。

信用评级对农户消费影响的理论分析表明，信用评级的利率优惠效应同样有益于农户信贷需求的形成；此外，利率优惠效应还有利于评级银行营业收入的提高以及不良贷款率的降低，从而实现评级制度的商业可持续，能够促进评级银行增加向农村地区的信贷投放。

（3）正向激励效应。

出于对未来的不确定性预期以及对资金的长期需求、自身声誉的考虑，农户会尽可能落实所借资金去向并按期偿还贷款。因此，信用等级的评定及更新对农户具有正向激励效应，有利于促进农户积累信用资本，提高自身信贷可获性，进而有益于其信贷需求的形成 ①。

综上所述，对于评级银行而言，农户信用评级存在外在经济效应、规模经济效应、长尾客户效应和增存揽储效应，这四个效应能够促进银行向农村地区的信贷供给；同时，基于农户视角，信用评级存在降低门槛效应、减少交易成本效应、利率优惠效应和正向激励效应，这四个效应能够增加农户的信贷需求。市场供给和需求同时增加，供需双方实现新的均衡，农村资金外流得到缓解（见图 8-1）。

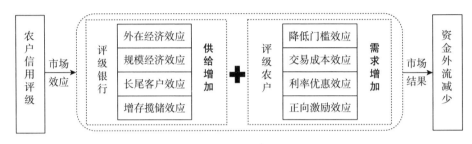

图 8-1 信用评级减少农村资金外流的作用机理

学者指出，金融发展扩大城乡收入差距的主要原因是农村资金的不断外流（张立军和湛泳，2006；钟腾等，2020）。而以上分析表明，农户信用评级能够同时增加农村信贷市场的供给和需求，进而减少资金外流。金融扩大收入差距更深层次的原因，学者强调了金融发展的门槛效应和农村金融抑制（姚耀军，2005；张立军和湛泳，2006；王修华和邱兆祥，2011）。由于村"两委"参与和绑定信用贷款等机制，农户信用评级能够通过以上八个效应缓解金融发展的门槛效应和农村金融抑制。已有研究也表明，信用评级能够提高农户的信贷需求和可获性（张三峰等，2013a；张宁等，2022）；通过促进农户创业和农村产业融合发展以及农业劳动力转移等渠道，农村信贷投入的增加能够显著缩小城乡收入差距（玉国华，2021；张爱英和孟维福，2021；周利等，2020）。鉴于此，本章认为，农户信用评级能够通过缓解农村资金外流来缩小城乡收入差距。据此，本章提出以下假说：

假说 1：信用评级的开展有利于城乡收入差距的缩小。

---

① 信贷需求是指信贷行为，而非信贷意愿，这两者是有区别的；调研数据显示，对于"是否有信贷需求（意愿）"这一问题，选择"是"的农户占比 73.31%，而对于"是否有申请信贷（行为）"这一问题，选择"是"的农户仅占 55.38%；申请信贷之前，农户会对能否获得信贷做出预判，往往在融资难的市场状态下放弃信贷行为；因而，信用评级能够提高信贷可获性，也同样能够刺激有效信贷需求。

假说 2：信用评级缩小城乡收入差距的机制是缓解农村资金外流。

8.2.2　不同制度安排及产业结构的影响差异

8.2.2.1　村"两委"参与程度不同

村"两委"参与这一制度安排是为了利用农村"熟人社会"的信息优势缓解银行与农户之间的信息不对称问题。村"两委"参与程度越高，评级银行收集的农户信息，尤其是软信息质量越高，产生的外在经济效应越显著；而外在经济效应是规模经济效应等其他评级效应产生的基础，其他所有评级效应的强弱均取决于外在经济效应强弱。因此，由于信息质量的提高，村"两委"参与程度较高的县域，农户信用评级的影响更显著。另外，农户普遍对银行这一圈外人缺乏信任，担心信息泄露等问题的发生，银行收集农户信息的成本较高；村"两委"不仅具有信息优势，对农户经营风险的揭示也更加充分。因此，村"两委"参与程度越高，银行的信息成本越低，越有利于提高其开展评级的积极性，扩大辖区内逐户评级村庄数量。以上分析表明，提高村"两委"参与程度能够增强农户信用评级效应。

8.2.2.2　第一产业占比不同

农村信贷投入增加能够显著缩小城乡收入差距的机制是，促进农户创业和农村产业融合发展以及农业劳动力转移（玉国华，2021；李晓龙和冉光和，2019）。乡村振兴战略背景下，中国农村地区一二三产业融合发展，农户农业或非农创业就业往往是依托当地第一产业（姜长云等，2021），通过拓展农业生产资料生产，农产品加工、销售以及农业旅游等领域，延伸农村产业链条（郝爱民和谭家银，2022）。同时，第一产业规模较大的地区，随着农业规模化、机械化经营，农业释放出的剩余劳动力较多，农村二三产业创业就业需求较为旺盛（陶相根和张福明，2010）。因此，第一产业规模越大，农业转移劳动力非农创业就业需求越多，依托当地第一产业的创业活动空间越大，农村地区资金需求越旺盛，信用评级促进农户创业和农村产业融合发展以及农业劳动力转移的效果越显著。因此，对于第一产业占比较高的县域，信用评级缓解资金外流的作用越强，进而缩小城乡收入差距的效果也越显著。据此，本章提出以下假说：

假说 3：在村"两委"参与程度较高的制度安排下，第一产业占比较高的县域农户信用评级的效果更明显。

8.3   实证设计

8.3.1   典型试验区选择

湖南全省农商行共计 102 家，在省联社的推动和指导下，其中有 54 家农商行于 2017 年底至 2018 年初开展了农户信用评级，各等级绑定一定额度信用贷款，48 家尚未开展 ①。经统计，54 家农商行所在县域经济发展水平高、中、低分布较为均匀。中国部分试验区仅对主动申请的农户进行信用评级，因为有信贷需求而申请参与评级的现象较为普遍。因此，参与信用评级是结果，而不是农户融资便利的原因。在这样的制度背景下，信用评级对市场主体经济金融行为的影响有限。以上 54 家农商行对辖区内试点村农户进行逐户评级，试点村的选择依据辖区内行政村经济发展水平进行分层抽样。在这样的制度安排下，农户信用评级相当于一个外生变量，为本章的实证分析提供了一个准自然实验。

在制度安排方面，村"两委"均参与信息收集，其中 24 家农商行辖内村"两委"直接作为评级小组成员，对软信息指标直接打分，对农户评定等级具有话语权；另外 30 家农商行辖区内村"两委"仅仅协助信息收集，参与程度较低。该试验区的典型性主要在于：第一，整村逐户评级开展规模较大，逐户评级村占行政村比重达 35%（54 个县域均值），开展规模最大的农商行辖内 73.26% 的行政村开展了逐户评级；第二，各农商行内部评级工作中，村"两委"参与程度不同，可以考察不同制度安排的影响差异，进而为制度优化提供依据，而其他省份试验区县域间制度差异较小。另外，该试验区县域间第一产业占比差异较大，均值为 16.54%，最小值为 2.88%，最大值为 34.28%，为异质性检验提供了契机。

8.3.2   变量选择与说明

8.3.2.1   被解释变量

已有文献关于城乡收入差距的刻画方法主要有城乡收入比和泰尔指数（Theil Index）两种，本章同时选择两者为被解释变量：①城乡收入比 = 城镇居

---

① 此处年份以及数量的统计均是以农商行是否开展整村逐户评级为依据；部分农商行仅对申请贷款的农户进行评级，判定为未开展评级。

民人均可支配收入 / 农村居民人均可支配收入。②泰尔指数的计算方法参考王少平和欧阳志刚（2007），具体公式如下：

$$Theil = \sum_{d=1}^{2} \frac{y_d}{Y} \ln\left(\frac{y_d / Y}{n_d / N}\right) \tag{8-1}$$

其中，y_1 和 y_2 分别表示城镇和农村收入，等于居民人均可支配收入乘以人口数目；Y 表示城镇和农村收入之和；n_1 和 n_2 依次表示城镇和农村人口数目，N 为县域总人口数目。

8.3.2.2　中介变量

农村资金外流数额的计算主要借鉴了 Huang 等（2006）和钟腾等（2020），采用农商行年末存贷款余额之差来反映；需要强调的是，鉴于县域同时包括城镇和农村地区，本章从行政村层面进行计算，即农商行辖区内所有行政村年末存贷款余额之差；具体的计算方法如表 8-1 所示。

表 8-1　变量说明与描述性统计

变量类型	变量	变量说明	均值	标准差
城乡收入差距	城乡收入比	城镇居民人均可支配收入 / 农村居民人均可支配收入	2.83	0.49
	泰尔指数	参考王少平和欧阳志刚（2007）计算方法；泰尔指数 ×100	9.84	4.12
中介变量	农村资金外流	（农商行辖内村庄年末存款余额 – 贷款余额）/ 县域农村收入	5.80	2.10
信用评级	开展与否	是否开展农户信用评级；是 =1，否 =0	0.53	0.50
	开展规模	逐户评级村数目 / 全县村庄总数	0.35	0.47
控制变量	产业结构	县域第一产业增加值 / GDP	0.17	0.07
	金融发展	县域年末银行存贷款余额 /GDP	1.78	1.08
	城镇化	城镇常住人口 / 城乡总人口	0.48	0.14
	经济发展水平	人均 GDP，县域人均地区生产总值（万元）	4.10	2.63
	经济发展速度	GDP 增速，县域 GDP 同比增长率（%）	7.93	2.53
	对外开放	县域货物进出口总额 / GDP	0.07	0.19
	人力资本	15 岁及以上人口平均受教育年限（年）	9.16	0.59
	财政支出	一般预算支出；县域政府财政支出 / GDP	0.23	0.13
	人口密度	单位面积人口数；总人口 / 土地面积（千人 / 平方千米）	0.33	0.23

8.3.2.3 解释变量

信用评级为本章的解释变量，包括开展与否和开展规模，具体是指农商行整村逐户信用评级的开展；其中，开展规模 = 逐户评级村数目 / 全县村庄总数。

8.3.2.4 控制变量

参考已有研究（钟腾等，2020；玉国华，2021），控制变量包括产业结构、金融发展、城镇化、经济发展、对外开放、人力资本、财政支出和人口密度，具体变量说明见表 8-1。

8.3.3 模型构建与数据来源

8.3.3.1 模型构建

将信用评级作为一个制度变量，开展评级的县域作为制度的作用组，尚未开展县域作为制度对照组，在追踪调查作用组与对照组制度前后面板数据的基础上，本章通过构建如下双重差分模型（DID）检验信用评级对农村资金外流和城乡收入差距的影响：

$$Y_{it} = \alpha_0 + \alpha_1 time_t \times treat_i + \alpha_2 X_{it} + \delta_t + \varphi_i + \varepsilon_{it} \qquad (8-2)$$

其中，i 表示样本县，t 表示不同样本期；为检验农村资金外流这一影响机制，根据江艇（2022）提出的中介效应分析方法，Y_{it} 除了表示城乡收入差距，即城乡收入比和泰尔指数以外，还表示农村资金外流这一中介变量。如果样本县 i 开展了信用评级，$treat_i$ 等于 1，未开展则为 0；鉴于制度作用组信用评级始于 2017 年底，$time_t$ 在 2018 年及以后取值为 1，2018 年以前等于 0；$time_t \times treat_i$ 系数 α_1 捕获的是信用评级这一金融制度的最终影响，如果在城乡收入差距和农村资金外流模型中都显著为负，则假说 1 和假说 2 得到检验。X_{it} 为一系列控制变量，δ_t 控制时间效应，φ_i 代表个体固定效应，ε_{it} 为随机扰动项。

进一步地，鉴于制度作用组信用评级的开展规模存在差异，为了更好地检验假说，本章同时构建如下连续 DID 模型：

$$Y_{it} = \beta_0 + \beta_1 time_t \times R_{it} + \beta_2 X_{it} + p_t + f_i + \eta_{it} \qquad (8-3)$$

其中，R_{it} 表示银行信用评级的开展规模，即样本县 i 辖内逐户评级村数目与村庄总数之比。控制变量 X_{it} 与式（8-2）相同；p_t 为时间固定效应，f_i 为个体固定效应，η_{it} 为随机扰动项。

8.3.3.2 数据来源

本章使用湖南省 102 家农商行所在县域 2013~2021 年数据进行实证检验。县域数据来源于《湖南统计年鉴》（2014~2021 年），2021 年数据来源于湖南省各市统计局网站中各县（区）《2021 年国民经济和社会发展统计公报》。农村资金外流计算中，农商行辖内行政村存贷款余额数据来源于各家农商行《行政村摸底统计表》（2013~2021 年）。对于信用评级开展规模和信用评级制度安排等相关信息，调研组经由湖南省农村信用社联合社发放农商行问卷进行调查。

8.4　模型估计结果分析

8.4.1　影响检验：信用评级与城乡收入差距

标准 DID 模型估计结果显示，无论是以城乡收入比还是泰尔指数为因变量，系数均显著为负，由此可见，农户信用评级的开展促进了城乡收入差距的缩小，假说 1 得到检验。理论分析表明，村"两委"与农户和农商行之间均属于强关系，其参与的农户信用评级，缓解了农村信贷市场信息不对称和高交易成本问题，增加了评级银行向农村地区的信贷供给，而信贷可获性的提高以及贷款成本的降低有利于增加农户信贷需求（张宁等，2022）；供给和需求同时增加能够减少农村资金外流，促进农户创业和农业劳动力非农就业以及农村产业融合发展，进而缩小城乡收入差距。

除了信用评级这一制度变量以外，城镇化、经济发展、对外开放和人力资本对县域城乡收入差距的影响显著，具体体现为：①城镇化水平越高，城乡收入差距越小；主要原因在于农村人口不断向城镇地区转移，使城镇地区劳动力供给增加，成本下降，而农村地区却相反。②经济发展水平较高的县域二三产业规模往往较大，城镇地区家庭资本积累较多，财产性等收入往往较高，因此，城乡收入差距也往往较高；这与骆永民和樊丽明（2019）的研究结论一致。③经济发展速度较快的地区经济发展水平通常较为落后，随着农业规模化、机械化发展，农村地区一二三产业融合发展，农村人口就业非农化，农户分享到了较多的发展红利，因此，城乡收入差距也较小。④由于经济对外开放主要受益群体为城镇居民，对外开放水平越高的地区城乡收入差距也越大。⑤人力资本较高地区创业创新能力较强，农业劳动力非农就业收入提高，城乡收入差距缩小；人力资本对城乡收入差距的影响显著为负，这与钟腾等（2020）的结论一致。

试验区农商行农户信用评级规模差异较大，标准 DID 模型的作用组中，部分农商行开展规模，即逐户评级村占辖区内村庄总数比重较小，其中最小值为 17.90%；这在一定程度上影响了 $time_t \times treat_i$ 的估计系数及其显著性水平（见表 8-2）。鉴于此，本章同时利用连续 DID 模型考察信用评级对城乡收入差距的影响。模型估计结果显示，交互项 $time_t \times R_i$ 的系数仍然为负，并且在 1%

的水平上通过了显著性检验；意味着开展规模越大，农户信用评级缩小城乡收入差距的作用越大。其他变量的估计结果与标准 DID 模型基本一致，此处不再赘述（见表8-3）。

表8-2　信用评级对城乡收入差距的影响（标准 DID 模型）

变量	城乡收入比		泰尔指数	
$time_t \times treat_i$	-0.04* （-1.80）	-0.04* （-1.85）	-0.35* （-1.74）	-0.30** （-1.96）
产业结构	—	-0.33 （-0.87）	—	-1.56 （-0.48）
金融发展	—	0.20 （1.35）	—	0.09 （1.42）
城镇化	—	-0.11 （-1.53）	—	-1.25** （-2.24）
经济发展水平	—	0.03*** （2.93）	—	0.25*** （3.02）
经济发展速度	—	-0.01** （-2.14）	—	-0.05** （-2.07）
对外开放	—	0.06*** （2.98）	—	0.37* （1.88）
人力资本	—	-0.31*** （-2.80）	—	-3.23*** （-3.24）
财政支出	—	0.09 （0.44）	—	1.23 （0.57）
人口密度	—	-0.02 （-0.58）	—	-0.35 （-1.30）
常数项	2.15*** （388.30）	4.87*** （4.93）	6.94*** （149.09）	36.36*** （4.03）
时间固定效应	是	是	是	是
个体固定效应	是	是	是	是
Adj-R^2	0.97	0.97	0.97	0.98
观测值	918		918	

注：①括号内为聚类标准误下的 t 值。②*、** 和 *** 分别表示在10%、5% 和 1%的水平上显著。下同。

表 8-3 信用评级对城乡收入差距的影响（连续 DID 模型）

变量	城乡收入比		泰尔指数	
$time_t \times R_i$	−0.12*** (−2.85)	−0.11*** (−2.86)	−1.06*** (−2.76)	−0.93*** (−2.85)
产业结构	—	−0.30 (−0.79)	—	−1.31 (−0.41)
金融发展	—	0.00 (0.31)	—	0.03 (0.89)
城镇化	—	−0.04 (−0.71)	—	−1.28** (−2.31)
经济发展水平	—	0.03*** (2.98)	—	0.25*** (3.10)
经济发展速度	—	−0.01** (−2.08)	—	−0.05** (−2.01)
对外开放	—	0.06*** (3.02)	—	0.36* (1.89)
人力资本	—	−0.29*** (−2.70)	—	−3.10*** (−3.13)
财政支出	—	0.10 (0.51)	—	1.30 (0.64)
人口密度	—	−0.02 (−0.64)	—	−0.35 (−1.26)
常数项	2.15*** (435.00)	4.74*** (4.84)	6.98*** (159.82)	35.19*** (3.92)
时间固定效应	是	是	是	是
个体固定效应	是	是	是	是
Adj-R^2	0.97	0.97	0.97	0.97
观测值	918		918	

积极发展村庄经济的村"两委"与依托当地经济的农商行之间是互惠纽带维系的强关系，与农户之间是情义纽带维系的强关系，参与农户信用评级的意愿总体而言是较强的，但是参与程度取决于农商行与当地政府的亲密关系。部分县域村"两委"主要是负责农户信息收集的协助工作，相较于直接作为评级小组成员的县域而言，参与程度较低。由于村"两委"参与是农户信用评级克服市场信息不对称的重要机制，因此，有必要检验不同参与程度的影响差

异。将村"两委"是评级小组成员的 24 个县域样本与未开展评级的 48 个县域样本合并为子样本 1，村"两委"仅参与信息收集的 30 个县域样本与未开展评级的 48 个样本合并为子样本 2，分别重新估计前文所构建的 DID 模型，结果如表 8-4 所示。子样本 2 $time_t \times treat_i$ 的估计系数较小，且未通过显著性检验；鉴于部分县域开展逐户评级的村庄较少，同样重新估计连续 DID 模型，结果如表 8-5 所示；子样本 1 $time_t \times R_i$ 的估计系数较大，且显著性水平更高；意味着村"两委"参与程度越高，农户信用评级缩小城乡收入差距的效果越强。

表 8-4　不同制度安排及产业结构的影响差异（标准 DID 模型）

变量	制度安排差异：村"两委"是否为评级小组成员				产业结构差异：第一产业占比			
	子样本 1：是		子样本 2：否		子样本 3：较高		子样本 4：较低	
	城乡收入比	泰尔指数	城乡收入比	泰尔指数	城乡收入比	泰尔指数	城乡收入比	泰尔指数
$time_t \times treat_i$	−0.04** (−2.01)	−0.37*** (−2.65)	−0.04 (−1.49)	−0.27 (−1.55)	−0.05** (−2.13)	−0.33** (−2.21)	−0.03 (−1.24)	−0.28 (−1.49)
包含控制变量	是	是	是	是	是	是	是	是
常数项	6.89*** (5.95)	51.22*** (4.78)	4.29*** (4.14)	28.87*** (3.10)	3.02** (2.17)	24.27*** (1.84)	6.31 (5.59)	46.79*** (5.44)
时间固定效应	是	是	是	是	是	是	是	是
个体固定效应	是	是	是	是	是	是	是	是
Adj-R^2	0.97	0.97	0.97	0.98	0.98	0.98	0.98	0.98
观测值	648		702		675		675	

表 8-5　不同制度安排及产业结构的影响差异（连续 DID 模型）

变量	制度安排差异：村"两委"是否为评级小组成员				产业结构差异：第一产业占比			
	子样本 1：是		子样本 2：否		子样本 3：较高		子样本 4：较低	
	城乡收入比	泰尔指数	城乡收入比	泰尔指数	城乡收入比	泰尔指数	城乡收入比	泰尔指数
$time_t \times R_i$	−0.12*** (−2.91)	−0.87** (−2.45)	−0.10* (−1.85)	−0.87* (−1.89)	−0.16*** (−3.17)	−0.84** (−2.03)	−0.09* (−1.75)	−0.75* (−1.75)
包含控制变量	是	是	是	是	是	是	是	是
常数项	6.78*** (5.82)	51.22*** (4.78)	4.23*** (3.98)	28.43*** (3.00)	7.04*** (5.26)	50.96*** (4.20)	3.40*** (3.52)	20.20** (2.32)

续表

变量	制度安排差异：村"两委"是否为评级小组成员				产业结构差异：第一产业占比			
	子样本 1：是		子样本 2：否		子样本 3：较高		子样本 4：较低	
	城乡收入比	泰尔指数	城乡收入比	泰尔指数	城乡收入比	泰尔指数	城乡收入比	泰尔指数
时间固定效应	是	是	是	是	是	是	是	是
个体固定效应	是	是	是	是	是	是	是	是
Adj-R^2	0.98	0.98	0.97	0.98	0.97	0.97	0.98	0.98
观测值	648		702		675		675	

　　农村经济发展的资金需求越旺盛，致力于缓解农村资金外流的农户信用评级效果越明显；同时，随着农村地区产业链的不断拉长，二三产业的发展速度与第一产业密切相关。鉴于此，将 54 个作用组样本按照第一产业增加值占 GDP 比重进行排序，分为第一产业占比较高的 27 个作用组和较低的 27 个作用组，分别加上 48 个对照组，形成子样本 3 和子样本 4；利用子样本重新估计 DID 模型，以检验不同产业结构下农户信用评级的影响差异；模型估计结果见表 8-4 和表 8-5。在标准 DID 模型估计结果中，子样本 4 的 $\text{time}_t \times \text{treat}_i$ 估计系数较小，且未能通过显著性检验；在连续 DID 模型估计结果中，子样本 3 的 $\text{time}_t \times R_i$ 估计系数较大，且显著性水平更高。因此，对于第一产业占比较高的县域，农户信用评级对城乡收入差距的影响更明显，假说 3 得到检验。

8.4.2　机制检验：信用评级与农村资金外流

　　已有研究表明，农村资金外流是阻碍城乡收入差距缩小的重要原因（张立军和湛泳，2006；钟腾等，2020）；那么农户信用评级缩小城乡收入差距的原因是否为缓解农村资金外流？基于前文构建的 DID 模型，利用全样本和四个子样本分别对其进行估计，结果如表 8-6 和表 8-7 所示。$\text{time}_t \times \text{treat}_i$ 和 $\text{time}_t \times R_i$ 的估计系数均显著为负，说明农户信用评级的开展显著抑制了农村资金外流，假说 2 得到验证。缘于村"两委"参与，农户信用评级的开展使得评级银行产生了外在经济效应；加之信息收集置于贷前且绑定信用贷款，在开展农户贷款业务时，评级产生了规模经济效应和长尾客户效应；此外，农户倾向于从评级的银行申请贷款，而贷款行往往即其存款行（张三峰等，2013a），且等级评定时，往往对存款户设置了加分项，农户信用评级还能发挥增存揽储效应；以上四个效应能够促进银行向农村地区的信贷供给增加。

基于市场需求方的视角，农户信用评级具有降低门槛和交易成本效应、利率优惠效应和正向激励效应；这四个效应能够促使农户的信贷需求显著增加（张宁等，2022）。市场供给和需求同时增加，供需双方实现新的均衡，农村资金外流减少。

表 8-6　信用评级对农村资金外流的影响（标准 DID 模型）

变量	全样本	制度安排差异：村"两委"是否为评级小组成员		产业结构差异：第一产业占比	
		子样本 1：是	子样本 2：否	子样本 3：较高	子样本 4：较低
$time_t \times treat_i$	−4.07*** (−2.98)	−4.48*** (−3.28)	−3.26* (−1.70)	−4.59*** (−3.40)	−3.35* (−1.72)
产业结构	−55.79** (−2.04)	−65.72*** (−2.80)	−40.21* (−1.73)	−42.16* (−1.99)	−41.00* (−1.68)
金融发展	3.60* (1.71)	3.92 (1.48)	4.54** (2.12)	2.17* (1.81)	2.52* (1.95)
城镇化	14.17* (1.81)	15.58** (2.04)	11.70* (1.67)	14.22* (1.87)	9.92 (1.34)
经济发展水平	−0.72 (−0.78)	−0.84 (−0.87)	−0.04 (−0.04)	−2.54 (−1.55)	−0.64 (−0.55)
经济发展速度	−0.30* (−1.80)	−0.18 (−1.48)	−0.21 (−1.36)	−0.19* (−1.74)	−0.17 (−1.26)
对外开放	0.73 (0.54)	3.34 (1.63)	−0.53 (−0.45)	1.58 (1.01)	2.22 (1.15)
人力资本	10.43 (1.52)	10.34 (1.40)	11.96 (1.08)	−1.19 (−0.39)	11.75 (1.11)
财政支出	12.06 (1.62)	8.63 (1.44)	14.78* (1.75)	−4.73 (−0.86)	15.98* (1.85)
人口密度	−6.04 (−1.12)	−9.24* (−1.82)	−2.42 (−0.98)	−6.19* (−1.95)	−0.38 (−0.41)
常数项	−106.05 (−1.60)	−112.21 (−1.58)	−118.11 (−1.15)	−5.56 (−0.23)	−120.80 (−1.18)
时间固定效应	是	是	是	是	是
个体固定效应	是	是	是	是	是
Adj-R^2	0.79	0.91	0.83	0.89	0.81
观测值	918	648	702	675	675

表 8-7 信用评级对农村资金外流的影响（连续 DID 模型）

变量	全样本	制度安排差异：村"两委"是否为评级小组成员		产业结构差异：第一产业占比	
		子样本 1：是	子样本 2：否	子样本 3：较高	子样本 4：较低
$time_t \times R_i$	−5.42** (−2.24)	−5.37*** (−2.81)	−4.08* (−1.71)	−6.77*** (−2.69)	−4.29* (−1.72)
产业结构	−53.43** (−2.07)	−60.11** (−2.19)	−39.85* (−1.74)	−42.45* (−1.79)	−50.72* (−1.84)
金融发展	3.73* (1.88)	3.58 (1.39)	4.49** (2.25)	2.22* (1.85)	2.55* (1.99)
城镇化	13.91* (1.83)	14.45* (1.94)	12.08** (2.15)	14.66* (1.98)	12.65* (1.71)
经济发展水平	−0.66 (−0.72)	−0.74 (−0.67)	−0.98 (−1.02)	−2.43 (−1.58)	−0.79 (−0.66)
经济发展速度	−0.29* (−1.77)	−0.20 (−1.34)	−0.28 (−1.59)	−0.18* (−1.77)	−0.18 (−1.44)
对外开放	0.77 (0.59)	3.15 (1.47)	−0.71 (−0.57)	1.68 (1.24)	2.27 (1.32)
人力资本	11.20 (1.57)	12.39 (1.12)	11.04 (1.48)	0.05 (0.02)	12.00 (1.11)
财政支出	11.75 (1.53)	10.05* (1.72)	14.56* (1.76)	−5.05 (−1.01)	15.41* (1.71)
人口密度	−6.06 (−1.16)	−8.55* (−1.84)	−2.23 (−0.90)	−5.08** (−2.02)	−0.42 (−0.43)
常数项	−112.25* (−1.66)	−102.21 (−1.58)	−118.38* (−1.66)	−17.53 (−0.62)	−122.27 (−1.18)
时间固定效应	是	是	是	是	是
个体固定效应	是	是	是	是	是
Adj-R^2	0.782	0.893	0.835	0.866	0.791
观测值	918	648	702	675	675

考察村"两委"参与程度不同时的影响差异，子样本 1 交互项的估计系数较子样本 2 更大，且显著性水平也更高；由此可见，在村"两委"参与程度较高的制度安排下，农户信用评级缓解农村资金外流的效果更强。原因在于，村"两委"参与程度越高，信用评级缓解农村信贷市场信息不对称和高交易成本问题的作用越强，产生的八个效应也越显著，进而抑制农村资金外流的效果越明显。考察产业结构不同时的影响差异，无论是标准 DID 模型，还是连续 DID 模型，子样本 3 交互项的估计系数较子样本 4 更大，且显著性水平也更高。随着农业供应链的发展以及农村产业融合的推进，第一产业占比较高县域的农村地区二三产业发展空间较大，且农业劳动力非农就业需求较多；因此，农户创业等生产经营活动产生的资金需求更加旺盛，信用评级抑制农村资金外流的效果也更加显著。

除了信用评级这一政策以外，对县域农村资金外流影响显著的因素还包括产业结构、金融发展、城镇化和经济发展。①由于农村地区二三产业的发展主要依托第一产业，因此，第一产业占比越高，二三产业发展空间越大，创业就业需求越高，资金需求也越旺盛，进而资金外流受到抑制。②金融发展加剧了农村资金外流，原因在于，农村信贷市场信息不对称和高交易成本问题突出；金融发展的门槛效应、非均衡效应以及农村金融抑制是金融发展影响农村资金外流的重要因素（王修华和邱兆祥，2011）。③劳动力向城镇集聚的同时，资金也会向城镇集聚，因此，县域城镇化水平的提高加剧了农村资金外流。④逐利性使资金会向经济发展速度较快的县域集聚；随着农业规模化经营，农村地区二三产业发展迅速，加上乡村振兴战略的实施，农村地区同样享受到了发展红利；因此，县域经济发展速度较快对农村资金外流具有抑制作用。

8.5 稳健性检验

8.5.1 平行趋势检验及动态效果

若无外部冲击，DID 模型需满足作用组与对照组具备共同发展趋势的假设，故本章参照 Beck 等（2010），利用事件研究法进行检验，构建如下模型：

$$Y_{it} = \alpha + \sum_{t=2013}^{2021} \beta_t time_t \times treat_i + \chi \sum X_{it} + v_t + \mu_i + w_{it} \qquad (8-4)$$

其中，Y_{it} 表示样本县 i 在 t 期的城乡收入比或泰尔指数，β_t 表示 2013~2021 年的一系列估计值（除基期外），其他变量设置与式（8-2）一致，v_t 表示控制时间效应，μ_i 表示个体固定效应，w_{it} 表示随机扰动项。

该模型既可考察在开展信用评级前，两组样本是否具有平行趋势，还能检验信用评级对城乡收入差距的动态影响效果。以开展信用评级前一期，即 2017 年为基准期；图 8-2 显示了 2 组平行趋势检验结果；横轴表示开展信用评级前后的期数，纵轴分别表示城乡收入比和泰尔指数，虚线为 95% 的置信区间，虚线上的圆点为 β_t 的估计值。可以看出，2018 年以前，信用评级制度的点估计距零点较近，不具备统计显著性，因而无法拒绝原假设，即作用组和对照组的城乡收入差距在信用评级开展前并无明显差别[1]。需要说明的是，图 8-2（b）中 β_{-2} 只较弱地拒绝原假设，这可能是因为：农商行开展信用评级的时间为 2017 年底到 2018 年初，时间间隔较短，难以严格区分，出于严谨，本章将政策开展年份设为信用评级完成时间 2018 年，事实上少数农商行开展评级时间比预定略长。总体上，可认为本章的模型设定满足平行趋势假设。此外，开展信用评级后，$\beta_0 \sim \beta_3$ 均拒绝零假设，并且政策效应点估计逐渐远离零点，表明评级的作用效果是动态增强的。

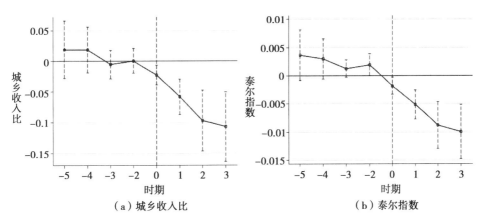

图 8-2　平行趋势检验结果

8.5.2　安慰剂检验

虽然本章在基准回归中控制了部分地区特征变量，但仍可能有导致作用组和对照组之间产生差异的遗漏变量，从而对政策效应评估造成影响。故本章参考 Cai 等（2016）、周茂等（2019）的方法，通过随机分配作用组的方式检

---

[1]　本章同样也做了关于农村资金外流的平行趋势检验、安慰剂检验等一系列检验，结果依然稳健，囿于篇幅，并未一一汇报。

验政策效果。即随机生成信用评级的政策冲击，并重复 500 次，以确保该政策不会对城乡收入差距产生影响，再按模型（8-2）进行回归，得到的系数估计值分布如图 8-3 所示。可见影响的确是由信用评级驱动的，并未受到不可观测因素的干扰①。

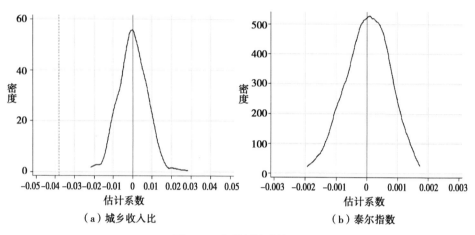

图 8-3　安慰剂检验结果

8.5.3　预期效应检验

若信用评级政策能在实施前形成预期，那么农商行可能会做出相应反应，从而对政策效果评估造成干扰。因此，为检验预期效应是否存在，本章参考马九杰等（2021）的做法，在模型（8-2）中加入 $D17_t \times treat_i$ 这一变量，其中，$D17_t$ 为实际政策冲击发生前一年的虚拟变量，即 2017 年及以后取值 1，2017年之前为 0。结果如表 8-8 所示，$D17_t \times treat_i$ 的系数均未通过显著性检验，且数值很小，意味着预期效应不存在。并且，即使在加入 $D17_t \times treat_i$ 的情况下，$time_t \times treat_i$ 的系数依然显著为负，意味着本章回归结果较稳健。

表 8-8　预期效应检验结果

变量	城乡收入比	泰尔指数
$time_t \times treat_i$	-0.10^{***} （-7.63）	-0.81^{***} （-7.85）

---

①　由于随机抽样估计所得系数集中分布于零点附近，本章在图 8-3（a）中标明了基准回归系数线，而图 8-3（b）中真实政策冲击下的系数 -0.303 与零点距离较大，故在图中并未标注。

续表

变量	城乡收入比	泰尔指数
D17$_t$ × treat$_i$	−0.00 （−0.29）	−0.01 （−0.27）
包含控制变量	是	是
时间固定效应	是	是
个体固定效应	是	是
Adj-R^2	0.97	0.97
观测值	918	918

8.5.4 替换 PSM-DID 模型

鉴于农商行开展评级授信工作需承担一定风险，虽然文件上要求试点村的选择依据经济发展水平进行分层抽样，但实践中乡镇支行可能会选择经济发展状况较好的村庄进行试点，从而会产生选择性偏差的问题[1]。为排除样本可能存在的这种偏误，本章利用 PSM-DID 模型进行了检验。基于对匹配效果等因素的考虑，采用 Kernel 匹配法，并使用 Logit 模型估计倾向得分，剔除了不在共同取值范围的 60 个样本和 3 个单独样本。然后进行双重差分（DID），结果如表 8-9 所示。可以看出，开展信用评级对城乡收入差距的影响系数及显著性变化较小，再次验证了本章回归结果的稳健性。

表 8-9 PSM-DID 检验结果

变量	城乡收入比	泰尔指数
time$_t$ × treat$_i$	−0.06*** （−2.91）	−0.44*** （−2.73）
包含控制变量	是	是
时间固定效应	是	是
个体固定效应	是	是
Adj-R^2	0.98	0.97
观测值	855	855

---

[1] 据调研数据统计，发现信用评级试点村评级前的经济水平（观测指标为人均存款余额）确实相对非试点村较高，但是变量之间的差异在统计上并不显著。

8.6 结论与政策启示

2021 年中央一号文件提出大力开展农户小额信用贷款；2022 年中央一号文件强调深入开展农村信用体系建设，发展农户信用贷款；但目前围绕"信用评级＋信用贷款"这一中国小额信贷模式的相关研究较少。本章立足于中国农户信用评级基本制度，基于非对称信息和交易成本假说，分别从市场供给方和需求方两个角度分析了制度的主要效应，以探究该制度对农村资金外流及城乡收入差距的影响。同时，以典型试验区 102 个县域的准自然实验为契机，通过构建 DID 模型展开实证检验。主要结论包括：①对评级银行而言，得益于村"两委"与农户和农商行两者之间的强关系，信用评级通过缓解农村信贷市场信息不对称和高交易成本问题，产生了外在经济效应，并在此基础上衍生出了规模经济效应、长尾客户效应和增存揽储效应，这四个效应能够有效促进评级银行增加向农村地区的信贷投放；对农户而言，得益于绑定信用贷款和信贷流程精简，农户信用评级存在降低门槛和交易成本效应，同时，规模经济效应和信用等级调整制度还衍生出了利率优惠效应和正向激励效应，这四个效应能够增强农户的信贷需求；供给和需求同时增加，农村资金外流减少。②通过促进创业、农村地区产业融合发展以及农业劳动力非农就业等渠道，农村资金供给增加能够缩小城乡收入差距；因此，通过减少农村资金外流，农户信用评级对城乡收入差距的缩小具有显著的促进作用。③由于村"两委"参与程度越高，农户信息质量越高，评级银行成本越低，信用评级缓解信息不对称和高交易成本问题的作用越强，从而抑制农村资金外流和缩小城乡收入差距的效果越显著；由于农村地区二三产业的发展通常依靠当地第一产业链条的拉长，对于第一产业占比较高的县域，农村地区经济发展的资金需求较为旺盛，信用评级缓解资金外流及缩小城乡收入差距的效果增强。

基于以上结论，本章认为，应该充分利用农户信用评级制度引导资金回流农村，以缩小城乡收入差距，服务乡村振兴战略和共同富裕目标。①面对大银行的强势竞争以及互联网企业对农村金融领域的不断深入，鼓励农商行等传统农村金融机构开展农户信用评级，利用地缘等优势拓展农村信贷市场，实现新的利润增长点；尤其是第一产业占比较高的地区，信用评级的效果更为显著。②努力提高村"两委"的参与程度，充分利用村"两委"与农户之间的强关系来克服农村信贷市场的信息不对称和高交易成本问题，以及降低评级成本，努力实现制度的商业可持续。③信用评级与金融科技在普惠效应上具有内在契合性，但鉴于金融科技在农村地区的普惠作用尚未得到发挥，金融机构在评级过程中应充分利用金融科技，进一步降低信贷服务门槛和交易成本，同时减少评级产生的固定成本，充分发挥信用评级在缓解农村资金外流和缩小城乡收入差距方面的积极作用。

第9章 信用评级对农村
二元金融市场结构的影响

9.1 引　言

　　中国农村非正规金融是农户的重要融资渠道，用于生产投资的非正规借款利率及风险往往较高（张宁等，2015；李祎雯和张兵，2018）。那么，在中国农村二元金融结构背景下，信用评级作为抵押担保物的替代，能否促进正规金融对非正规金融的替代？影响机制是什么？对不同收入水平农户的影响是否存在差异？进一步地，各试验区农户信用评级机制存在差异：首先是在村"两委"的参与程度方面，一类试验区村"两委"直接作为评级小组成员（如湖南安化），另一类试验区由银行成立评级小组，村"两委"仅仅协助信息收集（如内蒙古宁城）；然后是在评级应用方面，试验区均绑定了信用贷款，但是否绑定利率优惠，各试验区有所不同。那么，不同信用评级机制的影响是否存在差异？对以上问题的研究，可以为中国农户信用评级制度的优化提供科学依据，促进农村金融服务乡村振兴战略。

　　目前，专门分析农户信用评级机制的文献多为实践报道，学术研究较少；关于信用评级影响，学者大多从农户的角度开展研究；然而，此类文献存在一个共性问题，没有考虑计量分析的内生性问题；因为有正规信贷需求的农户更倾向于申请信用评级，甚至部分试验区金融机构仅对申请贷款的农户进行评级。囿于数据可获性，从微观层面深入剖析评级机制，系统考察评级效应以及专门探索制度优化的实证研究缺乏。与已有研究不同，本章立足于试验区实践，在阐述具体农户信用评级机制的基础上，分析其对农村二元金融结构的影响机理，更是进一步讨论了不同评级机制的影响差异。通过对以上问题的研究，为中国农户信用评级制度的优化提供科学依据，促进农村金融服务乡村振兴战略。此外，鉴于偏好正规信贷的农户更倾向于申请评级，且中国试验区普遍存在仅对贷款农户进行评级的现象，本章在检验信用评级的影响时，使用逐户评级的信用村农户样本作为制度的作用组以及信用村周边尚未开展评级的村庄农户样本作为对照组，使研究结论更加稳健。

9.2　理论分析与假说提出

信用评级的开展能够缓解农村金融市场中的信息不对称问题。从供给方来看，信用评级在一定程度上克服了信息不对称带来的逆向选择和道德风险问题。通过采集农户多方面的信息，了解了农户的偿债能力和还款意愿，初步确定了农户的信用状况。为保证信息的质量，防止"寻租行为"的出现和信贷员故意捏造信息，银行细化了工作措施，要求走访时要有文字记录和影像资料，并定期进行核查，制定了处罚措施。村"两委"参与机制进一步提高了农户信息质量，有效拓展了农户信息的深度与广度，确保了信用等级评定结果的科学性与公信力。信用等级为正规金融选择优质客户提供了依据，有效避免了逆向选择问题的出现。同时，在每年更新农户信息并进行等级调整的制度安排下，当农户违约或者出现不良记录时，其将会因信用等级降低而无法获得更多的贷款，甚至无法获得正规借款，无形之中对农户贷后行为形成了一种约束，从而缓解了正规金融机构贷款的道德风险问题。从需求方来看，信用评级加强了农户对自我和金融机构的认知。参与了信用评级的农户被纳入了银行的客户微信群中，可通过其中发布的相关信息学习一些金融知识，有利于降低认知偏差。不仅如此，银行还公示了信贷业务的操作流程，农户还可以通过客户微信群随时进行业务咨询，在一定程度上降低了农户与银行之间的信息不对称程度。

为分析信用评级如何作用于农村金融市场，影响农户融资渠道的选择，本章构造了一个正规金融与非正规金融市场的联合均衡模型（见图9-1）。在这个模型中，右侧为正规金融市场，假设市场中信息是完全的，D_1代表正规金融市场的名义需求曲线，S_1代表正规金融市场的名义供给曲线，两者相交达到市场均衡，r_1为正规金融市场的均衡利率，在这个利率下，资金供需实现均衡。但是信息不对称问题使金融市场无法达到上述均衡状态。具体来看，由于对正规金融机构贷款流程不熟悉，容易形成对自我和银行的认知偏差，并且大多数农户呈现出风险规避的特征，担心抵押品拿不回来，加之正规金融机构搜集信息而导致贷款时滞长，使其正规借款需求受到抑制，实际需求曲线左移至D_2。同时，由于正规金融机构信息和交易成本等隐性成本的存在，缺乏对农户信息质量的保障以及无法有效监督农户对借款的使用情况，正规金融的资金供给将会减少，实际供给曲线左移至 S_2。而正规信贷约束的长期存在将会影响农户的借贷行为预期和选择，从而形成无信心借款，放弃进行正规借贷，实际需求曲线进一步左移至 D_3，与 S_2 相交形成正规金融市场的实际均衡，r_2 为实际均衡利率，即农户在正规金融市场进行借贷的真实成本，并不仅仅是银行的贷款利率。由此可知，在信息不对称的影响下，农村正规金融市场存在信贷配给，使实际均衡利率高于名义均衡利率，实际借贷量小于名义借贷量。其中，Q_1-Q_2 和 Q_3-Q_4 是农户受到的自我信贷配给，是农户的自身认知偏差、风险规避等因素导致的，虽然有借款需求但是出于各种原因最终没有向正规金融申请贷款；Q_2-Q_3 是农户受到的银行信贷配给，即资金供给者的决策产生的结果，农户未能从金融机构获得全部贷款甚至未获得贷款。左侧为基于地缘、血缘和人缘而发展的非正规金融市场，市场中的信息较为充分，可以将名义均衡看作是实际均衡。D_4 为非正规零息借贷的需求曲线，由于其成本为零，对其需求是完全缺乏弹性的。D_5 为非正规有息借款的需求曲线，S_3 为非正规有息借款的供给曲线，两者相交形成非正规金融市场均衡，r_3 为均衡利率，一般就是非正规借款的利率。可知，非正规金融市场的均衡利率大于正规金融市场的名义均衡利率，但是小于正规金融市场的实际均衡利率。因此，由于信息不对称而形成的信贷配给，使得农户正规借款的实际成本高于非正规借款，促使其转向非正规金融借款。

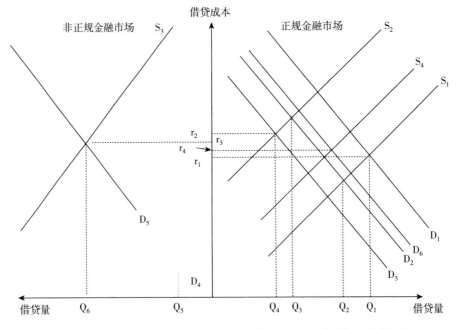

图 9-1　信用评级作用下的正规金融与非正规金融市场联合均衡模型

信用评级通过对农户的个人特征，家庭禀赋和风险态度等多方面综合考察了农户的信用水平，给予农户相应的信用等级，能够较好地降低借贷双方信息不对称程度，从供给和需求两方面缓解农户受到的信贷配给。从供给端来看，信用评级相当于农户的一种抵押担保替代品，有效地缓解了农户因缺乏有效抵押品而受到银行信贷配给的问题，同时信用等级在一定程度上反映了农户的还款能力，能起到一个较好的信息传递作用，降低了正规金融对农户放贷的信息和交易成本，缓解了贷前压力，提高了正规金融给农户提供贷款的意愿，使资金供给增加，供给曲线从 S_2 右移至 S_4，缓解了银行信贷配给。对于需求方，信用评级工作的开展不仅使得农户对银行贷款业务流程有了一定的了解，而且农户在参与信用评级后，认为信用等级可以代表自己的还款能力，从而增强了向正规金融机构贷款的自信心，将潜在的正规借款转变成有效的正规借款。并且信用评级相当于一种贷前调查，参与过信用评级的农户在申请贷款时，便无须再对其进行大量的信息搜寻，这大大减少了贷款时滞，提高了正规金融放贷效率。同时，参与过信用评级的农户可以选择信用贷款的方式，无须提供抵押担保品，对于信用等级较高的农户，金融机构还会给予一定的利率优惠。这都将提高农户对正规借款的需求，需求曲线右移至 D_6，农户的自我信贷配给得到缓解。供给曲线 S_4 与需求曲线 D_6 相交形成新的正规金融市场均衡，r_4 为开展信用评级后的均衡利率。由此可见，信用评级缓解了农户受到的信贷配给，显著降低了正规金融市场的实际借贷成本，使其小于非正规金融市场的借贷成本，促使农户更倾向于选择正规借款。

　　为进一步分析不同评级制度下信用评级作用的异质性，在图 9-1 的基础上构造村"两委"参与程度较高制度安排下的正规金融与非正规金融市场联合均衡模型进行分析（见图 9-2）。从评级制度来看，村"两委"参与程度对信息质量有着较大的影响，使缓解信息不对称问题的作用也具有差异，进而影响信用评级发挥的作用。因为，村"两委"在当地具有人缘、地缘优势，掌握了当地农户的资信状况、经营状况、资金流向等重要的信息，对农户的人品等软信息更为了解。并且在声誉机制的作用下，村"两委"不会故意隐瞒农户信息，一旦其提供虚假信息，村"两委"在当地的公信力与威信将会降低。因此，村"两委"提供的信息是真实有效的，当把村"两委"纳入评级小组中时，不仅提高了农户信息的质量，使评定的等级更加有效，还进一步地降低了正规金融的信息和交易成本，供给曲线右移至 S_5，进一步缓解了银行信贷配给。同时，相较于金融机构工作人员，村"两委"与农户关系更为亲密，且更能从农户角度出发考虑问题，为农户答疑解惑，提高沟通效率，使农户更加了解信用评级所带来的好处以及正规金融的相关信息，进一步缓解农户受到的自我信贷配给，需求曲线右移至 D_7 与供给曲线 S_5 相交，r_5 为村"两委"参与评级工作后新的正规金融市场均衡利率。由图 9-2 可知，提高村"两委"的参与程度会进一步正向影响正规金融市场中资金的供给与需求，使正规金融市场的借贷成本相对于非正规金融市场进一步降低，促使农户更偏好于选择正规金融来完成融资。

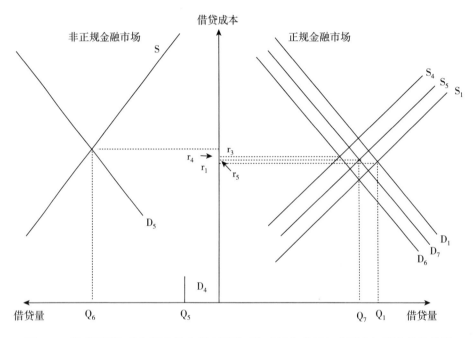

图 9-2 村"两委"参与程度较高制度下的正规金融与非正规金融市场联合均衡模型

对于不同收入水平的农户来说，各自面临的信贷约束程度不同，信用评级发挥的作用也不同。高收入农户一直以来都受到银行青睐，相比于低收入农户，其还款能力较强，并且有能力提供合理的抵押品，银行更加愿意为其提供贷款，受到银行信贷配给的概率较小，如果其更倾向于非正规借款可能是正规金融高交易成本及较长贷款时滞导致的自我信贷配给。而低收入农户由于其收入的不确定性，往往能够获得的银行贷款额度较小，甚至未被纳入银行的服务范围中，受到更为明显的银行信贷配给。得益于信用评级的开展，低收入农户被纳入正规金融的服务范围中，缘于外在经济效应、规模经济效应和长尾客户效应，正规金融的放贷意愿也有所提高，缓解了其受到的银行信贷配给。

此外，已有研究表明，利率对农村家庭贷款需求的影响是显著的（张秀生和单娇，2014；刘西川等，2014；张宁等，2016），虽然非正规借款交易成本低、无时滞、期限灵活，但非正规贷款与正规贷款的利率差越大，家庭选择正规贷款的概率越大（张宁等，2015）。调研数据显示，样本农户非正规借款利率平均约为 14%，正规贷款利率平均约为 11%，利率相差较小[①]。在评级作为利率优惠依据的样本村，农户参与评级的积极性更高，有利于提高其正规信贷需求，即绑定利率优惠这一评级机制，同样可以缓解农户对正规金融的自我信贷配给。

综上所述，由于村"两委"参与农户信用评级，改善了农村正规信贷市场上的信息不对称和规模不经济问题，同时，评级绑定信用贷款也进一步降低了农户的正规信贷交易成本。如若绑定利率优惠，将进一步提高农户参与评级的积极性。据此，本章提出以下假说：

假说 1：得益于村"两委"参与制度和评级绑定信用贷款制度，信用评级能够促进正规信贷对非正规借款的替代。

假说 2：信用评级促进正规金融对非正规金融替代效应的主要机制是，缓解高收入农户的自我信贷配给以及低收入农户的银行信贷配给。

假说 3：对于村"两委"参与程度较高以及评定等级绑定利率优惠的试验村农户，信用评级的影响更加显著。

9.3　实证设计

9.3.1　数据来源

来源于项目组于 2020 年 10 月至 2021 年 3 月赴湖南衡阳的实地调研数据。湖南省农户信用评级始于 2018 年，2019 年初完成第一次等级评定，2019 年底至 2020 年初调整了一次等级，属于农村商业银行内部评级，分为四等，最高为一等，2020 年对应信用贷款额度为 15 万元。信用村（如衡东柴山洲村）由评级小组进村入户逐户进行评级；部分村（如衡东罗家湖村）由农户提出申请，评级小组进行等级认定，考虑到内生性问题，这部分样本村未作为本章的研究对象；还有部分村（如衡东油麻田村）尚未开展农户信用评级工作，具体

---

①　按照贷款额加权平均；非正规借款仅统计收取利息的借款，多数用于生产投资，用于生活消费的非正规借款大多不收利息，是中国农户"理性小农"与"道义小农"双重属性的体现。

到评级机制，均为"信用评级＋信用贷款"模式，通过村"两委"公开评级指标体系，具体评级机制，如村"两委"是否为评级小组成员，评定等级是否绑定利率优惠，各村有所差异。因此，样本区选择依据即为评级机制在各村存在差异。项目组具体调查的村庄前文已有交代，其中，逐户评级村共获得有效样本 610 户；未开展评级村共获得有效样本 515 户；未开展评级村的选择依据是，信用评级开展前，即 2019 年以前农户融资情况与评级村类似的村庄，具体选择依据当地农村商业银行提供的 2017~2018 年行政村摸底统计表。调查内容主要包括：所在村评级机制、家庭借贷情况（2018~2020 年）、家庭特征以及家庭经营情况。

9.3.2 统计分析

2019~2021 年，样本农户共发生借款 1046 笔，其中，高息非正规借款和正规借款较多，占比分别为 38.43% 和 41.59%，其余为零息非正规借款。得益于 2018 年开展农户信用评级，试验村正规借款占比为 56.65%，明显高于未评级村；未评级村高息非正规借款占比高达 52.56%（见表 9-1）。由此可见，信用评级促进了正规金融对非正规金融的替代。从统计数据来看，评级村与未评级村零息非正规借款占比差异不大。

表 9-1　2019~2021 年农户借款渠道及信贷配给类型统计　　单位：笔，%

样本类型	借款渠道						信贷配给类型		
	零息非正规借款		高息非正规借款		正规借款		自我信贷配给	银行信贷配给	未受信贷配给
	数量	占比	数量	占比	数量	占比			
评级村	100	19.27	125	24.08	294	56.65	18.85	16.89	64.26
未评级村	109	20.68	277	52.56	141	26.76	30.29	20.19	49.51
全样本	209	19.98	402	38.43	435	41.59	24.09	18.40	57.51

注：信贷配给类型的甄别方法如图 9-3 所示。

在样本农户中，受到信贷配给的农户占比约为 42.49%，具体到信贷配给类型，评级村与未评级村差异较大：评级村受到银行信贷配给的农户占比与未评级村相当，而未评级村受到自我信贷配给的农户较多，占比为 30.29%。主要原因是，试验村信用评级开展以来，农户逐渐倾向于银行正规借款，自我配给型农户减少，而受到银行信贷配给的农户占比下降不明显。

随着互联网技术的使用，样本区非正规借款基本无时滞，交易成本也几乎为零；零息非正规借款主要用于消费，而高息非正规借款则主要用于（农业或非农）生产。由于绑定信用贷款以及部分试验村评定等级同时还绑定了利率优惠，与未评级村相比，评级村正规借款利率及交易成本较低，时滞较短（见表 9-2）。基于以上数据分析，本章认为，信用评级通过降低正规借款的交易成本及利率水平，缓解了农户对正规金融的自我信贷配给，促进了正规金融对非正规金融的替代。

表 9-2　2019~2021 年各类借款交易情况

样本类型	零息非正规借款			高息非正规借款				正规借款			
	时滞（天）	交易成本（元）	用于消费（%）	年利率（%）	时滞（天）	交易成本（元）	用于生产（%）	年利率（%）	时滞（天）	交易成本（元）	用于生产（%）
评级村	0.10	0.00	77.50	15.29	0.19	2.57	88.00	9.43	0.50	24.11	71.26
未评级村	0.07	1.85	84.40	15.50	0.27	3.51	71.43	10.68	2.61	89.17	63.66
全样本	0.09	0.88	80.79	15.36	0.22	2.93	81.68	10.05	1.71	56.98	69.91

注：年利率仅仅统计信用贷款，依据额度加权平均[①]；贷款时滞、交易成本为所有贷款均值；用途是按照笔数统计。

9.3.3　模型构建与变量说明

9.3.3.1　基本模型构建

为了检验信用评级作用下正规金融对非正规金融的替代，本章采用多项 Logit 模型检验信用评级对农户融资渠道选择的影响。参考 Siamwalla 等（1990）的研究，本章将每笔借款作为一个样本，农户有非正规零息借款、非正规高息借款、正规借款（包括信用贷款、抵押贷款和担保贷款）三个融资渠道可以选择。农户 i 从渠道 f 获得借款 j 的概率为 Prob（y_{ij}=f），则：

$$Prob（y_{ij} = f）= \frac{\exp(\alpha_k X_i + \beta_k Z_j)}{\sum\limits_{m=1}^{3} \exp(\alpha_m X_i + \beta_m Z_j)} \qquad （9-1）$$

其中，y_{ij} 表示农户对融资渠道的选择，是一个分类变量；X_i 表示农户的个体特征向量，包括本章关注的变量，即是否参与了信用评级 R_i；Z_j 表示借款 j

---

[①]　农户贷款主要包括抵押贷款、担保贷款和信用贷款，其中信用贷款利率水平较高，评级村信用贷款笔数显著高于未评级村，若加权利率的统计包括抵押贷款和担保贷款，则未评级村利率水平较低，难以合理地评价信用评级带来的影响。

的特征向量，主要包括借款用途等。

为了进一步检验影响机制，本章还将构建模型分析信用评级对农户信贷配给的缓解作用。由于只有未受到自我信贷配给的条件下，银行信贷配给才可能发生，即农户受到银行信贷配给的概率是其是否受到自我信贷配给的条件概率，受到银行信贷配给的农户样本并不一定是对总体的随机抽样，因此，本章选择带删失的 Probit 模型解决潜在的样本选择偏误问题。假设 BR^* 为银行信贷配给 BR 的隐性变量，Y 是影响农户是否受到银行信贷配给的外生变量，β_4 为相应的待估参数；假设 SR^* 为自我信贷配给 SR 的隐性变量，W 是影响农户是否受到自我信贷配给的外生变量，β_5 为相应的待估参数。两类信贷配给的二元选择模型构建如下：

$$BR_i^* = Y_i\beta_4 + \alpha_i, BR_i = \begin{cases} 1, \text{if } BR_i^* > 0 \\ 0, \text{if otherwise} \end{cases} \quad (9-2)$$

只有当 SR=0 时 BR 才能被观察；其中，

$$SR_i^* = W_i\beta_5 + \nu_i, SR_i = \begin{cases} 1, \text{if } SR_i^* > 0 \\ 0, \text{if otherwise} \end{cases} \quad (9-3)$$

$$[\alpha_i, \nu_i] \sim N[0, 0, 1, 1, \gamma]$$

其中，γ 为方程间残差相关系数。本章采用完全信息最大似然估计法估计参数 β_4、β_5 和方程间残差相关系数[1]。实证过程中，首先假设 PMWC 是合意的估计方法，然后检验这一估计方法下方程间残差的相关性，如果残差显著相关则继续使用 PMWC，否则采用简单的 Probit 模型。

9.3.3.2 变量选择与说明

（1）被解释变量。

①借款渠道：一个分类变量，包括正规借款、零息非正规借款和高息非正规借款，其中，正规借款是指正规金融机构借款，主要为银行借款，非正规借款是指处于中央货币当局或金融市场当局监督之外发生的贷款，如亲戚、朋友、民间放贷人等；②信贷配给，包括银行信贷配给、自我信贷配给和未受到信贷配给，关于信贷配给类型的识别，本章参考 Boucher 等（2009）、张宁和张兵（2014）的直接诱导式询问方法（Direct Elicitation Methodology，DEM）设计问卷中相关问题，甄别样本农户受到的信贷配给类型。具体如图 9-3 所示。

---

① 完全信息最大似然估计法不会产生识别问题，且两个方程中的变量个数不受限制。

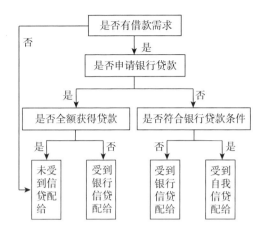

图 9-3　信贷配给类型甄别 [1]

（2）解释变量。

信用评级：是否参与信用评级，评级村农户均参与了信用评级，未开展评级村农户均未参与信用评级。在此需要强调的是，评级村是由评级小组（包括村"两委"、银行信贷员等）进试点村逐户统计评级，即是否参与评级是一个外生变量。调研数据显示，逐户评级村样本中，有 40% 的农户并无参评意愿，出于配合村"两委"工作而参与评级。

（3）控制变量。

参考已有相关文献（张兵和张宁，2012；张三峰，2013a），本章的控制变量设置为家庭特征变量和借款特征变量（见表 9-3）。其中，金融素养的测度涉及金融理论和实务问题，理论部分共 3 题，包括对单利、复利、贴现的理解，实践部分 1 题，为对银行基本业务流程的了解；具体量化方法是，1 分为基本分值，当农户正确回答 1 个问题时加 1 分，共 4 个问题，因此，最高为 5 分，最低分为 1 分 [2]。风险厌恶是行为主体在进行投资决策时受主观或客观因素影响表现出的风险态度（易祯和朱超，2017），现有文献中对于风险厌恶程度的衡量方法主要有三种：一是考察是否参与风险市场投资（Hallahan 等，2004）；二是根据拥有投资组合中风险资产与无风险资产的比例；三是运用实验经济学的方法得到受访者的风险态度，本章选取实验经济学的方法测度农户的

---

① 借款需求是指有借款意愿且能够承担银行利率的需求，即对正规借款的有效需求。

② 关于金融素养的测度，项目组设计了较多金融理论题，然而在预调查过程中发现，参与调研的农户往往缺乏耐心，问题较多会在很大程度上影响其回答的准确性，鉴于此，在正式调研问卷中，仅保留了 4 道题目，以确保回答的准确性。

风险态度，将选择"立刻拿到1万元现金"的农户设为风险厌恶程度最高的类别，赋值为4；将选择"有1%的机会获得100万元现金"的农户设为风险厌恶程度最低的类别，赋值为1。

表9-3　变量说明与描述性统计

变量 类别	变量	变量说明	最大值	最小值	均值	标准差
被解释变量	正规借款	是否为正规借款；是=1，否=0	1.00	0.00	0.42	0.49
	零息非正规借款	是否为零息非正规借款；是=1，否=0	1.00	0.00	0.20	0.40
	高息非正规借款	是否为高息非正规借款；是=1，否=0	1.00	0.00	0.38	0.49
	未受到信贷配给	未受到信贷配给=1，否则=0	1.00	0.00	0.58	0.49
	自我信贷配给	是否受到自我信贷配给；是=1，否=0	1.00	0.00	0.24	0.43
	银行信贷配给	是否受到银行信贷配给；是=1，否=0	1.00	0.00	0.18	0.39
解释变量	信用评级	是否参与信用评级；是=1，否=0	1.00	0.00	0.54	0.50
家庭特征变量	决策人年龄	家庭决策人年龄（岁）	81.00	19.00	45.25	11.22
	性别	是否为男性；是=1，否=0	1.00	0.00	0.82	0.38
	健康状况	健康状况是否良好；是=1，否=0	1.00	0.00	0.90	0.30
	受教育水平	小学=1，初中=2，高中=3，大学及以上=4	4.00	1.00	2.33	0.81
	技能	决策人是否有技能；是=1，否=0	1.00	0.00	0.40	0.49
	风险厌恶程度	赋值1~4，值越高，风险厌恶程度越高	4.00	1.00	3.41	0.93
	金融素养	赋值1~5，值越高，金融素养越高	5.00	1.00	3.03	1.28
	家庭规模	家庭总人口（人）	15.00	1.00	9.52	3.13
	非劳动力占比	非劳动成员数目/家庭总人口	1.00	0.00	0.46	0.22
	公务/银行从业人员	家中有无公务/银行从业人员；有=1，无=0	1.00	0.00	0.09	0.29
	经营土地面积	家庭经营土地面积（百亩）	10.00	0.00	0.19	1.01
	收入水平	家庭纯收入（万元/年）	108.10	0.20	12.63	9.83
	财富水平	家庭固定资产与金融资产之和（10万元）	135.70	0.01	4.41	8.26
	收入风险	赋值1~4，数值越大，收入波动越大	4.00	0.00	2.14	0.77

续表

变量类别	变量	变量说明	最大值	最小值	均值	标准差
家庭特征变量	种养户	种养业是最主要收入来源；是 =1，否 =0	1.00	0.00	0.07	0.25
	打工户	打工是最主要收入来源；是 =1，否 =0	1.00	0.00	0.55	0.50
	个体工商户	工商业是最主要收入来源；是 =1，否 =0	1.00	0.00	0.35	0.48
	信用历史	是否拖欠过银行 / 亲友借款；是 =1，否 =0	1.00	0.00	0.24	0.43
	社会资本	家庭贷款时，愿做担保的亲友数目（个）	20.00	0.00	2.05	1.82
	银行距离	住址距离最近的银行网点距离（千米）	27.00	0.10	6.80	4.71
借款特征变量	突发事件	是否有突发事件；是 =1，否 =0	1.00	0.00	0.28	0.45
	借款期限	依据自身需求的借款期限（年）	30	0.05	1.63	2.07
	农业投资	借款是否用于农业生产；是 =1，否 =0	1.00	0.00	0.06	0.24
	非农投资	借款是否用于非农生产；是 =1，否 =0	1.00	0.00	0.21	0.41

9.4 模型估计结果分析

9.4.1 信用评级对农户融资渠道的影响

关于多项 Logit 模型的检验方法，本章采用 Hausman–McFadden 检验 IIA 假定是否成立，结果显示，卡方均为正，且不能拒绝原假设，因此，可用多项 Logit 模型进行分析。将正规借款作为对照组，模型估计结果显示，信用评级显著降低了农户的非正规借款行为，包括零息非正规借款和高息非正规借款。统计数据显示，伴随农村金融机构互联网技术应用越发广泛，信用评级显著降低了正规借款的交易成本，部分试验区还绑定了利率优惠，贷款期限也更加灵活，加之主要用于消费的零息非正规借款有一定的"人情成本"，无论是用于生产，还是用于消费，部分倾向于非正规借款的农户逐渐开始选择正规借款。

为了探究信用评级对不同收入水平农户的影响差异，本章利用高低收入农户子样本分别对模型进行估计，发现信用评级对高收入农户的零息非正规借款以及低收入农户的高息非正规借款影响更加显著。调研发现，高收入农户用于生产的高息非正规借款金额通常较大，基于信用评级的信用贷款难以满足其需求，仍然需要抵押担保，这在一定程度上限制了信用评级的效果，但是其用于消费的借款额度往往较小，评级绑定的信用贷款额度往往能够满足其需求。对于部分低收入农户，由于消费性借款通常不收利息，亲友间零息非正规借款对其仍具有吸引力；但是得益于绑定信用贷款，甚至利率优惠，信用评级对其生产性借款渠道的选择影响较为显著（见表9-4）。

除了信用评级这一制度因素以外，在家庭决策人特征方面，是否有技能、风险厌恶程度以及金融素养对农户融资渠道的选择影响显著。具体来说，有技能的农户更倾向于高息非正规借款，尤其是对于低收入农户，其影响通过了显著性检验；主要原因是有技能的农户多为创业户，资金需求较为频繁，缺乏抵押担保的情况下往往更倾向于非正规借款。另外，有技能的农户谋生能力较强，也更容易获得高息非正规借款。调研发现，中国农户风险厌恶程度普遍较高，部分农户甚至认为向银行借款本身就属于高风险行为，而亲友间借款更加"人性化"，"道义小农"属性使农户对违约的判定也更有弹性，模型估计结果也显示，相较于正规借款，风险厌恶程度越高的农户越倾向于零息非正规借款。金融素养越高的农户，更能理解银行的业务，对流程也较为了解，因此，无论是消费还是生产用款，往往较倾向于正规借款。

在家庭特征方面，家庭规模、非劳动力占比以及家中是否有公务或银行从业人员三个因素影响显著。家庭规模较大的农户，多数属于父母兄弟同住，家庭成员之间财务相对独立，但有资金需求时，尤其是额度较小时，也更加倾向于"内源融资"，因此，家庭规模对农户零息非正规借款行为具有显著的抑制作用。由于非劳动力占比较高的家庭抚养负担较重，借入零息非正规借款的概率较高，尤其是对于低收入农户，或者基于亲友道义相助，或者缘于银行信贷配给，其借入非正规借款的概率较高。对于高收入农户，家中若有公务或银行从业人员，可以使其更容易低成本获得正规借款，从而显著抑制其借入高息非正规借款。此外，家庭财富水平和社会资本（愿意做担保的亲友数目）对农户非正规借款具有抑制作用，而突发事件会促进农户借入非正规借款。

在借款特征方面，借款期限越长，农户越倾向于正规借款，主要原因是，亲友间非正规借款，期限越长，越倾向于收取利息，或者"人情成本"较高；借款用途对农户的融资渠道影响同样显著，相较于消费性借款，农业投资和非农投资用借款往往是从高息非正规借款渠道获得，而不是零息非正规借款渠道。统计数据显示，在非正规借款中，生产性借款收取利息，而消费性借款则往往不收利息，这也是中国农户"道义小农"与"理性小农"双重属性的体现。

表 9-4　信用评级对农户融资渠道的影响（一）

变量	全样本				子样本 1：高收入农户				子样本 2：低收入农户			
	零息非正规借款		高息非正规借款		零息非正规借款		高息非正规借款		零息非正规借款		高息非正规借款	
	系数	z 值	系数	z 值	系数	z 值	系数	z 值	系数	z 值	系数	z 值
信用评级	-1.55***	-3.70	-1.23***	-3.15	-2.15***	-4.19	-0.93	-1.79	-1.01**	-2.02	-2.34***	-4.00
决策人年龄	0.02	0.94	-0.01	-0.69	-0.02	-0.80	-0.01	-0.17	0.03	1.13	-0.01	-0.32
性别	0.39	1.05	-0.26	-0.82	0.68	1.00	-0.66	-1.50	0.93	1.57	0.55	0.93
健康状况	0.17	0.38	0.51	1.13	-0.26	-0.24	-0.56	-0.63	0.48	0.85	1.11*	1.75
受教育水平	-0.28	-1.28	-0.07	-0.42	-0.49	-1.53	0.04	0.16	-0.06	-0.17	-0.27	-0.79
技能	0.23	0.82	0.38	1.58	0.30	0.66	0.19	0.61	0.77	1.59	1.02**	2.12
风险厌恶程度	0.31**	1.96	0.10	0.86	0.12	0.59	0.14	0.99	0.75***	2.50	-0.22	-0.88
金融素养	-0.26**	-2.13	-0.17*	-1.73	-0.14	-0.75	-0.19*	-1.77	-0.36*	-1.87	-0.30	-1.50
家庭规模	-0.11*	-1.83	-0.07	-1.16	0.14	1.14	-0.11	-1.37	-0.22*	-1.76	-0.09	-0.71
非劳动力占比	0.34	1.44	0.52	0.77	1.14	0.74	-0.85	-0.83	1.76*	1.73	2.46**	2.02
公务 / 银行从业人员	-0.29	-0.63	-0.51	-1.34	-0.02	-0.03	-0.82*	-1.86	-1.35	-1.36	-0.81	-0.80
经营土地面积	-0.05	-0.39	0.09	1.12	-0.13	-0.80	0.05	0.54	-0.02	-0.08	0.16	0.60
收入水平	0.03	0.96	0.04	0.62	0.05	1.33	0.05	1.02	-0.02	-0.23	0.03	0.30
财富水平	-0.04	-1.16	-0.01	-1.38	-0.04	-1.21	-0.01	-0.94	-0.27**	-2.08	-0.11*	-1.71
收入风险	0.33	0.85	0.21	1.30	0.48	1.01	0.07	0.34	0.20	0.61	0.40	1.24

续表

变量	全样本				子样本1：高收入农户				子样本2：低收入农户			
	零息非正规借款		高息非正规借款		零息非正规借款		高息非正规借款		零息非正规借款		高息非正规借款	
	系数	z值	系数	z值	系数	z值	系数	z值	系数	z值	系数	z值
种养户	-0.39	-0.80	0.24	0.62	-0.68	-0.87	0.18	0.35	-0.08	-0.11	0.81	1.04
打工户	0.14	0.44	0.17	0.64	0.15	0.57	0.16	0.41	0.04	0.37	0.11	0.23
个体工商户	0.13	0.41	0.25	0.94	0.11	0.22	0.01	0.02	0.51	0.93	0.90	1.60
信用历史	-0.39	-1.33	-0.23	-0.91	-0.61	-1.29	-0.11	-0.32	-0.64	-1.41	-0.51	-1.10
社会资本	-0.21**	-2.42	-0.11	-1.38	-0.46***	-2.64	-0.07	-1.11	-0.16	-1.34	-0.17*	-1.85
银行距离	0.03	0.91	0.06	1.56	0.02	0.33	0.07	1.58	0.10	1.56	0.04	0.74
突发事件	1.30***	2.76	0.92*	1.86	1.03*	1.83	0.55	1.23	1.43***	3.20	0.94*	1.74
借款期限	-0.78***	-3.35	-0.14*	-1.65	-0.87***	-3.48	-0.22*	-1.84	-0.59***	-3.06	-0.12	-0.59
农业投资	-1.82***	-3.28	0.41	0.84	-0.97	-1.32	0.18	0.30	-3.35***	-3.15	-0.17	-0.19
非农投资	-2.27***	-3.32	0.94***	2.72	-2.38***	-3.14	0.93**	2.01	-2.89***	-3.43	0.55	0.87
常数项	1.34	0.64	-0.69	-0.37	5.26	1.58	3.45	1.46	0.64	0.23	-0.91	-0.35
Pseudo R²	0.50				0.42				0.58			
Log likelihood	-494.94				-259.99				-205.03			
Prob>chi2	0.00				0.00				0.00			
样本量	1046				525				521			

注：①高低收入农户的划分依据为，收入水平大于中位数的为高收入农户，小于中位数的即为低收入农户。②*、**和***分别表示在10%、5%和1%的水平上显著。下同。

由于各信用评级试验区村"两委"的参与程度不同，在参与程度较高的试验区，村"两委"直接作为评级小组成员，对各项指标的打分具有话语权；而在参与程度较低的试验区，村"两委"仅仅协助信息收集工作。依据前文的理论分析，村"两委"参与程度不同，信用评级作用程度也会存在差异。因此，本章将评级村分为两组，一组村"两委"为评级小组成员，代表村"两委"参与程度较高；另一组村"两委"仅辅助信息收集工作，代表村"两委"参与程度较低，然后利用两个子样本对模型进行估计，结果如表9-5所示。

表9-5　信用评级对农户融资渠道的影响（二）

| 变量 | 子样本 3：村"两委"是评级小组成员 | | | | 子样本 4：村"两委"不是评级小组成员 | | | |
| | 零息非正规借款 | | 高息非正规借款 | | 零息非正规借款 | | 高息非正规借款 | |
	系数	z 值	系数	z 值	系数	z 值	系数	z 值
信用评级	−1.59***	−4.36	−1.35***	−4.19	−1.21	−1.59	−1.12**	−2.20
决策人年龄	0.01	0.43	−0.01	−0.66	0.03	0.97	−0.02	−0.89
性别	0.53	1.04	−0.12	−0.32	0.20	1.15	−0.74	−1.58
健康状况	0.14	0.82	0.55	1.02	0.18	0.53	0.16	0.23
受教育水平	−0.34	−1.33	−0.08	−0.39	−0.25	−1.14	−0.23	−0.86
技能	0.33	1.02	0.40	1.48	0.19	0.43	0.66*	1.79
风险厌恶程度	0.50**	2.09	0.17	1.31	0.36*	1.80	0.21	1.18
金融素养	−0.41***	−2.80	−0.12*	−1.66	−0.31*	−1.66	−0.25*	−1.72
家庭规模	−0.12**	−2.03	−0.09	−1.27	−0.11*	−1.74	−0.14	−1.39
非劳动力占比	0.65	1.50	0.36	0.46	0.20	1.15	0.62	0.56
公务 / 银行从业人员	−0.07	−0.72	−0.30	−0.71	−0.36	−0.52	−0.97	−1.58
经营土地面积	−0.08	−0.63	0.07	0.83	−0.25	−0.17	0.20	1.30
收入水平	0.02	1.21	0.03	0.30	0.04	0.86	0.05	0.78
财富水平	−0.06	−1.50	−0.01	−0.72	−0.07*	−1.61	−0.02	−1.01
收入风险	0.28	0.75	0.30*	1.65	0.34	0.95	0.18	1.21
种养户	−0.53	−1.02	0.31	1.05	−0.10	−0.14	0.12	0.20
打工户	0.20	0.52	0.12	0.37	0.25	0.51	0.18	0.74
个体工商户	0.28	0.76	0.19	0.64	0.08	0.16	0.42	1.03

变量	子样本3：村"两委"是评级小组成员				子样本4：村"两委"不是评级小组成员			
	零息非正规借款		高息非正规借款		零息非正规借款		高息非正规借款	
	系数	z值	系数	z值	系数	z值	系数	z值
信用历史	−0.30	−0.87	−0.11	−0.94	−0.43	−0.97	−0.33	−0.86
社会资本	−0.26**	−2.58	−0.13	−1.47	−0.22*	−1.80	−0.08	−1.23
银行距离	0.06	1.29	0.04	1.36	0.01	0.81	0.05	1.25
突发事件	1.22***	2.89	0.70*	1.78	1.82***	3.26	1.25**	2.49
借款期限	−0.92***	−3.61	−0.09*	−1.61	−0.80***	−3.03	−0.19*	−1.70
农业投资	−1.53**	−2.55	0.57	1.21	−3.26***	−3.45	0.28	0.80
非农投资	−2.39***	−3.41	1.07***	2.74	−2.41***	−3.29	0.67*	1.64
常数项	1.56	0.66	−1.34	−0.64	2.71	0.74	2.54	0.83
Pseudo R^2	0.42				0.46			
Log likelihood	−381.86				−245.75			
Prob>chi2	0.00				0.00			
样本量	776				797			

注：子样本的分类依据是评级村具体评级制度，本章所有子样本中，还包括未评级村样本。

村"两委"参与程度越高，农村正规信贷市场信息不对称及银行内部规模不经济问题越能够得到有效缓解，正规借款双方交易成本降低，在信用评级作用下，正规金融对非正规金融的替代效应越强。模型估计结果显示，对于村"两委"是评级小组成员的试验村，信用评级能够显著抑制农户借入非正规借款，而对于村"两委"不是评级小组成员的试验村，信用评级对零息非正规借款的抑制作用并未通过显著性检验。制度以外因素对农户融资渠道的影响与前文类似，此处不再赘述。

为了鼓励农户的正规融资行为，部分农村金融机构网点将评定等级作为利率优惠的依据之一；无论评定等级在利率决定过程中的作用大小，只要作为依据之一，本章均判定其辖内试验村农户信用等级绑定了利率优惠。据调研，此类政策文件同样是村"两委"通过微信群等方式向村民公开。绑定利率优惠可以为农村金融机构吸引更多的优质客户，鉴于此，本章将评级村分为两组，并利用两个子样本对模型进行重新估计，结果如表9-6所示。

表 9-6　信用评级对农户融资渠道的影响（三）

变量	子样本 5：评定等级绑定利率优惠				子样本 6：评定等级未绑定利率优惠			
	零息非正规借款		高息非正规借款		零息非正规借款		高息非正规借款	
	系数	z 值	系数	z 值	系数	z 值	系数	z 值
信用评级	−1.74***	−4.01	−1.37***	−3.93	−1.01	−1.50	−1.01**	−2.17
决策人年龄	0.02	0.62	−0.02	−0.82	0.01	0.63	−0.01	−0.80
性别	0.46	0.84	−0.21	−0.57	0.10	0.23	−0.40	−1.04
健康状况	0.45	0.68	0.03	0.05	0.56	1.02	0.67	1.21
受教育水平	−0.36	−1.18	−0.26	−1.02	−0.31	−1.17	−0.11	−0.50
技能	0.58	1.45	0.55*	1.89	0.07	0.21	0.19	1.36
风险厌恶程度	0.37*	1.87	0.16	1.04	0.44**	2.08	0.17	1.12
金融素养	−0.50***	−2.91	−0.33**	−2.09	−0.23*	−1.64	−0.14*	−1.77
家庭规模	−0.15*	−1.70	−0.10	−1.09	−0.15*	−1.77	−0.11	−1.57
非劳动力占比	0.36	1.23	0.46	0.48	0.21	0.83	0.72	1.26
公务 / 银行从业人员	−0.74	−1.24	−0.61	−1.21	−0.16	−0.25	−0.32	−0.65
经营土地面积	−0.02	−0.26	0.11	1.05	−0.10	−0.69	0.12	1.22
收入水平	0.03	0.87	0.02	0.62	0.06	1.13	0.01	0.30
财富水平	−0.03	−1.13	−0.01	−1.41	−0.06*	−1.74	−0.01	−1.31
收入风险	0.13	0.49	0.23	1.04	0.43	0.92	0.32	1.59
种养户	−0.85	−1.25	0.15	0.65	−0.71	−1.12	0.29	0.89
打工户	0.16	0.34	0.03	0.06	0.02	0.05	0.14	0.42
个体工商户	0.15	0.34	0.16	0.44	0.28	0.71	0.51	1.54
信用历史	−0.46	−1.14	−0.12	−0.33	−0.31	−0.83	−0.37	−1.20
社会资本	−0.26**	−2.31	−0.05	−0.98	−0.19*	−1.87	−0.02	−0.26
银行距离	0.02	0.47	0.05	1.43	0.04	0.83	0.03	0.93
突发事件	1.33***	2.60	0.87*	1.80	1.56***	3.54	1.01**	2.51
借款期限	−0.80***	−3.42	−0.12*	−1.69	−0.85***	−3.71	−0.17*	−1.70
农业投资	−2.10***	−2.96	0.67	1.08	−1.92***	−2.64	0.03	0.06
非农投资	−2.49***	−3.80	0.89*	1.90	−2.16***	−3.61	0.69*	1.69
常数项	2.86	1.05	0.66	0.26	0.80	0.28	−0.50	−0.23
Pseudo R^2	0.46				0.42			
Log likelihood	−275.76				−354.20			
Prob>chi2	0.00				0.00			
样本量	747				826			

对于评定等级绑定利率优惠的试验村，信用评级对零息非正规借款和高息非正规借款的影响均更加显著，一方面，绑定利率优惠可以激励农户从正规金融渠道获取消费性借款；另一方面，利率优惠使得高息非正规借款与正规借款利差加大，加之正规借款交易成本的降低，可以鼓励偏好高息非正规借款的农户转向正规借款。即使部分试验村评定等级并未绑定利率优惠，但由于正规借款交易成本明显降低，信用评级仍然显著促进了正规借款对高息非正规借款的替代。

9.4.2 信用评级对农户信贷配给的缓解

为了检验信用评级促进正规金融替代非正规金融的作用机制，以下分析信用评级对农户信贷配给类型的影响。得益于交易成本的降低，信用评级使原本缘于交易成本而选择非正规金融的农户转向了正规金融市场，即对农户的自我信贷配给具有显著的缓解作用；同时，由于村"两委"的参与，信用评级降低了市场信息不对称程度以及金融机构在农村地区的放贷成本，使金融机构将更多的信贷资金投放到农村地区，从而显著缓解了农户的银行信贷配给[①]。由于高收入农户本身就是农村金融机构的主要服务对象，信用评级对其自我信贷配给缓解作用显著，而对其银行信贷配给的缓解并未通过显著性检验。对于低收入农户贷款，银行内部规模不经济问题尤为突出，低收入农户长期受到正规金融排斥，而信用评级降低了银行信息收集成本，使低收入农户进入了正规金融服务门槛，对低收入农户受到的银行信贷配给具有显著的抑制作用（见表9-7）。

在家庭决策人特征方面，是否有技能和金融素养水平两个因素的影响显著。具体来说，有技能的农户受到银行信贷配给的概率更高，主要原因是有技能的农户多为创业户，家庭经营风险较大且资金需求旺盛，由于向银行申请贷款的概率较高而更容易受到银行信贷配给，但对于高收入农户，该因素影响并不显著；无论是对于高收入农户还是对于低收入农户，提高金融素养水平均能够显著降低其受到信贷配给的概率，因为金融素养较高的家庭，能更准确地把握自身资信，对金融机构的业务也更了解，因而受到自我信贷配给和银行信贷配给的概率均较低。

---

① 项目组访谈了衡东农村商业银行分管信贷投放的周行长，该观点得到其充分认可，并提供了2016~2020年信贷资金在城镇和农村地区的调配数据，进一步佐证该观点。感兴趣的读者可以索要。

表 9-7　信用评级对农户信贷配给的缓解（一）

变量	全样本				子样本 1：高收入农户				子样本 2：低收入农户			
	自我信贷配给		银行信贷配给		自我信贷配给		银行信贷配给		自我信贷配给		银行信贷配给	
	系数	z 值	系数	z 值	系数	z 值	系数	z 值	系数	z 值	系数	z 值
信用评级	-0.92***	-3.11	-0.37**	-2.06	-1.29***	-4.42	-0.09	-1.19	-0.62	-1.52	-0.54***	-3.89
决策人年龄	0.02	1.35	0.03	1.16	0.01	0.64	0.01	0.71	0.05	1.50	0.02	1.26
性别	0.05	0.23	0.48	1.25	0.09	1.03	0.44	1.23	0.03	0.15	0.36	1.17
健康状况	0.46	1.58	0.24	0.97	0.15	0.24	0.57	1.10	0.46	1.59	0.02	0.06
受教育水平	-0.13	-1.11	-0.03	-0.24	-0.12	-0.75	-0.05	-0.30	0.01	0.04	-0.05	-0.28
技能	0.28	1.61	0.28*	1.88	-0.05	-0.21	0.25	1.18	0.47	1.59	0.46*	1.82
风险厌恶程度	0.19	1.10	-0.03	-0.37	0.01	0.06	-0.06	-0.77	0.17	0.79	-0.02	-0.21
金融素养	-0.18***	-2.66	-0.18***	-2.58	-0.25**	-2.44	-0.16*	-1.74	-0.22**	-1.96	-0.18*	-1.79
家庭规模	0.05	1.16	-0.05	-1.42	0.05	0.91	-0.06	-1.20	0.08	0.93	-0.08	-0.98
非劳动力占比	0.39	0.90	0.65	1.58	-0.54	-0.74	0.33	0.46	1.37*	1.92	1.06*	1.68
公务 / 银行从业人员	-0.72***	-2.74	-0.78***	-3.23	-0.97***	-2.86	-0.67**	-2.31	-0.59	-1.03	-0.83*	-1.78
经营土地面积	0.06	0.84	0.06	1.07	0.04	0.44	0.05	1.03	-0.01	-0.05	0.01	0.75
收入水平	0.01	0.56	0.01	1.32	0.01	0.53	0.01	1.04	0.04	0.63	-0.01	-0.21

续表

变量	全样本				子样本1: 高收入农户				子样本2: 低收入农户			
	自我信贷配给		银行信贷配给		自我信贷配给		银行信贷配给		自我信贷配给		银行信贷配给	
	系数	z值	系数	z值	系数	z值	系数	z值	系数	z值	系数	z值
财富水平	-0.06***	-2.98	-0.02**	-2.04	-0.03*	-1.75	-0.02*	-1.65	-0.19**	-2.35	-0.18***	-3.19
收入风险	0.14	1.30	0.14	1.35	0.19	1.21	0.12	0.82	0.05	0.22	0.21	1.23
种养户	-0.58**	-2.53	-0.35*	-1.65	-0.41*	-1.73	-0.49*	-1.95	-0.88**	-2.15	-0.33	-1.52
打工户	0.01	0.31	0.21	1.50	0.08	0.31	0.31	1.30	0.46	1.46	0.22	0.76
个体工商户	0.12	0.71	0.29*	1.80	0.15	0.75	0.22	0.91	0.13	0.57	0.64**	2.35
信用历史	0.03	0.16	0.24	1.45	0.03	0.12	0.49**	2.13	0.32	1.04	0.03	0.11
社会资本	-0.06	-1.28	-0.05	-0.94	-0.11*	-1.73	-0.05	-0.68	0.06	0.69	-0.08	-1.04
银行距离	0.04	1.50	0.01	0.74	0.05	1.54	0.01	0.28	0.05	1.40	0.03	1.06
突发事件	0.64**	2.01	0.28**	1.99	0.21**	1.98	0.09	1.48	0.73***	2.28	0.39**	2.02
常数项	-3.39***	-2.39	-4.93***	-3.25	3.92**	2.43	-2.14	-1.38	-4.72***	-3.12	-4.65***	-3.56
Pseudo R²	0.57		0.49		0.48		0.56		0.69		0.61	
Log likelihood	-178.35		-224.27		-95.99		-121.30		-67.52		-88.62	
Prob>chi2	0.00		0.00		0.00		0.00		0.00		0.00	
样本量	1125				565				560			

在家庭特征方面，非劳动力占比增加会显著促使低收入农户受到信贷配给，一方面，非劳动力占比较高的低收入农户，更多倾向于基于地缘、血缘和业缘的零息非正规借款而受到自我信贷配给；另一方面，由于家庭抗风险能力较弱，也更容易受到银行信贷配给。而对于家中有公务或银行从业人员，以及财富水平较高的农户，由于拥有抵押担保物（人），同时也更容易享受到利率优惠，从而不易受到自我或银行信贷配给。得益于各项针对新型农业经营主体的扶持政策，以种养业为家庭主要收入来源的规模农户受到信贷配给的概率较低。此外，家中是否有突发事件也是促使农户受到信贷配给的重要因素。

为了考察不同评级机制的影响差异，此处同样利用村"两委"参与程度不同的试验村农户子样本，以及利率优惠机制不同的试验村农户子样本对模型进行重新估计，结果如表 9-8 和表 9-9 所示。

表 9-8 信用评级对农户信贷配给的缓解（二）

变量	子样本 3：村"两委"是评级小组成员				子样本 4：村"两委"不是评级小组成员			
	自我信贷配给		银行信贷配给		自我信贷配给		银行信贷配给	
	系数	z 值	系数	z 值	系数	z 值	系数	z 值
信用评级	−1.04***	−4.55	−0.42***	−3.02	−0.32**	−2.03	−0.26	−1.62
决策人年龄	0.02	1.48	0.03	1.13	0.02	1.37	0.03	1.27
性别	0.01	0.03	0.46	1.39	0.09	0.32	0.08	0.28
健康状况	0.32	0.98	0.31	1.04	0.39	1.00	0.34	0.93
受教育水平	−0.18	−1.39	−0.10	−0.83	−0.14	−1.07	−0.16	−0.98
技能	0.23	1.43	0.15	0.90	0.37*	1.73	0.37*	1.86
风险厌恶程度	0.02	0.33	−0.12	−1.34	0.03	0.48	−0.02	−0.13
金融素养	−0.18**	−2.39	−0.13*	−1.66	−0.14*	−1.68	−0.22**	−2.08
家庭规模	0.07	1.38	−0.07	−1.58	0.02	0.37	−0.03	−0.49
非劳动力占比	0.28	0.56	0.53	1.12	0.51	0.90	0.25	0.41
公务/银行从业人员	−0.72**	−2.39	−0.73***	−2.61	−0.78**	−2.33	−1.41***	−3.45
经营土地面积	0.01	0.15	0.03	0.59	0.07	1.12	0.09	1.21
收入水平	0.01	0.24	0.02	1.27	0.03	1.31	0.01	0.38
财富水平	−0.04**	−2.11	−0.04***	−2.71	−0.11***	−3.44	−0.03*	−1.87
收入风险	0.17	1.34	0.13	1.08	0.03	0.17	0.09	0.58

变量	子样本3：村"两委"是评级小组成员				子样本4：村"两委"不是评级小组成员			
	自我信贷配给		银行信贷配给		自我信贷配给		银行信贷配给	
	系数	z值	系数	z值	系数	z值	系数	z值
种养户	−0.66**	−2.55	−0.51**	−2.04	−0.75**	−2.37	−0.59*	−1.69
打工户	0.13	0.68	0.19	1.01	0.01	0.03	0.33	1.35
个体工商户	0.09	0.42	0.29	1.56	0.21	0.92	0.38	1.43
信用历史	0.18	0.82	0.37*	1.83	0.19	0.78	0.09	0.36
社会资本	−0.04	−0.87	−0.02	−0.29	−0.03	−0.54	−0.06	−1.01
银行距离	0.03	1.22	0.01	1.06	0.02	0.78	0.01	1.04
突发事件	0.59*	1.89	0.19*	1.79	0.72**	2.12	0.34**	2.04
常数项	−2.38**	−2.12	−4.37***	−3.69	−3.87***	−3.10	−3.68***	−2.62
Pseudo R²	0.59		0.49		0.66		0.62	
Log likelihood	−138.41		−176.25		−108.11		−101.61	
Prob>chi2	0.00		0.00		0.00		0.00	
样本量	810				830			

表9-9 信用评级对农户信贷配给的缓解（三）

变量	子样本5：评定等级绑定利率优惠				子样本6：评定等级未绑定利率优惠			
	自我信贷配给		银行信贷配给		自我信贷配给		银行信贷配给	
	系数	z值	系数	z值	系数	z值	系数	z值
信用评级	−1.02***	−4.76	−0.42**	−2.18	−0.74**	−2.08	−0.22	−1.39
决策人年龄	0.01	1.18	0.03	1.25	0.03	1.45	0.02	1.05
性别	0.03	0.19	0.47	1.64	0.06	0.68	0.22	0.89
健康状况	0.53	1.55	0.26	1.21	0.24	0.68	0.35	0.85
受教育水平	−0.22	−1.35	−0.23	−1.58	−0.10	−0.95	−0.14	−0.99
技能	0.26	1.38	0.27*	1.86	0.29	1.59	0.25*	1.77
风险厌恶程度	0.06	0.54	−0.09	−0.82	0.08	0.70	−0.02	−0.23
金融素养	−0.19**	−2.24	−0.22**	−2.51	−0.16**	−2.05	−0.15*	−1.67

续表

变量	子样本 5: 评定等级 绑定利率优惠				子样本 6: 评定等级 未绑定利率优惠			
	自我信贷配给		银行信贷配给		自我信贷配给		银行信贷配给	
	系数	z 值	系数	z 值	系数	z 值	系数	z 值
家庭规模	0.03	0.46	−0.04	−1.04	0.08	1.52	−0.07	−1.59
非劳动力占比	0.16	0.28	0.43	1.24	0.37	0.99	0.69	1.60
公务 / 银行从业人员	−0.73**	−2.24	−0.69**	−2.20	−0.72**	−2.30	−1.52***	−3.92
经营土地面积	0.13	0.88	0.08	1.18	0.08	1.09	0.05	0.92
收入水平	0.01	0.40	0.01	0.92	0.03	1.46	0.02	1.53
财富水平	−0.05**	−2.15	−0.03*	−1.68	−0.10***	−3.47	−0.02**	−1.99
收入风险	0.18	1.32	0.19	1.43	0.09	0.66	0.03	0.22
种养户	−0.82***	−2.78	−0.64**	−2.10	−0.45*	−1.66	−0.55*	−1.89
打工户	0.06	0.91	0.18	1.36	0.02	0.11	0.20	1.51
个体工商户	0.06	0.26	0.34	1.55	0.23	1.16	0.27	1.26
信用历史	0.09	0.84	0.28	1.50	0.04	0.17	0.30	1.54
社会资本	−0.02	−0.46	−0.02	−0.26	−0.05	−1.08	−0.05	−0.95
银行距离	0.04	1.43	0.02	1.04	0.01	0.35	0.03	1.50
突发事件	0.24*	1.71	0.23*	1.73	0.74**	2.16	0.32**	2.13
常数项	−2.33*	−1.94	−3.86***	−3.14	−4.32***	−3.67	−3.61***	−2.96
Pseudo R²	0.62		0.55		0.62		0.57	
Log likelihood	−117.07		−131.86		−129.52		−139.07	
Prob>chi2	0.00		0.00		0.00		0.00	
样本量	772				868			

　　在部分试验村，村"两委"积极响应国家乡村振兴战略，尤其重视发展当地产业，重视产业融合，鼓励、动员本村农户返乡创业，选择当地就业，尤其将解决农户融资难问题作为工作的重中之重，此类试验村村"两委"往往与当地农村金融机构往来密切，积极争取各项融资优惠政策，包括在信用评级

工作的开展中，全力配合信息收集工作，通常直接作为信用评级小组成员，以降低农村金融机构的评级成本，促使本村享受到信用贷款甚至利率优惠，以发展本村经济。由于村"两委"对本村农户信息掌握较为充分，且同为农户的身份使其风险揭示能力更强，与农户之间更加亲密，村"两委"参与程度较高的试验村，农村金融机构也往往更愿意投放信贷资金，因此，信用评级制度的效果更加明显。模型估计结果也显示，村"两委"是评级小组成员的试验村，信用评级对农户的自我信贷配给以及银行信贷配给均具有显著的缓解作用；在村"两委"不是评级小组成员的试验村，村"两委"仅仅辅助金融机构收集农户信息，例如在村民微信群传递消息等，参与程度有限，信用评级对农户银行信贷配给的影响未能通过显著性检验。

为了调动农户的积极性，部分试验村辖内农村金融机构网点将评定等级作为贷款利率优惠的依据，随着农户对利率的逐渐敏感，这一制度为农村金融机构吸引了优质客户，部分缘于时滞、交易成本而主动选择非正规借款的农户逐渐转向了正规借款，也鼓励了银行将更多的信贷资金投放到农村地区。模型估计结果也显示，评定等级绑定利率优惠的试验村，信用评级对农户自我信贷配给和银行信贷配给的缓解作用更加显著；在评定等级未绑定利率优惠的试验村，信用评级对农户银行信贷配给的抑制作用并未通过显著性检验。

9.5　结论与政策启示

立足于试验区实践，在阐述中国农户信用评级基本制度的基础上，本章基于信息不对称及银行内部规模不经济理论，探讨了评级对农村二元金融市场结构的影响，并进一步分析了不同评级机制的影响差异，同时，利用试验区逐户评级村及未评级村农户样本进行了实证检验。主要得出以下结论：通过缓解正规信贷市场信息不对称，减少农户正规借款的交易成本，信用评级抑制了正规信贷市场上的自我信贷配给行为；同时，通过降低农村金融机构信息成本，缓解其内部规模不经济问题，信用评级同样抑制了农户，尤其是低收入农户的银行信贷配给；由于降低了农户受到信贷配给的概率，信用评级对正规金融替代非正规金融的促进作用显著。具体到评级机制，村"两委"参与程度越高，农村正规信贷市场信息不对称及银行内部规模不经济问题越能够得到有效缓解，因此，信用评级的效果也更加显著；同时，随着农户收入水平的逐步提高、理财产品的不断丰富以及融资渠道的逐渐多元化，评定等级绑定利率优惠之一评级机制，同样可以增强信用评级的影响。

　　基于以上结论，本章认为，在农业规模化经营以及农户返乡创业就业的国情下，应积极鼓励农村金融机构开展农户信用评级，以促进农村金融更好地服务乡村振兴战略；在具体的实践中，应重点发挥村"两委"的信息服务功能，以降低银行评级成本，同时，考虑将评定等级绑定利率优惠，以更好地服务农户生产投资。另外，随着县域金融机构间竞争越发激烈以及互联网金融的发展，农村金融机构在开展农户信用评级的同时，应充分利用互联网技术，甚至将"小农户"发展成为"长尾客户"，以应对大银行的强势竞争。

第10章 信用评级对农村商业银行二元绩效的影响

10.1 引　言

中国农村贷款技术的一系列改革和创新，除了学者广泛关注的抵押担保品创新以外，还包括农户信用评级制度的应用。中国农户信用评级总体属于农村商业银行（以下简称农商行）内部评级，"信用评级＋信用贷款"即实践中的评级授信，开展县（市/区）域主要位于陕西、辽宁、湖南、广东、内蒙古、黑龙江、宁夏、云南、甘肃、山西、浙江等省份。已有研究表明，信用评级可以在一定程度上替代抵押物（董晓林等，2017），提高农户的信贷需求及可获性（丁骋骋和周群力，2012；张三峰等，2013a），促进农民创业（张宁和吴依含，2021）。然而，经济学中，制度的研究，不仅要分析收益，还应考察成本。农商行是信用评级的主要践行者，该制度在缓解信息不对称的同时，也增加了其运营成本，收集、更新农户信息需要投入大量的资源，并且，从理论上来讲，信用贷款的风险也大于抵押担保贷款，已有研究也表明，信用风险会降低银行效率（陈诗一等，2018）。那么，信用评级对农村金融机构的绩效影响如何？

另外，随着金融行业竞争越发激烈以及国家政策的积极引导，各类银行网点不断下沉，县域金融市场已经成为国有商业银行、股份制银行积极拓展的新版图。农商行作为县域金融服务的主力军，面对大银行的强势竞争，难免流失部分优质客户，加之大银行的金融科技发展水平较高，同时，其他公司设立了专门的农村金融部门，农商行在网点及信息获取效率等方面的优势未来将不再明显。农商行不得不思考如何守住市场，以及如何实现对长尾市场的拓展，以寻求新的利润增长点，形成自身的核心竞争力，农户信用评级便是策略之一。从农商行的角度来讲，农户信用评级可以说是一种营销手段，面对县域金融供给不断多元化，为了克服"单相思"、成为客户首先选择的融资渠道，农商行通过开展信用评级，将信息收集、更新置于贷前，且既定等级绑定一定额度的信用贷款，加之数字技术的应用，大大降低贷款时的交易成本，使农户在有资金需求时，第一时间想到开展评级的农商行。已有研究也表明，农户更倾向于从开展信用评级的银行获得贷款（张三峰等，2013b）。近年来，部分农商行以整村推进的方式开展农户信用评级，那么这一策略对其社会绩效和经营绩效影响如何？

进一步地，各家农商行农户信用评级制度安排存在差异：在村"两委"的参与程度方面，各地区基本上是农商行与村"两委"共同参与，有一类地区村"两委"参与程度较高，直接作为评级小组成员，还有一类地区村"两委"仅仅协助农户信息收集工作；在信用评级的应用方面，各家农商行均绑定了信用贷款，但是部分农商行还绑定了贷款利率优惠。农商行的农户信息收集成本和贷款利率较高，那么，不同的制度安排下，农户信用评级对其绩效影响是否存在差异？ 2020 年中央一号文件指出鼓励开展县域农户、中小企业信用等级评价，对以上问题的研究，可以为中国农户信用评级制度的优化提供科学依据，促进农村金融服务乡村振兴战略。

10.2　文献综述

关于农户信用评级的学术研究较少，学者主要从资金需求方的角度分析制度效应，主题聚焦于信用评级对农户融资偏好及正规融资约束的影响。例如，丁骋骋和周群力（2012）基于温州数据分析了信用评级对农户正规融资的影响，发现评级在一定程度上缓解了正规融资约束，但农户资金需求仍处于"吃不饱"状态。也有学者基于全国样本进行研究，如张三峰等（2013b）使用中国人民银行在全国 10 个省份开展的农户借贷专项调查数据，运用多项 Logit 模型检验了信用评级对农户融资渠道选择的影响，结果表明，信用评级后的农户更愿意从农村信用社融资。进一步地，张三峰等（2013a）考察了信用评级对农户正规信贷配给的影响，认为在其他条件不变的情况下，信用评级在整体上缓解了农户受到的正规信贷配给。

另外，较多学者分析了小额信贷对农户融资约束的缓解作用（程恩江和刘西川，2010；张正平和王麦秀，2012）。也有学者指出，完善的小额信贷制度应当兼顾服务目标以及商业的可持续性目标，商业化转型的核心是可持续发展，即经营收益需覆盖运营成本（Churchill，2020）。针对该问题的研究多集中于小额信贷开展机构的收益和成本两方面。例如，Zamore（2018）探究了收入多元化对小额信贷机构财务绩效的影响，并得出收入来源的多元化能够提高其可持续性与盈利能力的结论。Hermes 和 Lensink（2011）指出由于交易成本以及信息成本较高，提供小额信贷的代价也较为高昂，导致多数小额信贷项目在补贴之下才得以持续运营。类似地，Huybrechs 等（2019）、Atahau 等（2020）利用不同国家的数据探讨了影响小额信贷可持续的因素。

然而，国际小额信贷的强制存款、分期还款等机制并未应用于国内金融机构实践，在中国小额信贷模式中，相当一部分属于金融机构基于农户信用评级的小额信用贷款。鉴于此，徐祥临和魏丽莉（2012）对尤努斯模式和郁南模式两种小额信贷机制进行了比较，指出国内"信用评级 + 信用贷款"的小额信贷模式不同于国际小额信贷，认为前者更适合中国。类似研究还包括张乐柱和胡浩民（2011）。但是部分文献在研究中，并未对国内小额信贷与国际小额信贷从概念上加以区分（李莹星，2015）。

信用评级的效应不仅要考察农户，还应考虑实施评级的农村金融机构。目前，国内分析农村金融机构内部信用评级对其绩效影响的文献缺乏。仅少数文献分析了小额信贷业务风险及其可持续性。例如，童元保和齐伟娜（2014）基于海南的实践，从理论层面对农村信用社的小额信贷业务可持续性及风险进行了分析，指出小额信贷业务的发展离不开政府的参与和支持；吕德宏和朱莹（2017）依据陕西关中地区农户调查数据，研究了影响不同类型农户小额信贷风险的主要因素。

因此，本章的边际贡献主要在于：第一，异于已有研究聚焦制度受益者的角度，本章从信用评级践行者的角度分析制度效应，考察信用评级对农商行社会绩效和经营绩效的影响，从而为制度的商业可持续性提供证据；第二，通过选择制度安排不同的样本农商行，探讨不同信用评级制度安排的作用差异，为未来中国农户信用评级制度的优化提供现实依据；第三，鉴于各省农商行发展水平差异较大，本章通过选择典型试验区，从同一省份抽取制度的作用组与对照组进行分析，使得实证结论更加稳健。

10.3　理论分析与假说提出

农商行绩效包括经营绩效和社会绩效，其中经营绩效是指其商业可持续能力（何婧和何广文，2015）；社会绩效是指其服务农户的广度（服务更多农户）和深度（服务更"小"农户）（刘丹和张兵，2018；刘家松等，2019）。为了论述农户信用评级对农商行绩效的影响，以下立足于中国农户信用评级基本制度，从市场供给方和需求方（即农商行和农户）的视角进行评级效应分析，并进一步讨论不同制度安排下的影响差异（见图10-1）。

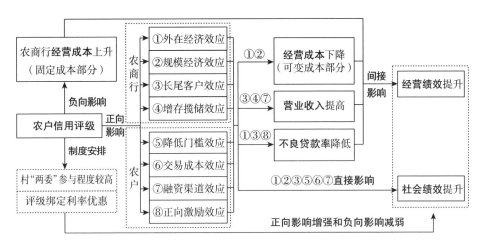

图 10-1　农户信用评级对农商行绩效的影响机制

10.3.1　市场供给方：农商行角度

在农户信用评级的负向影响方面，农商行与农户之间属于弱关系，农户在提供家庭资产、收入和经营等敏感信息过程中，对农商行这一"圈外人"缺乏信任，普遍存在担心信息泄露的心理；由于农户信息和评定等级逐年更新，为了保证信息质量，农商行需要投入大量的资源；例如，为了提高村"两委"的参与程度，向村"两委"提供资金补偿，再如，为了提高农户的积极性，向试点村农户发放礼品，这无疑增加了其运营成本。具体来说，在农商行每年的经营成本中，多出了一部分因开展农户信用评级而产生的固定成本。但是，一方面，"村'两委'参与"是评级的基本机制，村"两委"与农户之间属于强关系，农户对村"两委"这一"圈内人"更加信任，村"两委"对农户信息的掌握更加充分，信息成本也较低（周明栋和陈东平，2018）；村"两委"协助信息收集、核实和更新，甚至直接作为评级小组成员，有效缓解了农商行固定成本上升压力。另一方面，农户、村"两委"和农商行对信息技术的应用程度逐渐加深（张岳和周应恒，2022）。例如，在信息收集过程中，信息传递等工作可以在线上完成，再如，农商行采用的农户信用信息系统越发专业，使得信息的保存、更新、导入和导出以及等级的评定等更加便捷，同样缓解了经营成本的上升压力。

（1）外在经济效应。

前文分析表明，"村'两委'参与"的农户信用评级，缓解了农商行与农户之间的信息不对称问题，即银行产生了外在经济。外在经济效应能够降低农商行日常贷款业务成本，即可变成本下降，从而促进其经营成本的下降。此外，已有研究表明，信息质量的提高能够有效抑制农商行较高的不良贷款率（周明栋和陈东平，2018）；信用环境的改善会增加金融机构向农村地区的信贷供给（权飞过和王晓芳，2021）；因此，外在经济效应同样能够降低农商行不良贷款率并提高其社会绩效。

（2）规模经济效应。

银行向农户贷款存在额度小、信息成本高现象，即规模不经济问题。由于评定等级绑定一定额度信用贷款，农商行日常办理农户贷款业务时，可变成本中的信息成本为零，加之信息技术的应用，交易成本亦可以忽略不计。对于农商行而言，信用评级的开展使试验区农户贷款的边际成本几乎为零，即产生了规模经济效应。农户信用评级制度的践行形成了较高的固定成本，为了覆盖成本，充分发挥这一既定制度的经济效益，农商行加大了农村地区信贷资金投放比例，扩大了农户贷款覆盖面（张宁等，2022）。部分试验区甚至以（较未开展评级村庄）更优惠的利率向参评村庄农户提供贷款，以刺激有效资金需求，增加农商行贷款规模，即通过提高后期营业收入来覆盖前期增加的固定成本。因此，规模经济效应的产生，不仅可以降低银行经营中的可变成本，还可以提高农商行金融服务广度，进而提高社会绩效。

（3）长尾客户效应。

前文指出，信用评级存在长尾客户效应。长尾客户效应的直接影响提高了农商行的社会绩效，尤其是金融服务的深度。关注对经营绩效的影响，一方面，随着农业规模化经营，农业、农村释放出的低收入家庭剩余劳动力大量流入城镇家政等服务业，较高的劳动力成本使得低收入农户非农收入水平显著提高，还款能力上升（方毅等，2021）；另一方面，长尾客户效应降低了农商行的贷款集中度，而贷款集中度的下降对不良贷款率具有一定的抑制作用（徐成江，2017）。因此，由于存在长尾客户效应，农户信用评级对农商行较高的不良贷款率具有一定的抑制作用。此外，由于存在规模经济效应，长尾客户效应还能够提高农商行营业收入。

（4）增存揽储效应。

农商行在评定等级时，本行的存款客户会有一定的加分，因此，信用评级的开展，会增加其存款业务量。另外，前文分析表明，农户信用评级的开展会促进正规金融对非正规金融的替代。由于非正规借款需求减少，非正规金融市场资金流向正规金融市场，农商行是农村正规金融市场最主要的供给方，存款规模增加。农户信用评级的增存揽储效应，有益于农商行贷款业务扩张，从而促进营业收入的提高。

10.3.2　市场需求方：农户角度

（1）降低门槛效应和交易成本效应。

前文分析表明，对于农户而言，信用评级具有降低金融服务门槛和交易成本的效应，这两个效应有利于农户正规信贷需求及可获性的提高，进而促进农商行社会绩效的提升。

（2）融资渠道效应。

缘于降低门槛效应和交易成本效应，融资需求受到抑制以及偏好从非正规金融市场或其他银行融资的农户，将倾向于从开展评级的农商行融入资金，即农户信用评级具有融资渠道效应。已有研究也表明，农户更倾向于从开展评级的银行融入资金（张三峰等，2013b）。由于农户倾向于将钱存入对其进行评级的贷款行，因此，融资渠道效应不仅能够增加其贷款业务量，还能够强化增存揽储效应。此外，融资渠道效应同样能够提高农商行金融服务广度，从而也有益于其社会绩效提升。

（3）正向激励效应。

由于农商行对信用等级进行逐年更新，对于有拖欠贷款等失信行为的农户，其等级会被调低。而对于无违约行为的贷款户，可以申请提高其信用等级及绑定的贷款额度。出于对资金的长期需求以及自身声誉的考虑，农户会尽可能落实所借资金去向并按期偿还贷款。因此，信用等级的评定及更新对农户具有正向激励效应，有利于降低农商行的不良贷款率。

基于以上正向效应的分析，虽然农户信用评级增加了农商行的固定成本，但同时能够降低可变成本，提高营业收入以及抑制较高的不良贷款率；同时，鉴于村"两委"的参与和信息技术的应用可以缓解评级带来的固定成本增加压力，本章认为农户信用评级对农商行经营绩效的总体影响是正向的。据此，本章提出以下两个假说，其中，假说 1 为基准假说，假说 2 阐明信用评级对农商行经营绩效的影响机制。

假说 1：农户信用评级对农商行社会绩效和经营绩效的提升具有促进作用。

假说 2：虽然农户信用评级会增加农商行经营成本，但也能够提高营业收入，降低不良贷款率，因而对经营绩效具有正向影响。

10.3.3 不同制度安排的影响差异

（1）村"两委"参与程度不同。

村"两委"收集的农户信息质量更高，尤其是对于软信息，信息成本也较低。在农户信用评级过程中，村"两委"参与程度越高，农商行开展评级带来的固定成本上升压力越能够得到有效缓解。同时，缘于信息质量较高，村"两委"参与程度的提高还能够增强农户信用评级的外在经济效应，对规模经济效应、长尾客户效应和增存揽储效应的提升也具有一定的促进作用。

（2）评级是否绑定利率优惠。

农户对利率是敏感的（张宁等，2015），绑定利率优惠有利于提高农户参与评级的积极性，从而提高其提供信息的质量；农商行信息收集成本降低，信息质量提高，因评级而产生的固定成本随之降低。由于较低的利率水平能够刺激农户信贷需求，因此，绑定利率优惠的制度安排还能够增强农户信用评级的规模经济效应、长尾客户效应、增存揽储效应、融资渠道效应和正向激励效应。此外，相较于城镇居民，农商行的农户贷款利率往往较高，而较高的贷款利率会引致逆向选择和道德风险问题，贷款利率的降低可以抑制农商行较高的不良贷款率（周明栋和陈东平，2018）。以上分析表明，在村"两委"参与程度较高以及评级绑定利率优惠的制度安排下，农户信用评级的正向影响增强，而负向影响减弱，据此，本章提出以下假说：

假说3：在村"两委"参与程度较高以及评定等级绑定利率优惠的制度安排下，农户信用评级对农商行绩效的影响增强。

10.4　实证设计

10.4.1　典型试验区选择

湖南全省农商行共计102家，本章利用其中99家[①]2013~2021年的面板数据进行实证分析。54家农商行于2017年底或2018年初开展了农户信用评级，45家尚未开展相关工作。评级制度安排方面，54家农商行辖内的村"两委"均参与农户信息收集、更新工作，且评定等级均绑定一定额度的信用贷款，但村"两委"参与程度及评定等级的应用方面存在差异。其中，辖区内村"两

---

① 3家数据有缺失，被剔除样本。

委"直接作为评级小组成员的农商行共计 24 家，评定等级绑定利率优惠的农商行共 21 家，两种制度安排均有的农商行共计 10 家。试验区选择的依据：第一，评级制度安排在不同县域存在差异，可以考察不同信用评级制度的影响差异，进而更好地评价制度；第二，该试验区信用评级开展规模较大，且各家农商行存在差异，可以更好地判断信用评级的影响。

10.4.2　变量选择与说明

10.4.2.1　被解释变量

借鉴刘丹和张兵（2018）、刘家松等（2019）的研究，用农商行在农村地区贷款户数占所在县域农户总数的比重刻画金融服务广度，该指标数值增加，说明服务的农户越多，即金融服务广度提高；用农村平均每笔贷款额（辖内农村贷款总额 / 贷款总笔数）除以所在县域人均 GDP 来刻画样本农商行金融服务深度，该指标数值越小，说明服务的农户越"小"，即金融服务深度加大。参考何婧和何广文（2015）、申创和刘笑天（2017）的研究，用 ROA 和 ROE 测度农商行经营绩效。借鉴李建军和姜世超（2021）的研究，为了探究农户信用评级对农商行经营绩效的影响机理，本章的被解释变量还包括银行成本收入比、营业收入、营业费用和不良贷款率。

10.4.2.2　解释变量

刻画信用评级的变量包括开展与否和开展规模，对于开展评级的农商行，2018~2021 年取值为 1，之前年份取值为 0，对于未开展评级的银行，取值为 0；选择逐户评级村占辖区内村庄总数比重来量化各家农商行的信用评级开展规模。为了检验假说 3，即不同制度安排下的影响差异，本章将评级银行分为村"两委"是评级小组成员和不是评级小组成员两类，分别加上未开展评级银行样本，形成子样本 1 和子样本 2；改变分类依据，将评级银行分为评定等级绑定利率优惠和不绑定利率优惠两类，同样加上未开展评级银行样本，形成子样本 3 和子样本 4；利用以上 4 个子样本，分别重新估计模型。

10.4.2.3　控制变量

参考何婧和何广文（2015）、刘丹和张兵（2018）、李建军和姜世超（2021）、周边等（2021）的研究，影响银行绩效的因素包括自身经营特征和所在县域经济发展等状况两个方面。具体包括：银行资产规模、资产负债率、存贷比、资本充足率、股权结构、市场份额、贷款利率、员工人数和网点数目；人口密度、财政支出、人均 GDP 和 GDP 增速。具体变量说明如表 10–1 所示。

表 10-1 变量说明与描述性统计

变量分类	变量	变量说明	观测值	均值	标准差
社会绩效	金融服务广度	农村地区贷款户数 ×100/ 所在县域农户数	891	8.79	2.26
	金融服务深度	农村平均每笔贷款额 / 所在县域人均 GDP	891	1.17	0.41
经营绩效	ROA	总资产收益率 = 净利润 / 总资产（%）	891	1.06	0.30
	ROE	净资产收益率 = 净利润 / 净资产（%）	891	17.24	3.08
	成本收入比	营业费用 / 营业收入（%）	891	77.98	3.06
	营业收入	主营业收入与非主营业收入（亿元）	891	7.13	7.89
	营业费用	开展日常经营活动所发生支出（亿元）	891	5.54	5.89
	不良贷款率	年末银行统计的不良贷款比例（%）	891	4.06	2.37
信用评级	开展与否	是否开展农户信用评级；是 =1，否 =0	891	0.24	0.43
	开展规模	逐户评级村占辖区村庄总数比重（%）	486	34.96	15.27
	制度安排 1	村 "两委" 为评级小组成员；是 =1，否 =0	486	0.44	0.50
	制度安排 2	评定等级绑定利率优惠；是 =1，否 =0	486	0.39	0.49
控制变量	资产规模	银行总资产（十亿元）	891	8.07	8.38
	资产负债率	银行负债 / 总资产（%）	891	94.94	2.76
	存贷比	银行年末贷款余额 / 存款余额（%）	891	55.93	11.22
	资本充足率	银行年末统计的资本充足率（%）	891	14.29	2.23
	股权结构	前两大股东持股比例（%）	891	21.32	5.27
	市场份额	银行年末贷款余额 / 全县贷款余额（%）	891	31.82	6.19
	贷款利率	银行（按贷款额）加权平均贷款利率（%）	891	7.13	6.12
	员工人数	银行正式员工人数（十人）	891	33.43	22.02
	网点数目	银行辖内网点数目（个）	891	36.60	9.26
	人口密度	所在县域常住人口 / 土地面积（十人 / 平方千米）	891	29.18	13.42
	财政支出	地方一般公共预算支出 / 县域 GDP（%）	891	22.59	12.20
	人均 GDP	所在县域人均地区生产总值（万元）	891	4.35	2.40
	GDP 增速	所在县域 GDP 同比增长率（%）	891	7.62	5.28

10.4.3　模型构建与数据来源

10.4.3.1　基本模型

由于来自同一个省份，经营上的可比性较强，因此，本章在农户信用评级这一外生政策冲击的准自然实验框架下，探究农商行经营绩效和社会绩效是否受到影响。针对计量分析中可能出现的遗漏变量、反向因果等内生性问题，构建如下双重差分（DID）模型评估因果效应：

$$y_{it} = \alpha + \beta time_t \times treat_i + \chi X_{it} + \delta_t + \gamma_i + \varepsilon_{it} \tag{10-1}$$

其中，i 表示样本农商行，t 表示不同样本期；y_{it} 表示 t 时期、个体 i 的社会绩效和经营绩效。如果样本行 i 开展了农户信用评级，$treat_i$ 等于 1，未开展农户信用评级则等于 0；鉴于样本行信用评级始于 2017 年底，$time_t$ 在 2018 年及以后取值为 1，2018 年以前等于 0；$time_t \times treat_i$ 系数 β 捕获的是信用评级这一金融制度的最终影响。X_{it} 为一系列控制变量。δ_t 控制时间效应，γ_i 代表个体固定效应。

然而，通过双重差分（DID）模型评估政策效应依赖于平行趋势假定，即作用组与对照组在受到信用评级这一外生政策冲击前，关注的变量需在两组间呈现共同变化趋势。故本章参照 Beck 等（2010），采用事件研究法（Event Study Approach），既可考察两组样本农商行在开展信用评级前是否具有平行趋势，还能分析信用评级对因变量的动态政策效果，构建模型如下：

$$y_{it} = \alpha + \sum_{t=2013}^{2021} \beta_t time_t \times treat_i + \chi \sum X_{it} + \delta_t + \gamma_i + \varepsilon_{it} \tag{10-2}$$

具体以开展信用评级前一期为基准；其中，β_t 表示 2013~2021 年的一系列估计值（除基准期），其他变量定义与 DID 模型相同。此外，由于各家农商行农户信用评级的开展规模不同，为了更好地检验假说，本章同时构建如下面板模型：

$$y_{it} = \alpha' + \beta' R_{it} + \chi' X_{it} + \gamma'_i + \mu_{it} \tag{10-3}$$

其中，R_{it} 表示银行信用评级的开展规模，2018 年以前该指标取值为 0，2018 年及以后，作为对照组的未开展评级行同样取值为 0，α'、β' 和 χ' 是待估系数，γ'_i 是个体固定效应，μ_{it} 为服从标准正态分布的随机扰动项。

10.4.3.2　数据来源

99 家样本农商行经营数据来源于湖南省农村信用社联合社，对于缺少的农村地区贷款户数、县域农户总数、辖内农村贷款总额和总笔数、逐户评级村庄数目、辖内村庄总数和信用评级制度安排等相关信息，调研组经由省联社发放问卷进行了补充调查。2013~2020 年县域层面数据来源于 2014~2021 年《湖南统计年鉴》；2021 年数据来源于湖南省各市统计局网站中各县（区）《2021 年国民经济和社会发展统计公报》。

10.5　模型估计结果分析

10.5.1　影响分析：检验假说 1

　　DID 模型估计结果显示，信用评级的开展对农商行社会绩效和经营绩效均产生了显著影响（见表 10-2）。社会绩效即农商行农村地区金融服务广度和金融服务深度，显著提高的原因主要在于，一方面，信用评级改变了农户融资渠道，由于属于贷前评级，农户向农商行贷款的交易成本显著降低，与亲友借贷趋同，评级使农户更倾向于从农商行获得融资；另一方面，由于是贷前评级，贷款过程中无须额外的信息收集工作，信用评级的开展使农商行向"规模农户"与"小农户"放贷的交易成本趋同，同时，为了发挥农户信用评级这一制度的经济效益，农商行增加了农村地区的贷款投放。以 ROA 和 ROE 为因变量的 DID 模型估计结果显示，信用评级的开展显著提高了农商行的经营绩效。因为信用评级的开展提高了农商行的存贷款业务量，同时能够降低不良贷款率；此外，农村地区贷款利率较城镇地区更高，对于农商行来讲，存贷款利差更大，有利于其经营绩效的提高。

表 10-2　信用评级与社会绩效、经营绩效

变量	（1）金融服务广度		（2）金融服务深度		（3）ROA		（4）ROE	
$time_t \times treat_i$	1.27***	0.97***	−0.19***	−0.14***	0.08***	0.06***	1.17***	1.05***
	（8.57）	（8.50）	（−9.08）	（−7.75）	（11.04）	（8.36）	（8.32）	（7.32）
资产规模	—	0.85***		0.04**		0.04**		0.43***
		（3.22）		（2.19）		（2.74）		（4.14）
资产负债率	—	0.00		0.00		−0.00		0.00
		（0.02）		（0.41）		（−0.63）		（0.14）
存贷比	—	0.00		0.00		−0.00		−0.00
		（0.16）		（1.05）		（−0.39）		（−0.49）
资本充足率		0.05*		−0.00		0.00		0.02
		（1.82）		（−0.54）		（1.65）		（0.53）
股权结构		−0.02		0.00		−0.00		0.05
		（−0.35）		（0.30）		（−0.05）		（0.93）

续表

变量	（1）金融服务广度		（2）金融服务深度		（3）ROA		（4）ROE	
市场份额	—	0.14** (2.74)	—	−0.04*** (−4.73)	—	0.01*** (4.13)	—	0.12** (2.34)
贷款利率	—	−0.22* (−1.81)	—	0.02 (1.00)	—	0.02 (1.36)	—	3.21*** (2.38)
贷款利率平方						−0.014* (−1.76)		−0.363*** (−3.20)
人均 GDP	—	0.16** (2.11)	—	−0.02** (−1.99)	—	0.00 (1.32)	—	0.05 (0.80)
GDP 增速	—	−0.01** (−2.39)	—	0.00 (1.29)	—	−0.00 (−0.19)	—	−0.00 (−0.46)
员工人数	—	0.04 (1.61)	—	−0.00 (−0.72)	—	−0.00* (−1.81)	—	−0.04 (−1.51)
网点数目	—	0.07 (1.05)	—	−0.01 (−0.74)	—	0.00 (0.37)	—	0.00 (0.00)
人口密度	—	0.01 (0.49)	—	−0.01 (−1.13)	—	0.00 (1.19)	—	0.03 (1.55)
财政支出	—	0.01 (0.97)	—	−0.00** (−2.40)	—	0.00 (0.50)	—	0.00 (0.19)
常数项	8.486*** (236.08)	−3.49 (−0.72)	1.22*** (239.45)	1.86*** (4.85)	1.04*** (622.39)	0.52 (1.29)	16.96*** (498.35)	37.44*** (5.06)
时间固定效应	是	是	是	是	是	是	是	是
个体固定效应	是	是	是	是	是	是	是	是
R^2	0.94	0.95	0.96	0.97	0.99	0.99	0.96	0.97
观测值	891		891		891		891	

注：①括号内为聚类标准误下的 t 值。② *、** 和 *** 分别表示在 10%、5% 和 1% 的水平上显著。
下同。

　　除了信用评级这一制度变量以外，农商行规模、市场份额和贷款利率对其绩效影响显著。具体来说，资产规模对农商行绩效具有显著的正向促进作用，说明农商行存在规模经济；由于市场份额能够反映机构的竞争力，因此，市场份额对银行金融服务广度以及经营绩效具有显著的正向影响，对于市场份额较高的农商行，由于竞争力较强，银行拓展长尾客户难度低，因此，其金融服务深度得到提高；由于收入水平不断上升，理财产品逐渐丰富，农户对利率逐渐敏感，因而，贷款利率的上升对农商行金融服务广度具有显著的抑制作用，对经营绩效 ROE 的影响则呈倒"U"型，即经营绩效随着贷款利率的上升而先上升后下降。

根据 Lind 和 Mehlum（2010）提出的测试方法，本章进一步检验了贷款利率与 ROE 之间的关系，发现计算出的极值点为 7.39，而贷款利率的样本数值范围为 5.63~8.78，即检验出的极值点在数据范围之内，且可在 5% 的统计水平拒绝原假设；同时，斜率的结果区间存在负号，故可认为上述两者之间的倒"U"型关系真实存在。值得关注的是，贷款利率加权值高于 7.39 的样本农商行占比较高，经营绩效会随着利率的下降而上升，因此，利率的下降有益于其经营绩效的提高，这也在一定程度上验证了在绑定利率优惠的制度安排下，信用评级对农商行经营绩效的积极作用更显著。

由于各家农商行信用评级开展规模不同，为了进一步检验假说 1，以下对前文所构建面板模型进行估计，结果同样显示，在控制其他变量的前提下，逐户评级村占辖区内村庄总数比重越高，即评级开展规模越大，农商行金融服务广度、深度以及经营绩效越高（见表 10-3）。其他变量的影响与前文（见表 10-2）基本一致，此处不再赘述。

表 10-3　评级规模与社会绩效、经营绩效

变量	（1）金融服务广度		（2）金融服务深度		（3）ROA		（4）ROE	
开展规模	0.07*** (8.58)	0.02** (2.06)	−0.01*** (−11.60)	−0.00*** (−2.84)	0.00*** (12.10)	0.00** (2.09)	0.05*** (12.30)	0.01* (1.68)
资产规模	—	1.15** (2.28)	—	0.07* (1.92)	—	0.06* (1.92)	—	0.64*** (3.68)
资产负债率	—	0.02 (1.22)	—	−0.00 (−1.05)	—	−0.00 (−0.53)	—	0.01 (0.27)
存贷比	—	0.02 (1.26)	—	0.00 (0.14)	—	−0.00 (−0.17)	—	−0.01 (−0.52)
资本充足率	—	0.11* (1.81)	—	0.00 (0.18)	—	0.00 (1.15)	—	0.05 (0.74)
股权结构	—	0.01 (0.14)	—	−0.02 (−0.78)	—	0.00 (0.28)	—	0.06 (0.98)

续表

变量	（1）金融服务广度		（2）金融服务深度		（3）ROA		（4）ROE	
市场份额	—	0.27** （2.01）	—	−0.07*** （−3.03）	—	0.02*** （3.67）	—	0.33*** （3.68）
贷款利率	—	−0.09 （−0.15）	—	0.07 （0.82）	—	0.02 （1.42）	—	−6.35* （−1.75）
贷款利率平方	—	—	—	—	—	−0.02* （−1.79）	—	−0.46* （−1.76）
人均 GDP	—	0.09 （0.69）	—	−0.06*** （−3.07）	—	0.01* （1.66）	—	0.10 （0.77）
GDP 增速	—	−0.01 （−1.29）	—	0.00*** （3.19）	—	0.00 （0.19）	—	−0.00 （−1.04）
员工人数	—	0.19 （0.80）	—	−0.01 （−0.30）	—	−0.00 （−0.05）	—	−0.13 （−1.47）
网点数目	—	0.22 （0.56）	—	−0.05 （−1.40）	—	0.00 （0.10）	—	0.32 （1.29）
人口密度	—	0.01 （0.53）	—	−0.00 （−0.94）	—	0.00 （0.40）	—	0.01 （0.98）
财政支出	—	0.03 （1.41）	—	−0.00 （−0.94）	—	0.00 （1.54）	—	0.02 （1.19）
常数项	8.12*** （29.48）	−28.61 （−1.65）	1.50*** （37.75）	−0.74 （−0.36）	0.95*** （91.80）	−0.61 （−0.54）	16.17*** （104.37）	36.91** （2.00）
时间固定效应	是	是	是	是	是	是	是	是
个体固定效应	是	是	是	是	是	是	是	是
F 检验	73.63***	30.64***	134.61***	21.26***	146.30***	42.97***	151.28***	39.70***

10.5.2　影响机制分析：检验假说 2

为了检验信用评级对农商行经营绩效的影响机制，以成本收入比、营业收入、营业费用和不良贷款率为因变量，对前文所构建的 DID 模型进行估计

· 179 ·

（见表 10-4）。$time_t \times treat_i$ 估计系数显示，虽然信用评级这一制度显著增加了农商行的营业费用，但是，缘于存贷款业务量的增加，营业收入显著提高。同时，由于贷款集中度下降，且随着农户非农收入水平不断提高，农村小额信用贷款违约率较低，信用评级的开展对农商行较高的不良贷款率具有显著抑制作用。总体来讲，信用评级对农商行成本收入比具有显著的负向影响，即对其经营绩效的总体影响是积极的，与上文理论分析相符，假说 2 得到检验。

表 10-4 影响机制检验（一）

变量	（1）成本收入比		（2）营业收入		（3）营业费用		（4）不良贷款率	
$time_t \times treat_i$	−0.59***	−0.33*	1.33***	0.93***	0.94***	0.68***	−1.67***	−0.73***
	（−3.08）	（−1.71）	（4.99）	（4.41）	（5.27）	（4.46）	（−5.83）	（−2.86）
资产规模	—	−0.21	—	1.81***	—	1.12***	—	−0.15
		（−1.43）		（6.77）		（5.42）		（−0.73）
资产负债率	—	−0.00	—	0.01	—	0.01	—	−0.00
		（−0.06）		（0.95）		（1.00）		（−0.16）
存贷比	—	0.00	—	0.05*	—	0.00	—	0.02
		（0.30）		（1.89）		（0.10）		（0.97）
资本充足率	—	−0.06	—	0.03	—	0.02	—	−0.02
		（−1.28）		（0.87）		（0.68）		（−0.40）
股权结构	—	0.13**	—	0.06	—	0.04	—	0.05
		（2.04）		（1.04）		（1.14）		（0.54）
市场份额	—	−0.17**	—	0.12*	—	0.08*	—	−0.08
		（−2.53）		（1.89）		（1.69）		（−0.82）
贷款利率	—	−3.61*	—	0.59	—	0.51	—	2.84***
		（−1.77）		（0.27）		（0.34）		（8.05）
贷款利率平方	—	0.27*	—	−0.04	—	−0.04	—	
		（1.91）		（−0.29）		（−0.34）		
人均 GDP	—	0.08	—	0.37***	—	0.25**	—	0.06
		（1.36）		（3.06）		（2.62）		（0.57）
GDP 增速	—	0.01*	—	−0.01	—	−0.01*	—	0.01
		（1.95）		（−1.63）		（−1.67）		（0.59）
员工人数	—	0.08	—	0.04	—	0.04	—	−0.08
		（1.28）		（0.66）		（0.71）		（−1.26）
网点数目	—	−0.02	—	0.08	—	0.04	—	−0.07
		（−0.26）		（0.87）		（0.60）		（−0.40）

续表

变量	（1）成本收入比		（2）营业收入		（3）营业费用		（4）不良贷款率	
人口密度	—	−0.03 （−1.37）	—	0.05 （1.17）	—	0.02 （0.80）	—	0.03 （1.19）
财政支出	—	−0.02 （−1.21）	—	0.02 （1.50）	—	0.01 （1.51）	—	−0.00 （−0.03）
常数项	78.12*** （672.12）	93.96*** （10.22）	6.81*** （105.73）	−23.72** （−2.17）	5.31*** （123.03）	−14.39* （−1.82）	4.47*** （64.50）	−9.76 （−1.19）
时间固定效应	是	是	是	是	是	是	是	是
个体固定效应	是	是	是	是	是	是	是	是
R^2	0.95	0.96	0.99	0.99	0.99	0.99	0.64	0.70
观测值	891		891		891		891	

　　为了进一步检验信用评级对农商行经营绩效的影响机制，以下同样以农商行信用评级的开展规模为解释变量进行检验。结果显示，信用评级开展规模越大，农商行成本收入比和不良贷款率越低，营业收入和营业费用越高，再次验证了假说 2（见表 10-5）。此外，关注贷款利率的估计系数发现，在控制其他变量的情况下，贷款利率对农商行较高的不良贷款率具有显著的正向影响，这也在一定程度上说明了绑定利率优惠的制度安排可能更有利于农商行经营绩效的提高。

表 10-5　影响机制检验（二）

变量	（1）成本收入比		（2）营业收入		（3）营业费用		（4）不良贷款率	
开展规模	−0.07*** （−10.91）	−0.01* （−1.71）	0.06*** （7.15）	0.01* （1.98）	0.04*** （7.47）	0.01** （2.08）	−0.06*** （−6.27）	−0.02* （−1.88）
资产规模	—	−0.71*** （−3.52）	—	2.43*** （6.11）	—	1.37*** （4.72）	—	−0.48 （−0.77）
资产负债率	—	−0.01 （−0.69）	—	0.00 （0.14）	—	0.00 （0.24）	—	−0.03** （−2.05）
存贷比	—	0.01 （0.77）	—	0.05* （1.79）	—	0.01 （1.07）	—	0.01 （0.45）
资本充足率	—	−0.04 （−0.59）	—	0.07 （0.65）	—	0.05 （0.87）	—	−0.01 （−0.12）

续表

变量	(1)成本收入比		(2)营业收入		(3)营业费用		(4)不良贷款率	
股权结构	—	0.08 (1.38)	—	0.10 (0.72)	—	0.07 (0.85)	—	0.16** (2.07)
市场份额	—	−0.34*** (−3.31)	—	0.15** (2.17)	—	0.11* (1.68)	—	−0.29* (−1.73)
贷款利率	—	−10.93*** (−3.07)	—	0.60 (0.30)	—	1.62 (0.49)	—	1.47** (2.31)
贷款利率平方	—	0.78*** (3.02)	—	−0.16 (−0.42)	—	−0.14 (−0.57)	—	
人均GDP	—	0.05 (0.92)	—	0.31** (2.40)	—	0.19** (2.18)	—	−0.00 (−0.01)
GDP增速	—	0.01** (2.20)	—	−0.00 (−0.34)	—	−0.00 (−0.27)	—	0.00 (0.15)
员工人数	—	0.12 (0.61)	—	0.15 (0.61)	—	0.11 (0.73)	—	−0.09 (−0.32)
网点数目	—	−0.15 (−1.46)	—	0.39 (1.57)	—	0.02 (1.23)	—	−0.04 (−0.11)
人口密度	—	−0.00 (−0.27)	—	0.03 (1.42)	—	0.02 (1.58)	—	0.01 (0.55)
财政支出	—	−0.01 (−0.27)	—	0.02 (0.90)	—	0.01 (0.66)	—	−0.06** (−2.59)
常数项	78.67*** (345.11)	132.17*** (9.25)	6.48*** (21.77)	−96.83*** (−3.36)	5.10*** (27.03)	−63.13*** (−2.98)	4.47*** (64.50)	2.18 (0.12)
时间固定效应	是	是	是	是	是	是	是	是
个体固定效应	是	是	是	是	是	是	是	是
F检验	119.00***	58.83***	51.14***	41.34***	55.74***	37.12***	39.27***	21.94***

10.5.3 不同制度安排的影响差异分析：检验假说3

依据村"两委"是否为评级小组成员，将信用评级制度的作用组分为两类，加上对照组，形成子样本1和子样本2，分别重新估计前文所构建的DID模型，关注 $time_t \times treat_i$ 估计系数发现，对于村"两委"是评级小组成员的试验区，信用评级对农商行社会绩效和经营绩效的影响更加显著（见表10-6）。

村"两委"的参与程度越高,农商行开展信用评级的信息成本越低,信息质量也越高,这不仅可以缓解农户与农商行之间的信息不对称,同时也在一定程度上克服了农商行向"小农户"贷款的内部规模不经济问题。

表 10-6 制度安排 1:村"两委"是否为评级小组成员

变量	(1)金融服务广度		(2)金融服务深度		(3)ROA		(4)ROE	
子样本1、子样本2	是	否	是	否	是	否	是	否
$time_t \times treat_i$	1.03*** (8.51)	0.86*** (6.72)	−0.20*** (−9.21)	−0.10*** (−4.75)	0.09*** (9.76)	0.02*** (5.63)	1.27*** (9.27)	0.25*** (3.25)
包含控制变量	是	是	是	是	是	是	是	是
时间固定效应	是	是	是	是	是	是	是	是
个体固定效应	是	是	是	是	是	是	是	是
R^2	0.96	0.96	0.96	0.96	0.97	0.97	0.97	0.97
观测值	621	675	621	675	621	675	621	675

开展农户信用评级增加了农商行的运营成本,但是对于村"两委"是评级小组成员的试验区来讲,信用评级成本相对较低,信息质量却较高。DID 模型估计结果也显示,村"两委"为评级小组成员的试验区,信用评级对农商行营业费用的正向影响并未通过显著性检验,同时,对不良贷款率和成本收入比的负向影响则更加显著(见表 10-7)。因此,村"两委"参与程度越高,信用评级对农商行绩效的积极影响越显著。

表 10-7 制度安排 1:村"两委"是否为评级小组成员

变量	(1)成本收入比		(2)营业收入		(3)营业费用		(4)不良贷款率	
子样本1、子样本2	是	否	是	否	是	否	是	否
$time_t \times treat_i$	−0.45*** (−2.61)	−0.26 (−1.32)	0.92*** (4.93)	0.87*** (4.63)	0.14 (1.43)	1.49*** (8.89)	−1.00*** (−3.73)	−0.57** (−2.01)
包含控制变量	是	是	是	是	是	是	是	是
时间固定效应	是	是	是	是	是	是	是	是
个体固定效应	是	是	是	是	是	是	是	是
R^2	0.96	0.95	0.99	0.99	0.97	0.98	0.73	0.69
观测值	621	675	621	675	621	675	621	675

为了提高农户及村"两委"参与评级的积极性，部分农商行将评定等级绑定了利率优惠。这一制度安排为农商行吸引了优质客户，如原先鉴于交易成本考虑而主动偏好非正规金融的自我信贷配给型农户，再如原先基于道义的非正规金融市场上零息消费型借贷，融资渠道发生了变化，逐渐倾向于从开展评级的农商行获得融资（张三峰，2013b）。贷款利率的下降有利于农商行市场份额的提高、贷款集中度的下降和不良贷款率的降低。鉴于此，依据评定等级是否绑定利率优惠，本章将制度作用组分为两类，同时加上对照组，形成子样本 3 和子样本 4，分别对前文所构建的 DID 模型进行重新估计，结果显示，信用评级对评定等级绑定利率优惠的农商行绩效影响更加显著（见表 10-8）。

表 10-8　制度安排 2：评定等级是否绑定利率优惠

变量	（1）金融服务广度		（2）金融服务深度		（3）ROA		（4）ROE	
子样本 3、子样本 4	是	否	是	否	是	否	是	否
$time_t \times treat_i$	1.19*** (8.45)	0.67*** (6.59)	−0.21*** (−8.08)	−0.09*** (−4.58)	0.06*** (9.01)	0.04*** (6.88)	1.09*** (7.86)	0.84*** (5.65)
包含控制变量	是	是	是	是	是	是	是	是
时间固定效应	是	是	是	是	是	是	是	是
个体固定效应	是	是	是	是	是	是	是	是
R^2	0.95	0.95	0.97	0.96	0.99	0.98	0.97	0.97
观测值	594	702	594	702	594	702	594	702

　　为什么评定等级绑定利率优惠的制度安排更有益于农商行绩效？本章以营业收入、营业费用、不良贷款率和成本收入比为因变量，考察信用评级在不同制度安排下的影响差异，子样本 3 和子样本 4 的 DID 模型估计结果如表 10-9 所示。$time_t \times treat_i$ 的估计系数显示，评定等级绑定利率优惠的制度安排下，信用评级对农商行的不良贷款率和营业收入影响更显著，而在未绑定利率优惠的制度安排下，信用评级对农商行成本收入比的影响则并未通过显著性检验。因此，本章认为，评定等级绑定利率优惠的制度安排下，信用评级对农商行不良贷款率以及营业收入影响更显著，进而对其绩效影响更显著。

表 10-9　制度安排 2：评定等级是否绑定利率优惠

变量	（1）成本收入比		（2）营业收入		（3）营业费用		（4）不良贷款率	
子样本 3、子样本 4	是	否	是	否	是	否	是	否
$time_t \times treat_i$	−0.41** (−1.95)	−0.25 (−1.24)	1.14*** (4.76)	0.76*** (3.16)	0.71*** (5.13)	0.68*** (5.28)	−1.26*** (−4.89)	−0.57* (−1.66)
包含控制变量	是	是	是	是	是	是	是	是
时间固定效应	是	是	是	是	是	是	是	是
个体固定效应	是	是	是	是	是	是	是	是
R^2	0.97	0.96	0.98	0.98	0.95	0.93	0.69	0.67
观测值	594	702	594	702	594	702	594	702

10.6　稳健性检验

10.6.1　平行趋势检验及动态效果

若无外在政策冲击，作用组与对照组的被解释变量应具备相同的发展趋势，即两者之间需可比。图 10-2 显示了 4 组平行趋势检验结果，信用评级开展前的政策效应点估计结果均在零点附近波动，其 95% 的置信区间包含零点，无法拒绝原假设，说明作用组和对照组的被解释变量在开展信用评级前并不存在明显差别。然而图 10-2（c）中 pre_2 只较弱地拒绝原假设，可能的原因是：农商行开展信用评级的时间为 2017 年底或 2018 年初，囿于时间间隔较短，难以严格区分。出于严谨，本章将信用评级完成时间 2018 年算作政策开展年份，实际上少数农商行开展评级时间比预定略长。总体而言，可认为本章的实证分析满足平行趋势假定。此外，从开展信用评级当期开始，政策效应点估计渐渐远离零点，可知评级的作用效果是动态增强的。

10.6.2　预期效应检验

政策冲击应具有外生性，不能在发生前形成预期，否则农商行对预期做出的反应可能会干扰政策评估。故为检验信用评级的开展是否存在预期效应，本章借鉴周茂等（2018）、马九杰等（2021）的做法，在模型中加入解释变量 $D17_t \times treat_i$，其中，$D17_t$ 表示信用评级政策冲击实际发生的前一年，即 2017 年的虚拟变量，该变量在 2017 年及以后取值为 1，2017 年以前为 0。如表 10-10

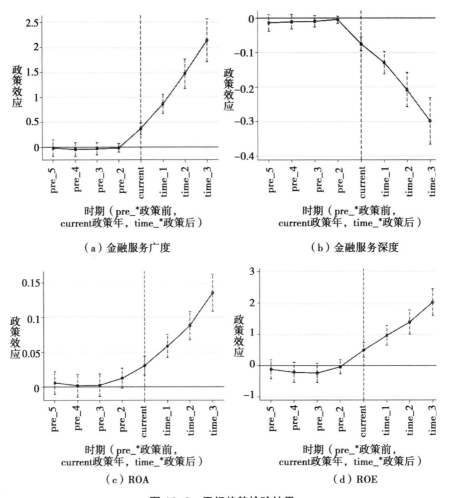

（a）金融服务广度　　　　　　　　　（b）金融服务深度

（c）ROA　　　　　　　　　　　　（d）ROE

图 10-2　平行趋势检验结果

表 10-10　预期效应检验结果

变量	（1）金融服务广度	（2）金融服务深度	（3）ROA	（4）ROE
$time_t \times treat_i$	0.94***	−0.14***	0.06***	0.96***
	（9.74）	（−8.77）	（8.30）	（6.99）
$D17_t \times treat_i$	0.02	0.01	−0.01	0.16
	（0.29）	（1.05）	（−0.84）	（1.31）
包含控制变量	是	是	是	是
时间固定效应	是	是	是	是
个体固定效应	是	是	是	是
R^2	0.95	0.97	0.99	0.97
样本量	891	891	891	891

所示，$D17_t \times treat_i$ 的系数都很小且未能通过显著性检验，表明预期效应并不存在。即使在考虑预期效应的情况下，$time_t \times treat_i$ 的估计系数相较基准回归也无实质变化，基准回归结果较稳健。

10.6.3　安慰剂检验

本章的基准回归虽然已经控制了部分银行、地区特征变量，但仍可能存在不可观测的影响因素，导致政策冲击前作用组与对照组间有其他差异对政策效应估计产生潜在影响。因此，本章借鉴 Cai 等（2016）、周茂等（2019），利用随机分配处理组的方法检验可能遗漏的不可观测变量是否会影响政策评估结果。具体来说，随机生成信用评级政策对农商行的冲击，再使该随机过程重复500 次，如此便能确保信用评级不会对本章关注的被解释变量产生影响。随机处理后按式（10-1）进行回归，得到系数估计值的分布图（见图 10-3），可以推断出估计结果不会受非观测因素的驱动，也就是本章关注的被解释变量的变

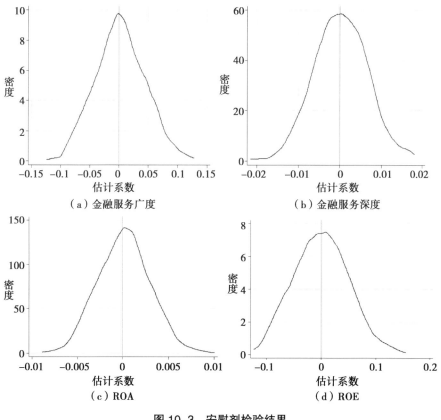

（a）金融服务广度　　　　　　（b）金融服务深度

（c）ROA　　　　　　（d）ROE

图 10-3　安慰剂检验结果

化确实是因开展信用评级引起的。需要注意的是，由于抽样得到的估计系数均集中于零点附近，且明显远离实际政策冲击下的系数值，即与上文基准回归系数之间距离较大，故囿于此分布，本章在图 10-3 中并未加入基准回归系数线①。

10.6.4　替换 PSM-DID 模型

考虑到 DID 模型可能会出现选择性偏差的内生性问题，开展评级的成本及风险需由农商行承担，因此，当地经济发展较好的村庄更可能开展信用评级试点，毕竟经济条件、基础建设更好的村庄对银行试点工作的开展是有利的②。为进一步排除样本可能存在的选择性偏误，本章用 PSM-DID（倾向得分匹配—双重差分）模型进行检验。出于匹配效果等因素考虑，本章采用 Kernel 匹配法，使用 Logit 模型估计倾向得分，剔除不在共同取值范围的 50 个样本③，保留的样本数占总样本的 94.39%，说明基准回归在统计意义上具有较强的因果效应。然后分别进行双重差分（DID）后，可以看出表 10-11 中（1）~（4）开展信用评级的系数方向及显著性均未发生变化，这再次检验了前文实证分析结果的稳健性。

表 10-11　PSM-DID 检验结果

变量	（1）金融服务广度	（2）金融服务深度	（3）ROA	（4）ROE
$time_t \times treat_i$	1.04*** （8.56）	−0.13*** （−7.50）	0.056*** （7.58）	1.08*** （7.30）
包含控制变量	是	是	是	是
时间固定效应	是	是	是	是
个体固定效应	是	是	是	是
R^2	0.96	0.97	0.99	0.96
样本量	840	840	840	840

---

①　图 10-3 中（a）、（b）、（c）、（d）中应加入的基准回归系数线分别为 x=0.968，x=−0.136，x=0.057，x=1.051。

②　本章使用的数据显示，信用评级试点村的经济水平（人均 GDP）相对非试点村较高，但是变量之间的差异在统计上并不显著。

③　除此之外，在满足共同区域假定的 841 个样本中，本章使用 PSM-DID 模型回归时还剔除了 1 个单例样本，故实际剩余样本量为 840。

10.7　结论与政策启示

　　已有研究表明，信用评级有益于农户融资，2020 年中央一号文件也指出鼓励开展县域农户、中小企业信用等级评价，然而，经济政策的研究，不仅需要关注受益人，还应考察成本，探明践行者的商业可持续性。因此，本章考察农户信用评级对农商行绩效的影响，为中国农户信用评级制度的优化提供现实依据，促进农村金融服务乡村振兴战略。立足于中国农户信用评级基本制度，本章在理论分析的基础上，利用湖南省 99 家农商行 2013~2021 年的追踪调查数据实证检验了信用评级对农商行农村地区金融服务广度和深度以及整体经营绩效的影响。研究结果表明，农商行开展整村推进的农户信用评级，会增加其经营成本，但也显著提高了其营业收入，对较高的不良贷款率也具有显著的抑制作用，整体来讲，开展整村推进的农户信用评级对农商行金融服务广度和深度，以及经营绩效的提升，均具有显著的促进作用。关于不同的制度安排，在村"两委"为评级小组成员以及评定等级绑定利率优惠的制度安排下，农户信用评级对农商行绩效的影响更加显著。原因如下：一方面，村"两委"参与程度越高，农商行信息成本越低，信息质量也越高；另一方面，较低的利率能够刺激农户潜在的资金需求，同时鼓励农户逐渐倾向于农商行渠道融资，而非亲友借贷，此外，由于农商行农户贷款利率水平较高，降低利率还能够缓解市场逆向选择和道德风险问题，抑制农商行较高的不良贷款率。

　　对于农村金融如何更好地服务乡村振兴战略、实现共同富裕这一话题，学者大多关注金融科技，但已有研究表明，现阶段商业银行金融科技没有取得实质性进展，尤其是在降低信息不对称方面（李琴和裴平，2021）；金融科技对县域及农户作用有限（董晓林等，2021）。基于本章的研究结论，现阶段除了积极利用金融科技、发展数字金融这一手段以外，在农村金融实务中，还应该重视村"两委"在缓解市场信息不对称中的积极作用，充分利用村"两委"与银行和农户之间的强关系，将数字金融与信用评级相结合，积极提高村"两委"参与程度，降低农村金融机构经营成本，同时考虑将评定等级绑定利率优惠。在县域金融机构竞争加剧的背景下，农户能够发展成为开展评级金融机构的长尾客户，从而实现农村金融的"普"与"惠"，促进共同富裕。

第11章 结论与政策启示

11.1 研究结论

中国农户信用评级总体属于农村金融机构内部评级，主要践行者是农商行（或农信社），基本流程是农户信息采集→信用等级测算与认定→授信额度测算与认定→评级与授信年审。基本制度包括：村"两委"参与以及绑定信用贷款。村"两委"参与农户信息收集、核实和更新，各试验区村"两委"参与程度有所差异，部分试验区参与程度较高，作为评级小组成员，直接给农户部分指标打分。试验区均通过村"两委"公开评级指标体系，各地指标体系较为类似，除了包括家庭财富、收入、信用历史等"硬信息"，还包括人品、能力等"软信息"，"硬信息"指标权重在50%左右。具体等级分为三等、四等或五等，评定等级和各等级绑定的信用贷款额度逐年调整。在评级对象方面，部分试验区信用评级是由农户提出申请；也有试验区是评级小组进试点村逐户统计评级，即整村推进的农户信用评级。具体到评级机制，如是否公示评级结果、是否制定了完备的信息保护制度、是否为利率优惠的依据，各试验区有所差异。

立足于评级机制，本书从农户（制度受益方）、金融机构（制度践行者）和市场（二元金融结构）三个角度，研究中国农户信用评级效应：基于对典型试验区农户和金融机构的调查，考察农户参与评级意愿及行为的影响因素；分析信用评级对农户信贷需求及可获性、创业选择及创业绩效以及消费水平和消费结构的影响；剖析对农户内部收入差距及城乡收入差距的作用；基于农户融资渠道的角度讨论评级对正规金融替代非正规金融的促进；探究对金融机构经营绩效和社会绩效的影响。其中，从评级主体和评级应用两个方面对评级机制进行分类，比较不同评级制度安排的效应差异。全书主要研究结论如下：

第一，农户对信用评级制度的响应。中国农户的金融素养偏低，风险厌恶程度较高，这是显著影响农户参评积极性的个体原因；公示评定等级、没有制定完备的信息保护制度、村"两委"参与程度不高以及大部分试验区评定等级并不作为利率优惠的依据，是中国农户信用评级参与度低的主要制度原因。进一步地，公示评级结果对低收入农户的参评积极性影响更大；评级不作为利率优惠依据对高收入农户的参与度影响更大。

第二，信用评级对农户融资的影响。由于村"两委"参与，农户信用评级改善了农村正规信贷市场上的信息不对称和规模不经济问题，同时，评级绑定信用贷款也进一步降低了农户的正规信贷交易成本。因此，信用评级可以缓解农户的自我信贷配给以及低收入农户的银行信贷配给，从而提高了农户的正规信贷需求及可获性。

第三，信用评级对农户创业的影响。通过缓解信贷配给、提高农户信贷需求及可获性，信用评级对农户创业行为与创业绩效均有显著的促进作用；由于存在降低信贷门槛效应，评级对低收入农户创业的影响更加显著。

第四，信用评级对农户消费的影响。通过缓解农村金融市场交易成本高、信息不对称以及规模不经济等问题，信用评级提高了农户的信贷需求及可获性，缓解了家庭的流动性约束，进而对其消费水平的提高及消费结构的优化均具有显著的促进作用；进一步地，相较于中等收入家庭，信用评级对高收入和低收入家庭消费的作用更加明显。

第五，信用评级对农户内部收入差距的影响。农户信用评级能够增加农村地区信贷供给，并且主要受益人是低收入农户；信用评级对村庄基尼系数的增长具有显著的抑制作用，而对低收入户收入占比的增长具有显著的促进作用，即对农户内部收入差距扩大具有抑制作用。

第六，信用评级对城乡收入差距的影响。信用评级的开展能够缩小城乡收入差距，且影响机制是，同时增加农村地区信贷供给和需求，进而抑制农村资金外流；进一步地，在农村产业融合发展的背景下，由于农村二三产业的发展往往依托第一产业，因此，在第一产业占比较高的县域，农村地区资金需求更加旺盛，农户信用评级的效果更明显。

第七，信用评级对农村二元金融市场结构的影响。通过降低交易成本，信用评级能够缓解高收入农户的自我信贷配给，通过降低信贷门槛，信用评级能够缓解低收入农户的银行信贷配给；因此，农户信用评级显著促进了农村正规金融对非正规金融的替代。

第八，信用评级对农村商业银行二元绩效的影响。虽然农户信用评级增加了农村商业银行的经营成本，但同时也显著提高了其营业收入，并对较高的不良贷款率具有显著的抑制作用；总体而言，开展信用评级对农村商业银行社会绩效和经营绩效的提升均具有显著的促进作用。

第九，在不同制度安排的影响差异方面。由于村"两委"参与程度越高，农户信息质量越高，评级银行成本越低，信用评级缓解信息不对称和高交易成本问题的作用越强，从而对农户、评级银行和市场的积极作用增强；在评级绑定利率优惠的制度安排下，农户信贷需求增加，评级银行不良贷款率受到抑制，农户信用评级对农户、评级银行和市场的影响也更加显著。

11.2 政策启示

随着农业规模化经营，农村一二三产业融合发展，农户收入水平不断提高。在信贷市场需求方面，农村创新创业需求增加，资金需求旺盛；然而，农户消费率较低，农村资金外流，农户融资成本高、可获性低，城乡收入差距和农户内部收入差距仍然较大。在市场供给方面，县域银行业竞争越发激烈，大银行掐尖，小银行生存困难。在这样的背景下，我们认为，应该充分利用农户信用评级制度引导资金回流农村，提高农户信贷需求及可获性，促进农户创业和消费，以缩小城乡和农户内部收入差距，服务乡村振兴战略和共同富裕目标。

第一，面对大银行的强势竞争以及互联网企业对农村金融领域的不断深入，鼓励农商行等传统农村金融机构开展农户信用评级，利用地缘等优势拓展农村信贷市场，实现新的利润增长点；尤其是第一产业占比较高的地区，信用评级的效果更为显著。

第二，多渠道提高村"两委"在农户信用评级中的参与程度，充分利用村"两委"与农户之间的强关系来克服农村信贷市场的信息不对称和高交易成本问题以及降低评级成本，提高信息质量，努力实现制度的商业可持续。

第三，考虑将评定等级绑定利率优惠，除了有益于低收入农户生产经营，对于金融机构而言，还可以缓解较高贷款利率带来的逆向选择和道德风险问题，抑制农村金融市场较高的不良贷款率；在县域金融机构竞争加剧以及经济社会数字化发展的背景下，低收入农户能够发展成为开展评级金融机构的长尾客户，从而实现农村金融的"普"与"惠"，促进共同富裕。

第四，信用评级与金融科技在普惠效应上具有内在契合性，但鉴于金融科技在农村地区的普惠作用尚未得到发挥，金融机构在评级过程中应充分利用金融科技，进一步降低信贷服务门槛和交易成本，同时减少评级产生的固定成本，充分发挥信用评级在缓解农村资金外流和缩小城乡收入差距方面的积极作用。

第五，由于中国农户对信用的认识仍然停留在道德层面，金融素养有待提高，在部分试验区农户制度参与积极性不高的前提下，信用评级应作为农村金融知识培训重点内容；制度方面，依据农村当前实情，适当缩小评级结果的公示范围，进一步完善农户信息保护机制。

参考文献

［1］Abhijit V. Banerjee, Andrew F. Newman. Occupational Choice and the Process of Development［J］. Journal of Political Economy, 1993, 101（2）: 274–298.

［2］Alain Cohn, Jan Engelmann, Ernst Fehr, Michel André Maréchal. Evidence for Countercyclical Risk Aversion: An Experiment with Financial Professionals［J］. American Economic Review, 2015, 105（2）: 860–885.

［3］Alfaro, L., Kalemli–Ozcan, S., Volosovych, V. Why Doesn't Capital Flow from Rich to Poor Countries? An Empirical Investigation［J］.Review of Economics & Statistics, 2008, 90（2）: 347–368.

［4］Anjini Kochar. An Empirical Investigation of Rationing Constraints in Rural Credit Markets in India［J］. Journal of Development Economics, 1997, 53（2）: 339–371.

［5］Atahau A., A. D. Huruta, C. W. Lee. Rural Microfinance Sustainability: Does Local Wisdom Driven –governance Work?［J］. Journal of Cleaner Production, 2020（267）: 122–153.

［6］Beck, T. Demirgüç–Kunt A, Levine R. Finance, Inequality and the Poor［J］. Journal of Economic Growth, 2007, 12（1）: 27–49.

［7］Beck, T., R. Levine, A. Levkov. Big Bad Banks? The Winners and Losers from Bank Deregulation in the United States［J］. The Journal of Finance, 2010, 65（5）: 1637–1667.

［8］Boucher, S., R. M. Carter and C. Guirkinger. Risk Rationing and Wealth Effects in Credit Markets: Theory and Implications for Agricultural Development［J］. American Journal of Agricultural Economics, 2008, 90（2）: 409–423.

［9］Cai, X., Lu, Y., Wu, M., Yu, L.Does Environmental Regulation Drive Away Inbound Foreign Direct Investment? Evidence from a Quasi–natural Experiment in China［J］. Journal of Development Economics, 2016, 123（1）:

73-85.

［10］Calvo, G. A., Leiderman, L., Reinhart, C. M. Inflows of Capital to Developing Countries in the 1990s ［J］.The Journal of Economic Perspectives, 1996, 10（2）: 123-139.

［11］Campbell J. Y., Cocco J. F. How Do House Prices Affect Consumption? Evidence from Micro Data ［J］.Journal of Monetary Economics, 2007, 54（3）: 591-621.

［12］Cantoni, D., Y. Y. Chen, D. Y. Yang, N. Yuchtman, Y. J. Zhang. Curriculum and Ideology ［J］. Journal of Political Economy, 2017, 125（2）: 338-392.

［13］Carter M. R., Lan C., Sarris A. The Impact of Inter-linked Index Insurance and Credit Contracts on Financial Market Deepening and Small Farm Productivity ［J］. Annual Meeting of the American Applied Economics Association, Pittsburgh PA, 2011（7）: 1-33.

［14］Churchill S. A. Microfinance Financial Sustainability and Outreach: Is There A Trade-off? ［J］. Empirical Economics, 2020, 59（3）: 1329-1350.

［15］Cragg J. G. Some Statistical Models for Limited Depen-dent Variable with Application to the Demand for Durable Goods ［J］. Econometrica, 1971（39）: 829-844.

［16］Dimitris N., Politis and Halbert White.Automatic Block-length Selection for the Dependent Bootstrap ［J］.Econometric Reviews, 2004（23）: 53-70.

［17］Djankov, S., Y.Y. Qian, G. Roland, and E. Zhuravskaya, Who Are China's Entrepreneurs? ［J］. American Economic Review, 2006, 96（2）: 348-352.

［18］Duesenberry J. S. Income, Saving, and the Theory of Consumer Behavior ［J］. Review of Economics & Statistics, 1949, 33（3）: 111.

［19］Gonzalez-Vega C.Credit-rationing Behavior of Agricultural Lenders: The Iron Law of Interest-rate Restrictions ［J］.Department of Agricultural Economics and Rural Sociology, 1984, 205（3）: 78-95.

［20］Gordon, R. H., Bovenberg, A. L.Why Is Capital so Immobile Internationally? Possible Explanations and Implications for Capital Income Taxation? ［J］.American Economic Review, 1996（86）: 1057-1075.

［21］Granovetter, M. Coase Revisited: Business Groups in the Modern

Economy [J] . Industrial and Corporate Change，1995，4（1）：93–130.

[22] Granovetter, M. The Strength of Weak Ties [J] . American Journal of Sociology，1973，78（6）：1360–1380.

[23] Hallahan T. A.，Faff R. W.，Mckenzie M. D. An Empirical Investigation of Personal Financial Risk Tolerance [J] . Financial Services Review，2004，13（1）：57–78.

[24] Hermes N.，R. Lensink. Microfinance：Its Impact，Outreach，and Sustainability [J] . World Development，2011，39（6）：875 – 881.

[25] Hoff，K.，Stiglitz，J. E.Imperfect Information and Rural Credit Markets—Puzzles and Policy Perspectives [J] .World Bank Economic Review，1990，4（3）：235–250.

[26] Huang，J. K.，Rozelle，S.，Wang，H. L.Fostering or Stripping Rural China：Modernizing Agriculture and Rural to Urban Capital Flows [J]. The Developing Economies，Institute of Developing Economies，2006，44（1）：1–26.

[27] Huybrechs F.，J. Bastiaensen，G. V. Hecken. Exploring the Potential Contribution of Green Microfinance in Transformations to Sustainability [J] . Current Opinion in Environmental Sustainability，2019（41）：85–92.

[28] John，Watson，Mark，McNaughton. Gender Differences in Risk Aversion and Expected Retirement Benefits [J] . Financial Analysts Journal，2007，63（4）：52–62.

[29] Johnson K.，Li G. Do High Debt Payments Hinder Household Consumption Smoothing? [J] .Finance & Economics Discussion，2007，19（1）：59–72.

[30] Joseph E. Stiglitz，Andrew Weiss. Credit Rationing in Markets with Imperfect Information [J] . The American Economic Review，1981，71（3）：393–410.

[31] Kivetz R. Advances in Research on Mental Accounting and Reason–Based Choice [J] . Marketing Letters，1999，10（3）：249–266.

[32] Klapper L.，Laeven L.，Rajan R. Entry Regulation as A Barrier to Entrepreneurship [J] . Journal of Financial Economics，2006，82（3）：591–629.

[33] Korsching P. F.，Peter G.，Hunger J. D.Founder Motivation and Community Context Interaaction in Entrepreneurship for Small City Smart Growth[C]. Proceedings of 14th Conference on the Small City and Regional Community，2001.

[34] Li，P.，Lu Y.，Wang J. Does Flattening Government Improve Economic

Performance? Evidence from China [J] . Journal of Development Economics, 2016 (123): 18–37.

[35] Lind J. T., H. Mehlum. With or without U? The Appropriate Test for A U - shaped relationship [J] . Oxford Bulletin of Economics and Statistics, 2010, 72 (1): 109–118.

[36] Lucas, R.Why doesn't Capital Flow from Rich to Poor Countries? [J]. American Economic Review, 1990, 80 (2): 92–96.

[37] Lusardi A. On the Importance of the Precautionary Saving Motive [J] . American Economic Review, 1998, 88 (2): 449–453.

[38] Marco Cagetti, Mariacristina De Nardi.Entrepreneurship, Frictions, and Wealth [J] . Social Science Electronic Publishing, 2006 (5): 835–870.

[39] Meghana Ayyagari, Asli Demirgüc-Kunt, Vojislav Maksimovic. Formal Versus Informal Finance: Evidence from China [J] . The Review of Financial Studies, 2010, 23 (8): 3048–3097.

[40] Paulson A. L., Townsend R. M., Karaivanov A. Distinguishing Limited Liability from Moral Hazard in A Model of Entrepreneurship [J] . Journal of Political Economy, 2006, 114 (1): 100–144.

[41] Raphael Amit, Lawrence Glosten, Eitan Muller. Entrepreneurial Ability, Venture Investments, and Risk Sharing [J] . Management Science, 1990, 36 (10): 1232–1245.

[42] Sandeep Mohapatra, Scott Rozelle, Rachael Goodhue. The Rise of Self-Employment in Rural China: Development or Distress? [J] . World Development, 2006, 35 (1): 163–181.

[43] Sebastian Aparicio, David Urbano, David Audretsch. Institutional Factors, Opportunity Entrepreneurship and Economic Growth: Panel Data Evidence [J] . Technological Forecasting & Social Change, 2016, 102 (3): 45–61.

[44] Sen, T. M.Does Local Competition Impact Interest Rates Charged on Small Business Loans? Empirical Evidence from Canada [J]. Review of Industrial Organization, 2001, 19 (4): 437–452.

[45] Siamwalla Ammar et al. The Thai Rural Credit System: Public Subsidies, Private Information, and Segmented Markets [J] .The World Bank Economic Review, 1990, 4 (3): 271–295.

[46] Simeon Djankov, Yingyi Qian, Gérard Roland, Ekaterina Zhuravskaya.

Entrepreneurship in China and Russia compared［J］. Journal of the European Economic Association，2006，4（2）：352–365.

［47］Soberart J.，Keenan S.Measuring Default Accurately［J］.Risk，2001（8）：31–33.

［48］Stephen R. Boucher, Catherine Guirkinger, Carolina Trivelli. Direct Elicitation of Credit Constraints：Conceptual and Practical Issues with an Empirical Application to Peruvian Agriculture［M］. New York：Springer，2005.

［49］Tania Lopez, Adalbert Winkler. The Challenge of Rural Financial Inclusion – evidence from Microfinance［J］. Applied Economics，2018，50（14）：1555–1577.

［50］Thaler R. H. Mental Accounting and Consumer Choice［J］. Marketing Science，2008，27（1）：15–25.

［51］William B. Riley Jr.，K. Victor Chow. Asset Allocation and Individual Risk Aversion［J］. Financial Analysts Journal，1992，48（6）：32–37.

［52］Zamore S. Should Microfinance Institutions Diversify or focus？ A Global Analysis［J］. Research in International Business and Finance，2018，46（C）：105–119.

［53］Zeldes S. P. Consumption and Liquidity Constraints：An Empirical Investigation［J］. Journal of Political Economy，1989，97（2）：305–346.

［54］巴红静，管伟军.我国农村信贷资金外流问题探析［J］.农村经济，2009（12）：66–70.

［55］边燕杰，缪晓雷.如何解释"关系"作用的上升趋势？［J］.社会学评论，2020（8）：3–19.

［56］边燕杰，杨洋.中国大众创业的核心元素——创业者的关系嵌入与核心关系圈［J］.探索与争鸣，2019a（9）：158–168+200.

［57］边燕杰，杨洋.作为中国主体话语的关系社会学［J］.人文杂志，2019b（9）：23–34.

［58］蔡栋梁，邱黎源，孟晓雨，马双.流动性约束、社会资本与家庭创业选择——基于 CHFS 数据的实证研究［J］.管理世界，2018，34（9）：79–94.

［59］蔡栋梁，王聪，邱黎源.信贷约束对农户消费结构优化的影响研究——基于中国家庭金融调查数据的实证分析［J］.农业技术经济，2020（3）：84–96.

［60］曹璨，罗剑朝.农村承包地经营权抵押贷款业务评价及影响因

素——基于金融机构客户经理视角［J］.财经科学，2015（10）：82-91.

［61］陈宝珍，余洁，任金政.数字支付影响农户消费吗?——基于微观调查数据的经验分析［J］.财经论丛，2021（1）：33-42.

［62］陈成忠，赵晓春.二元金融格局下的县域信贷弱化问题研究［J］.金融研究，2006（1）：160-166.

［63］陈诗一，汪莉，杨立.影子银行活动对银行效率的影响——来自中国商业银行的证据［J］.武汉大学学报（哲学社会科学版），2018，71（2）：103-118.

［64］程恩江，刘西川.小额信贷缓解农户正规信贷配给了吗?——来自三个非政府小额信贷项目区的经验证据［J］.金融研究，2010（12）：190-206.

［65］程郁，韩俊，罗丹.供给配给与需求压抑交互影响下的正规信贷约束：来自1874户农户金融需求行为考察［J］.世界经济，2009（5）：73-82.

［66］程郁，罗丹.信贷约束下农户的创业选择——基于中国农户调查的实证分析［J］.中国农村经济，2009（11）：25-38.

［67］迟国泰，潘明道，程砚秋.基于综合判别能力的农户小额贷款信用评价模型［J］.管理评论，2015，27（6）：42-57.

［68］刁怀宏.农村金融空洞化的成因及其破解：信贷合约交易的分析［J］.中国农村经济，2007（8）：15-22+46.

［69］丁骋骋，周群力.信用评级与农户正规融资：温州案例［J］.财经论丛，2012（5）：41-47.

［70］丁志国，徐德财，赵晶.农村金融有效促进了我国农村经济发展吗［J］.农业经济问题，2012（9）：50-57+111.

［71］董晓林，程超，石晓磊.如何有效降低银行对小微企业抵押物要求——基于贷款技术的视角［J］.贵州财经大学学报，2017（1）：33-42.

［72］董晓林，孙楠，吴文琪.人力资本、家庭融资与农户创业决策——基于CFPS7981个有效样本的实证分析［J］.中国农村观察，2019（3）：109-123.

［73］董晓林，杨小丽，刘溶溶.政府引导下的农村资金回流机制研究——基于对江苏三个县域的调查［J］.南京农业大学学报（社会科学版），2011（4）：31-37.

［74］董晓林，张晔，徐虹.金融科技发展能够帮助小微企业度过危机吗?——基于新冠肺炎疫情的准自然实验［J］.经济科学，2021（6）：73-87.

［75］范香梅，刘斌，邹克.金融包容、创业选择及收入公平分配研究

［J］.中国软科学，2018（9）：64-75.

　　［76］范志雄，王晓鸿，曹子坚.精准扶贫信贷对贫困农户家庭消费的影响——基于田野调查的实证分析［J］.农业技术经济，2021（11）：46-61.

　　［77］方达，郭研.农村土地流转、资本有机构成与城乡收入差距——基于马克思政治经济学的经验与实证证据［J］.经济学家，2020（11）：107-115.

　　［78］方毅，卫剑，陈煜之.基于收入结构视角的我国城乡收入差距影响因素研究［J］.浙江社会科学，2021（7）：54-65+157.

　　［79］巩师恩.中国农村居民的收入波动如何影响了消费波动？——基于结构视角的实证研究［J］.南京农业大学学报（社会科学版），2014（6）：19-25.

　　［80］顾宁，张甜.普惠金融发展与农村减贫：门槛、空间溢出与渠道效应［J］.农业技术经济，2019（10）：74-91.

　　［81］郭云南，姚洋.宗族网络与农村劳动力流动［J］.管理世界，2013（3）：69-81+187-188.

　　［82］韩军，孔令丞.制造业转移、劳动力流动是否抑制了城乡收入差距的扩大［J］.经济学家，2020（11）：58-67.

　　［83］杭斌，申春兰.预防性储蓄动机对居民消费及利率政策效果的影响［J］.数量经济技术经济研究，2002（12）：51-55.

　　［84］郝爱民，谭家银.农村产业融合赋能农业韧性的机理及效应测度［J］.农业技术经济，2022：1-20.

　　［85］何广文，何婧，郭沛.再议农户信贷需求及其信贷可获性［J］.农业经济问题，2018（2）：38-49.

　　［86］何广文，刘甜.乡村振兴背景下农户创业的金融支持研究［J］.改革，2019（9）：73-82.

　　［87］何婧，何广文.农村商业银行股权结构与其经营风险、经营绩效关系研究［J］.农业经济问题，2015，36（12）：65-74+111.

　　［88］何婧，李庆海.数字金融使用与农户创业行为［J］.中国农村经济，2019（1）：112-126.

　　［89］贺洋，臧旭恒.家庭资产结构与消费倾向：基于CFPS数据的研究［J］.南方经济，2016（10）：75-94.

　　［90］黄倩，李政，熊德平.数字普惠金融的减贫效应及其传导机制［J］.改革，2019（11）：90-101.

　　［91］贾立，李铮.金融素养能改善农村家庭消费结构吗——基于农户参保行为的中介作用分析［J］.农业技术经济，2021（10）：64-78.

［92］江艇.因果推断经验研究中的中介效应与调节效应［J］.中国工业经济，2022（5）：100-120.

［93］姜长云，李俊茹，王一杰，赵炜科.近年来我国农民收入增长的特点、问题与未来选择［J］.南京农业大学学报（社会科学版），2021（3）：1-21.

［94］景普秋，郝凯，刘育波.城乡金融发展差异及其收入分配效应分析［J］.当代经济研究，2021（1）：89-99

［95］孔荣，Calum Turvey，罗剑朝.信任、利率与农村金融市场竞合关系——中国农村小额信贷市场的理论模型［J］.农业技术经济，2007（5）：4-9.

［96］李爱梅，李斌，许华，李伏岭，张耀辉，梁竹苑.心理账户的认知标签与情绪标签对消费决策行为的影响［J］.心理学报，2014（7）：976-986.

［97］李标，王黎，孙煜程.农村信贷供给影响城乡收入差距的机制与效应研究［J］.农业技术经济，2020（7）：61-78.

［98］李宏彬，李杏，姚先国，张海峰，张俊森.企业家的创业与创新精神对中国经济增长的影响［J］.经济研究，2009，44（10）：99-108.

［99］李建军，韩珣.普惠金融、收入分配和贫困减缓——推进效率和公平的政策框架选择［J］.金融研究，2019（3）：129-148.

［100］李建军，姜世超.银行金融科技与普惠金融的商业可持续性——财务增进效应的微观证据［J］.经济学（季刊），2021（3）：889-908.

［101］李江一，李涵.消费信贷如何影响家庭消费？［J］.经济评论，2017（2）：113-126.

［102］李萍，王军.城镇化发展对不同收入水平农民增收的影响研究——以四川省为例［J］.四川大学学报（哲学社会科学版），2015（6）：129-137.

［103］李琴，裴平.银行系金融科技发展与商业银行经营效率——基于文本挖掘的实证检验［J］.山西财经大学学报，2021（11）：42-56.

［104］李锐，朱喜.农户金融抑制及其福利损失的计量分析［J］.经济研究，2007（2）：146-155.

［105］李晓龙，冉光和.农村产业融合发展如何影响城乡收入差距——基于农村经济增长与城镇化的双重视角［J］.农业技术经济，2019（8）：17-28.

［106］李祎雯，张兵.非正规金融对农村家庭创业的影响机制研究［J］.经济科学，2016（2）：93-105.

［107］李祎雯，张兵.非正规金融与农村家庭创业成效：影响效应及作用机理［J］.农业技术经济，2018（12）：4-17.

［108］李莹星.小额信贷能改善穷人福利吗？——微观影响评估研究综述

［J］.农业经济问题，2015，36（10）：86-95+112.

［109］李长生，黄季焜.信贷约束和新生代农民工创业［J］.农业技术经济，2020（1）：4-16.

［110］刘呈庆，任玲.城镇化与城乡收入差距——基于房价收入比的遮掩效应［J］.财经科学，2021（10）：112-122.

［111］刘丹，张兵.股权结构与农村商业银行二元绩效研究［J］.农业经济问题，2018（2）：60-70.

［112］刘丹.农户异质性视角下正规金融与非正规金融的关系——基于江苏省1202户农户的调研数据［J］.南京农业大学学报（社会科学版），2017，17（6）：110-119+165.

［113］刘光星.“区块链+金融精准扶贫”：现实挑战及其法治解决进路［J］.农业经济问题，2020（9）：16-30.

［114］刘欢.工业智能化如何影响城乡收入差距——来自农业转移劳动力就业视角的解释［J］.中国农村经济，2020（5）：55-75.

［115］刘家松，张博，罗琦.外资参股、董事会特征与商业银行经营绩效——基于中国121家商业银行的实证分析［J］.中国管理科学，2019，27（9）：119-129.

［116］刘杰，郑风田.流动性约束对农户创业选择行为的影响——基于晋、甘、浙三省894户农民家庭的调查［J］.财贸研究，2011，22（3）：28-35.

［117］刘美玉.创业动机、创业资源与创业模式：基于新生代农民工创业的实证研究［J］.宏观经济研究，2013（5）：62-70.

［118］刘雯.收入差距、社会资本与农户消费［J］.中国农村经济，2018（6）：84-100.

［119］刘西川，陈立辉，杨奇明.农户正规信贷需求与利率：基于TobitⅢ模型的经验考察［J］.管理世界，2014（3）：75-91.

［120］刘西川，程恩江.贫困地区农户的正规信贷约束：基于配给机制的经验考察［J］.中国农村经济，2009（6）：37-50.

［121］骆永民，樊丽明.宏观税负约束下的间接税比重与城乡收入差距［J］.经济研究，2019（11）：37-53.

［122］吕德宏，朱莹.农户小额信贷风险影响因素层次差异性研究［J］.管理评论，2017，29（1）：33-41.

［123］马光荣，杨恩艳.社会网络、非正规金融与创业［J］.经济研究，2011，46（3）：83-94.

［124］马九杰，崔恒瑜，王雪，董翀.设立村镇银行能否在农村金融市场产生"鲇鱼效应"？——基于农信机构贷款数据的检验［J］.中国农村经济，2021（9）：57–79.

［125］马威，张人中.数字金融的广度与深度对缩小城乡发展差距的影响效应研究［J］.农业技术经济，2022（2）：62–76.

［126］马燕妮，霍学喜.专业化农户正规信贷约束现状及影响因素——以全国725户苹果种植户为例［J］.当代经济科学，2016，38（6）：93–102.

［127］南永清，臧旭恒，王立平.非正规金融、过度敏感性与中国农村居民消费——基于2003至2014年省际面板数据的经验分析［J］.山东大学学报（哲学社会科学版），2017（5）：101–108.

［128］平新乔，李森.资源禀赋、收入分配与农村金融发展的关联度［J］.改革，2017（7）：137–150.

［129］邱黎源，胡小平.正规信贷约束对农村家庭消费结构的影响——基于全国4141户农户的实证分析［J］.农业技术经济，2018（8）：16–25.

［130］邱兆祥，李焱哲，安世友.金融业服务扩大内需发展战略研究［J］.金融论坛，2021（10）：6–11+20.

［131］权飞过，王晓芳.信用环境、金融效率与农村经济增长［J］.财经问题研究，2021（12）：105–111.

［132］任劼，孔荣，Calum Turvey.农户信贷风险配给识别及其影响因素——来自陕西730户农户调查数据分析［J］.中国农村经济，2015（3）：56–67.

［133］尚燕，熊涛，李崇光.风险感知、风险态度与农户风险管理工具采纳意愿——以农业保险和"保险＋期货"为例［J］.中国农村观察，2020（5）：52–72.

［134］申创，刘笑天.互联网金融、市场势力与商业银行绩效［J］.当代经济科学，2017，39（5）：16–29+124.

［135］石宝峰，刘锋，王建军，迟国泰.基于PROMETHEE-Ⅱ的商户小额贷款信用评级模型及实证［J］.运筹与管理，2017，26（9）：137–147.

［136］宋全云，吴雨，尹志超.金融知识视角下的家庭信贷行为研究［J］.金融研究，2017（6）：95–110.

［137］宋全云，肖静娜，尹志超.金融知识视角下中国居民消费问题研究［J］.经济评论，2019（1）：133–147.

［138］苏静，胡宗义.连片特困地区金融抑制与农民内部收入不平等［J］.

金融经济学研究，2017（4）：94–104.

[139] 苏岚岚，孔荣.农地流转促进农民创业决策了吗？——基于三省1947户农户调查数据的实证[J].经济评论，2020（3）：69–86.

[140] 粟芳，方蕾，贺小刚，杨婵.正规融资还是非正规融资？农户创业的融资选择及其影响因素[J].经济与管理研究，2019（12）：59–76.

[141] 粟芳，方蕾.中国农村金融排斥的区域差异：供给不足还是需求不足？——银行、保险和互联网金融的比较分析[J].管理世界，2016（9）：70–83.

[142] 孙希芳，王晨晨.农信社股份制改革对县域经济增长的影响研究[J].财经研究，2022（4）：154–168.

[143] 谭燕芝，刘旋，赵迪.农村金融网点扩张与县域资金外流——基于2005–2012年县域经验证据[J].中国经济问题，2018（2）：72–82.

[144] 唐升，孙皓.城乡居民消费结构转型升级：趋同特征与演化路径[J].中国软科学，2022（3）：141–153.

[145] 陶相根，张福明.山东省农村劳动力的就业结构与启示——基于对山东省17地市1068户农民调查的研究[J].山东社会科学，2010（4）：142–143+176.

[146] 田杰.新型农村金融机构、资金外流与乡村振兴[J].财经科学，2020（1）：29–41.

[147] 童元保，齐伟娜.农村信用社小额信贷的创新发展及可持续性应对：以海南为例[J].农业经济问题，2014（5）：75–80.

[148] 万海远，王盈斐.我国农村居民收入分配差距新变化[J].农业经济问题，2022（1）：27–39.

[149] 王汉杰，温涛，韩佳丽.深度贫困地区农村金融能够有效缓解农户内部收入差距吗[J].金融经济学研究，2018（5）：117–128.

[150] 王恒，沈利生.客户信用评级系统的经济计量模型检验[J].数量经济技术经济研究，2006（6）：138–147.

[151] 王慧玲，孔荣.正规借贷促进农村居民家庭消费了吗？——基于PSM方法的实证分析[J].中国农村经济，2019（8）：72–90.

[152] 王金凤，彭婵娟，徐学荣.农户贷款金额影响因素的实证分析——基于福建省农村信用社的调查数据[J].中国流通经济，2015，29（5）：107–112.

[153] 王少平，欧阳志刚.我国城乡收入差距的度量及其对经济增长的效应[J].经济研究，2007（10）：44–55.

［154］王霞，吕德宏．基于多分类有序 Logit 模型的农户信用等级影响因素［J］．中国农业大学学报，2013，18（3）：209–214.

［155］王小华，温涛，朱炯．习惯形成、收入结构失衡与农村居民消费行为演化研究［J］．经济学动态，2016（10）：39–49.

［156］王修华，关键．中国农村金融包容水平测度与收入分配效应［J］．中国软科学，2014（8）：150–161.

［157］王修华，邱兆祥．农村金融发展对城乡收入差距的影响机理与实证研究［J］．经济学动态，2011（2）：71–75.

［158］王雪，何广文．县域银行业竞争与普惠金融服务深化——贫困县与非贫困县的分层解析［J］．中国农村经济，2019（4）：55–72.

［159］温涛，张梓榆．中国金融产业对农业与非农产业发展作用的比较研究［J］．农业技术经济，2015（7）：46–59.

［160］吴东武，蒋海．破解农户融资难：政府手段还是市场机制？——基于江门市农户的调查数据［J］．金融与经济，2018（1）：36–42.

［161］吴晶妹，张颖，唐勤伟．基于农户信用特征的 WU's 三维信用评价模型研究［J］．财贸经济，2010（9）：22–29.

［162］吴卫星，吴锟，王琏．金融素养与家庭负债——基于中国居民家庭微观调查数据的分析［J］．经济研究，2018，53（1）：97–109.

［163］吴烨．农村资金外流原因及其回流机制［J］．重庆社会科学，2010（5）：24–27.

［164］伍再华，叶菁菁，郭新华．财富不平等会抑制金融素养对家庭借贷行为的作用效果吗——基于 CHFS 数据的经验分析［J］．经济理论与经济管理，2017（9）：71–86.

［165］肖斌卿，杨旸，李心丹，李昊骅．基于模糊神经网络的小微企业信用评级研究［J］．管理科学学报，2016，19（11）：114–124.

［166］肖立．我国农村居民消费结构与收入关系研究［J］．农业技术经济，2012（11）：91–99.

［167］谢朝晖，李橙．消费信贷对消费结构及流动性约束的影响研究［J］．经济问题探索，2021（5）：60–73.

［168］谢莉娟，万长松，武子歆．流通业发展对城乡收入差距的影响——基于公有制经济调节效应的分析［J］．中国农村经济，2021（6）：111–127.

［169］徐成江．银行业市场结构与贷款质量的关系研究——基于中国经济月度数据的实证分析［J］．上海金融，2017（12）：32–41.

［170］徐祥临，魏丽莉.尤努斯模式与郁南模式之比较［J］.农村经济，2012（7）：3-6.

［171］徐志刚，宁可，朱哲毅，李明.市场化改革、要素流动与我国农村内部收入差距变化［J］.中国软科学，2017（9）：38-49.

［172］闫东升，孙伟，陈东，仝文涛.长江三角洲城镇化率与城乡收入差距的关系研究［J］.中国人口·资源与环境，2021（5）：28-36.

［173］杨明婉，张乐柱，颜梁柱.农户家庭信贷规模效应研究：基于交易费用视角［J］.农村经济，2019（6）：91-97.

［174］姚耀军，和丕禅.农村资金外流的实证分析：基于结构突变理论［J］.数量经济技术经济研究，2004（8）：28-33.

［175］姚耀军.金融发展与城乡收入差距关系的经验分析［J］.财经研究，2005（2）：49-59.

［176］易祯，朱超.人口结构与金融市场风险结构：风险厌恶的生命周期时变特征［J］.经济研究，2017，52（9）：150-164.

［177］殷建红，杜亚怀，张瑞君.商业信用评级模型的构建与优化——P公司案例研究［J］.经济理论与经济管理，2014（8）：89-101.

［178］尹学群，李心丹，陈庭强.农户信贷对农村经济增长和农村居民消费的影响［J］.农业经济问题，2011（5）：21-27.

［179］尹志超，刘泰星，王晓全.农村收入差距抑制了农户创业吗？——基于流动性约束与人力资本投资视角的实证分析［J］.中国农村经济，2020（5）：76-95.

［180］尹志超，宋全云，吴雨，彭嫦燕.金融知识、创业决策和创业动机［J］.管理世界，2015（1）：87-98.

［181］游江，范梁.农村金融竞争程度与农村金融机构的发展——基于县域金融调查样本［J］.财经科学，2010（4）：17-24.

［182］玉国华.农村信贷投入、劳动力转移与城乡收入差距：理论与实证［J］.农业技术经济，2021（11）：78-92.

［183］臧旭恒，陈浩.不确定性下我国城镇居民消费的习惯形成特征研究［J］.湘潭大学学报（哲学社会科学版），2018（5）：64-70.

［184］臧旭恒，张欣.中国家庭资产配置与异质性消费者行为分析［J］.经济研究，2018（3）：21-34.

［185］臧旭恒.如何看待中国目前的消费形势和今后走势［J］.学术月刊，2017（9）：5-9.

［186］湛泳，徐乐．"互联网＋"下的包容性金融与家庭创业决策［J］．财经研究，2017，43（9）：62-75+145．

［187］张爱英，孟维福．普惠金融、农业全要素生产率和城乡收入差距［J］．东岳论丛，2021（9）：63-76+191．

［188］张碧琼，吴琬婷．数字普惠金融、创业与收入分配——基于中国城乡差异视角的实证研究［J］．金融评论，2021（2）：31-44+124．

［189］张兵，刘丹，李祎雯．匹配经济学视角下农户借贷匹配决定因素的实证分析［J］．经济科学，2014（4）：93-105．

［190］张兵，张宁，李丹，周明栋．农村非正规金融市场需求主体分析——兼论新型农村金融机构的市场定位［J］．南京农业大学学报（社会科学版），2013（2）：42-49．

［191］张兵，张宁．农村非正规金融是否提高了农户的信贷可获性？——基于江苏1202户农户的调查［J］．中国农村经济，2012，28（10）：58-68+90．

［192］张飞．中国城镇化进程中的消费结构升级［J］．甘肃社会科学，2021（5）：229-236．

［193］张乐柱，胡浩民．小额信贷"郁南模式"的制度性解析［J］．学术研究，2011（1）：91-98．

［194］张立军，湛泳．中国农村金融发展对城乡收入差距的影响——基于1978—2004年数据的检验［J］．中央财经大学学报，2006（5）：4-39．

［195］张龙耀，张海宁．金融约束与家庭创业——中国的城乡差异［J］．金融研究，2013（9）：123-135．

［196］张宁，何贵，喻晓芬．信用评级对农户正规信贷需求及可获性的影响——基于湖南省1125户农户的调查［J］．东南大学学报（哲学社会科学版），2022，24（3）：61-74+147．

［197］张宁，吴依含．信用评级对农户创业的影响——基于湖南省1125户农户的调查［J］．武汉金融，2021（11）：21-29+40．

［198］张宁，张兵，秦晓晖，陆磊．非正规金融对农村家庭收入、消费水平的影响分析——基于对江苏1202户家庭的调查［J］．东南大学学报（哲学社会科学版），2016，18（5）：91-100+147-148．

［199］张宁，张兵，周明栋．利率对农村家庭贷款决策的影响——基于带删失的Probit模型及Tobit模型的实证分析［J］．南京农业大学学报（社会科学版），2015，15（5）：79-86+140．

［200］张宁，张兵．非正规高息借款：是被动接受还是主动选择？——基

于江苏 1202 户农村家庭的调查［J］.经济科学，2014（5）：35-46.

［201］张宁，张兵.农村非正规金融、农户内部收入差距与贫困［J］.经济科学，2015（1）：53-65.

［202］张三峰，卜茂亮，杨德才.信用评级能缓解农户正规金融信贷配给吗？——基于全国 10 省农户借贷数据的经验研究［J］.经济科学，2013a（2）：81-92.

［203］张三峰，王非，贾愚.信用评级对农户融资渠道选择意愿的影响——基于 10 省（区）农户信贷调查数据的分析，中国农村经济，2013b（7）：72-83.

［204］张晓云，范香梅，辛兵海.机构准入、金融包容与收入分配［J］.中国农村观察，2016（6）：12-28+96.

［205］张秀生，单娇.加快推进农业现代化背景下新型农业经营主体培育研究［J］.湘潭大学学报（哲学社会科学版），2014，38（3）：17-24.

［206］张应良，徐亚东.金融发展、劳动收入分配与城乡收入差距——基于省级面板数据的实证分析［J］.改革，2020（11）：135-146.

［207］张永丽，徐腊梅.互联网使用对西部贫困地区农村家庭生活消费的影响——基于甘肃省 1735 个农户的调查［J］.中国农村经济，2019（2）：42-59.

［208］张咏梅.浅析农村资金外流的金融渠道及应对策略［J］.金融与经济，2008（12）：95-97.

［209］张正平，王麦秀.小额信贷机构能兼顾服务穷人与财务可持续的双重目标吗？——来自国际小额信贷市场的统计证据及其启示［J］.农业经济问题，2012（1）：98-109.

［210］张宗冠，张昭琪.加强农户贷款管理实行信用等级制度——小枧乡信用社对农户贷款实行信用等级管理［J］.四川金融，1990（6）：41.

［211］张岳，周应恒.数字金融发展对农村金融机构经营风险的影响——基于金融监管强度调节效应的分析［J］.中国农村经济，2022（4）：64-82.

［212］钟腾，吴卫星，玛西高娃.金融市场化、农村资金外流与城乡收入差距［J］.南开经济研究，2020（4）：144-164.

［213］周边，黄叶苨，周舒鹏.法定数字货币与商业银行绩效［J］.国际金融研究，2021（10）：56-66.

［214］周广肃，谢绚丽，李力行.信任对家庭创业决策的影响及机制探讨［J］.管理世界，2015（12）：121-129+171.

［215］周建，艾春荣，王丹枫，唐莹.中国农村消费与收入的结构效应

［J］.经济研究，2013（2）：122-133.

［216］周利，冯大威，易行健.数字普惠金融与城乡收入差距："数字红利"还是"数字鸿沟"［J］.经济学家，2020（5）：99-108.

［217］周茂，李雨浓，姚星，陆毅.人力资本扩张与中国城市制造业出口升级：来自高校扩招的证据［J］.管理世界，2019（5）：64-77+198-199.

［218］周茂，陆毅，杜艳，姚星.开发区设立与地区制造业升级［J］.中国工业经济，2018（3）：62-79.

［219］周明栋，陈东平.第三方治理对农户信用贷款可获性影响研究［J］.江苏社会科学，2018（5）：111-120.

［220］周群力，丁骋骋.姓氏与信用：农户信用评级中的宗族网络［J］.世界经济，2013（8）：125-143.

［221］周小斌，耿洁，李秉龙.影响中国农户借贷需求的因素分析［J］.中国农村经济，2004（8）：26-30.

［222］周心怡，李南，龚锋.新型城镇化、公共服务受益均等与城乡收入差距［J］.经济评论，2021（2）：61-82.

［223］周应恒，杨宗之.互联网使用促进了农村居民消费吗？——基于江西省739个农户的调查［J］.经济地理，2021（10）：224-232.

［224］周月书，彭媛媛.双重目标如何影响了农村商业银行的风险？［J］.中国农村观察，2017（4）：102-115.

［225］周月书，王雨露，彭媛媛.农业产业链组织、信贷交易成本与规模农户信贷可获性［J］.中国农村经济，2019（4）：41-54.

［226］周振，伍振军，孔祥智.中国农村资金净流出的机理、规模与趋势：1978~2012年［J］.管理世界，2015（1）：63-74.

［227］朱喜，李子奈.改革以来我国农村信贷的效率分析［J］.管理世界，2006（7）：68-76.

［228］朱喜，马晓青，史清华.信誉、财富与农村信贷配给——欠发达地区不同农村金融机构的供给行为研究［J］.财经研究，2009，35（8）：4-14.

附录　农户问卷

一、信用评级基本情况

1. 本村是否开展了农户信用评级_____A. 是（继续），B. 否（跳至第7题，仅第一问）；开展年份_____。

2.（实际主导）评级主体_____A. 农商行 / 农合行、农信社，B. 其他_____。

3. 评级对象_____A. 申请贷款户，B. 提出申请评级的农户，C. 全村农户，D. 其他_____。

4. 是否公开评级标准_____A. 是，B. 否；是否公示评级结果_____A. 是，B. 否。

是否制定了完备的信息保护制度_____A. 是，B. 否；评级是否绑定信用贷款_____A. 是，B. 否。

是否作为授信额度依据_____A. 是，B. 否；是否作为利率依据_____A. 是，B. 否。

5. 村"两委"是否参与评级_____A. 是（村"两委"主要工作_____），B. 否。

村"两委"是否为评级小组成员_____A. 是，B. 否。

6. 评级指标数量_____个；是否包括"软信息"_____A. 是（具体指标_____），B. 否。

7. 您是否有信用评级意愿_____A. 是，B. 否；是否已经被评级_____A. 是，B. 否；目前等级_____。

二、信贷需求与行为

1. 近三年是否有借款需求_____A. 是，B. 否（跳至第三部分），总共需求金额_____万元。

借款用途_____A. 农业生产投资，B. 非农生产投资，C. 消费 / 住房、医疗、教育、红白事……D. 其他_____；是否为突发借款_____A. 是，B. 否。

　　是否向（正规）金融机构申请了贷款_____A. 是（继续第2/4/5题），B. 否（跳至第3/4/5题）。

　　2. 申请金额_____万元，获得贷款额_____万元，贷款类型_____A. 信用贷款，B. 担保贷款，C. 抵押贷款，D. 其他_____；贷款期限_____年，年利率_____%，贷款时滞_____天，贷款交易成本_____元。

　　是否（能）按时还款_____A. 是，B. 否。

　　3. 有需求却未申请（正规）金融机构贷款原因_____A. 利息高；B. 不熟悉银行贷款程序、需要担保人、手续麻烦花时间长；C. 贷款额度小，不能满足需求；D. 担心还不起、担心抵押物拿不回。

　　4. 是否借入非正规借款_____A. 是，B. 否；需要金额_____万元，实际借得金额_____万元；借款渠道_____A. 亲友，B. 职业放贷人，C. 其他_____；借款期限_____年，年利率_____%，贷款时滞_____天，贷款交易成本_____元；是否（能）按时还款_____A. 是，B. 否。

　　5. 是否借出非正规借款_____A. 是，B. 否；对方需要金额____万元，实际借出金额_____万元；对方身份_____A. 亲友，B. 职业放贷人，C. 其他_____；借款期限_____年，年利率_____%，贷款时滞_____天，贷款交易成本_____元；对方是否（能）按时还款_____A. 是，B. 否。

三、家庭基本信息

　　1.（财务不分）家庭总人口_____人；其中，从事劳动（包括种养业）有_____人。

　　2. 主要养家人年龄_____岁，性别_____A. 男，B. 女；健康状况是否良好_____A. 是，B. 否。

　　教育水平_____A. 小学，B. 初中，C. 高中，D. 大学及以上；是否有技能_____A. 是，B. 否，具体是_____。

　　3. 家中是否有公务/银行从业人员_____A. 是，B. 否；近三年家中是否有突发事件_____A. 是，B. 否。

　　家中是否有借款经历_____A. 是，B. 否；家中近期是否有借款需求_____A. 是，B. 否。

　　家中是否拖欠过银行/亲友借款_____A. 是，B. 否；可以做担保的亲友数目_____个。

住址距最近银行网点距离＿＿＿千米。

四、家庭收支信息

1. 家庭最主要收入来源（多选）＿＿＿＿A. 种养业，B. 务工，C. 创业，D.（公务员 / 教师）工资，E. 其他＿＿＿＿＿。

2. 家庭是否创业＿＿＿＿A. 是，B. 否（包括农业创业和非农创业，其中农业创业是指种养大户，即农业收入达 5 万元及以上或经营土地面积超 10 亩）。

3. 创业（个体工商业）起始年份＿＿＿＿＿，去年纯收入＿＿＿＿＿万元，年投入成本＿＿＿＿＿万元。

4. 2019 年，家庭经营土地面积＿＿＿＿＿亩，主要种植作物＿＿＿＿＿，年投入成本＿＿＿＿＿万元，种植业纯收入＿＿＿＿＿万元。

5. 是否养殖＿＿＿A. 是，B. 否；养殖业种类＿＿＿＿＿，年投入成本＿＿＿＿＿万元，纯收入＿＿＿＿＿万元。

6. 外出或当地打工纯收入＿＿＿＿＿万元。

7.（公务员 / 教师等）工资性收入＿＿＿＿＿万元；其他收入＿＿＿＿＿万元，具体收入来源＿＿＿＿＿＿＿＿。

8. 家庭收入水平＿＿＿＿＿A. 稳定，B. 基本稳定，C. 波动较明显，D. 波动巨大。

9. 家庭去年基本生存型支出平均每月＿＿＿＿＿（元 / 月）（包括衣食住）；发展型支出平均每月＿＿＿＿＿（元 / 月）（包括交通通信、医疗、教育）；除上述支出外，家庭上年一年其他消费性支出＿＿＿＿＿万元（包括大型消费品，文化娱乐等）；其中，上年红白喜事人情往来支出＿＿＿＿＿万元。

五、家庭财富

1. 家庭拥有住房 / 厂房＿＿＿＿套，市场价＿＿＿＿＿万元；拥有车辆＿＿＿＿＿辆，现值＿＿＿＿＿万元。

机器设备现值＿＿＿＿＿万元；拥有其他固定资产是＿＿＿＿＿，现值＿＿＿＿＿万元。

2. 存款 / 理财等流动资金＿＿＿＿＿万元。

六、金融素养 / 风险偏好

1. 假设您的账户中有本金 100 元，年利率 2%，只有本金计算利息，那么 2 年后，你的账户余额是＿＿＿＿＿。

A. 超过 102 元   B. 等于 102 元

C. 少于 102 元   D. 不知道

2. 假设你借给别人 100 元，年利率 20%，利滚利计算，2 年后你一共有多少钱_____。

A. 多于 140 元   B. 等于 140 元

C. 少于 140 元   D. 不知道

3. 假设你有一个机会得到 100 元，你是愿意现在拿 100 元还是一个月后拿 100 元？_____

A. 现在   B. 一个月后

C. 都可以   D. 不知道

4. 去银行等金融机构办理业务时，您能否理解业务流程？_____

A. 完全理解   B. 不能完全理解

C. 完全不懂

5. 假设您参加一个有奖竞赛节目，并已经胜出，您希望获得的奖励方案是：_____

A. 立刻拿到 1 万元现金

B. 有 50% 的机会赢取 2 万元现金的抽奖

C. 有 20% 的机会赢取 5 万元现金的抽奖

D. 有 1% 的机会赢取 100 万元现金的抽奖

后 记

本书是在国家自然科学基金面上项目"乡村振兴战略背景下的中国农户信用评级：机制、效应与制度优化"（项目编号：71873065）的资助下完成的，同时也是项目的研究成果。项目构建了中国农户信用评级效应的分析框架，从制度受益方农户、制度践行方农商行和农村信贷市场三个角度展开研究，初衷是回答农户信用评级要不要评、谁来评、如何评。经过三年的调查与研究，部分问题能够给出一个较为明确的回答。

关于要不要评。项目研究表明，整村逐户评级有利于农户融资，进而有益于其创业、消费及增收。同时，容易被忽视的是，信用评级在共同富裕目标中能够发挥的作用。一般看来，农户信用评级似乎跟规模养殖户、个体工商户相关性更强，那是因为，此类群体是供给方更为关注关心的群体；然而，本书的研究发现，该制度与普通农户、低收入农户同样密切相关，甚至主要的受益群体就是他们。究其原因，主要是县域供给方竞争激烈，"大户"是大家共同的目标，是大银行"掐尖"的对象，也是支农政策倾向的对象。因此，从缓解农户融资难、融资贵，引导资金回流农村，促进共同富裕的角度来看，信用评级制度是发挥了作用的。但是，实践中存在的问题是，农户有顾虑。一方面，诈骗太多，担心信息泄露；另一方面，担心"露富"，也担心"没面子"，这在一定程度上影响了信息质量，增加了信息成本，从而影响了制度效果。农户的配合非常重要，甚至能够决定制度的商业可持续性。项目研究表明，农商行作为制度的践行方，在经营成本增加的同时，营业收入同样增加，信用评级制度对经营绩效的影响总体是积极的；对不良贷款率也具有抑制作用。调研发现，评级村利率与不良贷款率往往是"双低"。然而，这一切是离不开村"两委"参与的。下面要来回答"谁来评"这个问题。

项目的面上调研并不局限于湖南，还包括安徽、陕西、辽宁、黑龙江、广东等省份的省联社和部分农商行。因为疫情，大多采用了线上调研的模式，反而扩大了面上调研的覆盖面。实务界普遍认为，虽然中国农户信用评级总体属于农商行内部评级，但是，在金融科技目前的水平上，农村金融肯定离不开政府的参与,因为村"两委"与农户最为亲密,参与程度越高,信息质量越高,信息成本越低。金融科技在缓解信息不对称中的作用,县域层面暂未发挥。项目实证分析也表明,在村"两委"参与程度较高的试验区,制度的效果增强。政府主导的信用评级质量最高,但是问题在于,一方面,政府没有那么大的积极性,参与可以,主导却缺乏动力;相对来说,在各层级政府部门中,与农户之间依靠情义纽带维系的基层政府,村"两委"参与积极性较强。另一方面,谁来用,哪家银行可以用,还是都可以用,这个问题在政府愿意主导农户信用评级之后需要继续探索。事实上,即使是村"两委"其参与程度的提高都是很困难的,这取决于当地政府与农商行的关系,支行人员与村干部的关系。为了提高村"两委"参与的积极性,部分农商行按照贷款额等指标向村"两委"支付费用。

关于如何评,这是项目研究较为欠缺的地方,希望学者后续可以继续进行探索。各试验区目前基本流程是农户信息采集→信用等级测算与认定→授信额度测算与认定→评级与授信年审。评级方法基本都是构建指标体系,赋予不同权重,进行综合得分计算;在调研后认为,指标体系的规模不宜过大,指标之间内容区分不清晰,影响信息质量,也影响评级成本。关于评级的应用,除了绑定信用贷款这一既定机制以外,本书发现,不管是从农户角度,还是农商行角度、市场角度,绑定利率优惠能够增强制度效果。

受新冠肺炎疫情的影响,项目调研屡次受到延误,而本书所用数据均为一手调研数据,研究工作进展缓慢,全书内容的研究与写作历时三年,对于我个人而言,异常艰辛。特别感谢为调研提供支持的朋友们,特别感谢疫情之下仍然愿意随我进村入户调研的研究生,特别感激学院领导一直以来的支持和照顾。感谢父母家人的陪伴;感谢我的两个女儿姚歆蓓和姚歆蕾让我变得强大,你们的陪伴足以让我克服重重困难。今天是你们三周岁生日,生日快乐!

张 宁

2022 年 4 月 25 日

于女儿身边